品格怎麼教３？

古典文學與創意寫作

吳淑玲　策畫主編

萬榮輝等　著

策畫主編簡介

❀ 吳淑玲

- 曾任教台北市立教育大學幼教系及多所大專校院幼保系，講授「兒童文學」、「幼兒文學與創作」、「幼兒資訊教學與應用」、「世界文學名著導讀」、「親職教育」等課程，目前為馬偕護校幼保系兼任講師

- 教育部語文教學專案研究、幼兒園、托兒所評鑑委員

- 全國「好書大家讀」年度總評審委員

- 各縣市故事志工培訓指導老師

- 國小及幼兒園輔導團「語文」、「性別平等」、「品格教育」行動研究指導老師

- 2006 年起，教育部五年輔導計畫公私立幼稚園、托兒所輔導老師

- 2006～2008 年台北市公立托兒所新移民及弱勢家庭語文督導

- 2007～2009 年桃園縣教育局托兒所、幼稚園、國小閱讀專案指導老師

作者簡介

姓名	學歷	經歷	現職
萬榮輝	國立台北師範學院課程與教學研究所	國小教師、組長、主任、桃園縣國民教育輔導團成員	桃園縣大崗國小校長
魏慶雲	國立台北教育大學數學教育研究所	國小教師、組長、代理主任、桃園縣國民教育輔導團成員	桃園縣北門國小教師
林金慧	私立銘傳大學應用中文研究所	國小教師、組長	桃園縣同安國小教師
李燕梅	國立嘉義大學	國小教師	桃園縣西門國小教師
江秋坪	國立台南師範學院國民教育研究所	國小教師	桃園縣同安國小教師
陳淑霞	台北市立教育大學數學資訊教育研究所	國小教師、組長	桃園縣北門國小教師
葉美城	國立花蓮師範學院	國小教師、組長	桃園縣北門國小教師
李明娟	國立海洋大學	國小教師、組長	桃園縣北門國小教師
王勇欽	國立台中教育大學	國小教師、組長	桃園縣北門國小教師
楊欣怡	國立嘉義大學國民教育研究所	國小教師	桃園縣大勇國小教師
陳鈺媼	國立新竹教育大學	國小教師	桃園縣同德國小教師
吳曉蓉	國立台北教育大學	國小教師、組長	桃園縣北門國小教師
陳杼鈴	國立新竹教育大學	國小教師	桃園縣同德國小教師
鄭伊妏	國立新竹教育大學	國小教師	桃園縣莊敬國小教師

朱序

　　在「熱、平、擠」的二十一世紀，國與國之間的距離日益縮小，第三世界的人口也漸漸成為新一波的競爭對手。這樣的情勢下，我們的教育目標不再是培育大量的人力，而是要培養出優秀的人才；不再是只跟自己比，而是讓自己跟國際比。因此，開發創意、發展多元、推動品格便成為現代人才培育的首要課題。桃園縣極為重視下一代的品格教育與基本能力，以「宏觀開闊、溫柔敦厚、典範學校、品格大縣」為品格教育核心本質，成為全國首度訂定品格教育白皮書的縣市，提供教育行政、學校、社區、家庭，建構品格教育的推動網絡，全面提升未來國民的品格力。

　　桃園縣擁有許多充滿創意及教學熱忱的教師團隊，對品格的教學更是不遺餘力，其中以北門國小為主的跨校教師工作坊，歷經三年的運作，以創意為基礎，以閱讀為教材，以品格為導向，做了許多教學研究與實驗，也將其教學成果集結成冊與大家分享，不但引起多方的重視，也充分展現出桃園縣教育人員的專業與優質，培養我們孩子的品格力與寫作力。

　　本書最大的特色，在於透過《西遊記》、《三國演義》、《水滸傳》與《紅樓夢》等四大古典文學名著的閱讀，讓故事內容與學生現今生活之間有一辯證的機會，兒童不僅能從故事中認識品格、從生活中培養與實踐好品格外，更能藉由古典文學多元的人性表現與豐富詞彙，領略到古典文學的魅力，培養學生語文的基本能力。值得廣大教育人員參考與運用，更可提供給家長們閱讀，作為培養孩子閱讀力、品格力與創造力的指導手冊。

　　品格教育關係個人發展、人民素養、社會品質與國家興盛。新世紀的教育，讓學生變好比讓學生變聰明更重要，學會做人做事，更是發展國際競爭力非常重要的元素。

行政院副院長
前桃園縣縣長　

張序

　　近年來有許多調查都認為：學生的品格教育有著令人不滿的走向。這樣的情況固然可以從許多層面探討，但是無可諱言的，九年一貫的教學指標中，多為能力本位而缺少品德指標也是原因之一。因而這幾年無論是教育部或是教育處，都極為重視品格教育這個議題，也提出許多教育政策，希望能從根本提振學生的品格。

　　學習的本質是希望藉由舊經驗的累積，獲得創造新局面的能力。在資訊科技迅速發展、社會多元化的腳步越來越快的廿一世紀，人類正面臨著以「腦力」決勝負的時代。換句話說：未來的世界公民除了記憶性的基礎知識外，更重要的能力是：創新思考、批判思考及解決問題的能力。創造力教育也就成為未來教育工作之推動重點。桃園縣教育處在鼓勵學生的創造力上極為重視，依據「教育部創造力教育白皮書」擬定了「桃園縣教育中長程發展計畫」，結合各領域的教學增加學生的創意，鼓勵學生做多元表現——其中閱讀即是學生累積能量的最佳管道。

　　創意除了可以呈現在學生的表現裡，更應該出現在教師的教學中。桃園縣有這麼一群充滿創意的教師，成立工作坊，以五年的時間默默在創意教學上努力。他們將閱讀、品格與創意連結在一起：以閱讀為基礎、用品格做主幹、展現創意的教與學。這五年裡，他們一步一腳印的先從統整各版本國語文課本的創意教案出發，再進行到繪本的創意閱讀與寫作，最後是現在的：閱讀出古典文學的品格。

　　古典文學呈現出作者身處時代的資訊，融合了當時社會文化的美感與智慧，在閱讀古典文學的同時，除了能增長學生對不同時空環境的認知，也增加學生產生不同視野的能力。在這次的教學中，這群教師使用：《西遊記》、《紅樓夢》、《水滸傳》、《三國演義》做為閱讀的內容；融合了遊戲、網路資源及戲劇，讓教學內容更加生動，也讓古典文學的內涵更貼近學生，使學生對古典文學產生濃厚的興趣。於是學生們學得輕鬆，教師們教得愉快，品格的影響更在不知不覺中瀰漫在整個的教學氛圍中。

　　經過一年的教學，如今這群創意教師將教學的成果呈現出來與大家分享。相信他們的經驗可以激發出許多現場教師或家長更多的靈感，共同為孩子的品格及創造力設計出更好的活動，讓孩子比我們更美好、更優秀，也更具有創意。期待在我們的努力下，國家未來的主人翁有更開闊的空間去揮灑他們亮麗的人生。

教育部中教司司長
前桃園縣教育處處長　張明文

策畫主編序

品德本位校園文化營造
～古典文學閱讀與生活體驗

> 「德行不是裝飾品，而是美好心靈的表現形式。」

～法國紀德

✿ 校園文化營造～文學閱讀，品格實踐

2009 年 6 月政府正式推動「為人有品德、做事有品質、生活有品味」的「台灣有品運動」，期盼能成為新生活運動，深入生活每個層面。這項新生活運動包含「品德教育」、「藝術扎根」、「終身閱讀」及「環境永續」等四項計畫，從教育部建置的「台灣有品運動」專屬網站（http://tc.moe.gov.tw/）可以有更進一步的了解。其中「品德教育」在未來五年各級學校優先推動的德目分別是「尊重生命、孝親尊長、負責盡責、誠實信用和團隊合作」（請參考附錄）。

正當我們樂見政府推動、全民關注品格好行為的同時，台南市家庭教育中心也公布一項最新調查結果：「**逾八成的小學生認為品格比成績重要**」。這結果很令人欣慰，顯示新生代孩子對於好品格行為的肯定，「但只有三成的小學生會在日常生活中表現出好品格」，原來國小學童「知道不等於做得到」。而這些受訪者覺得自己已經做到的好品格，前五名依序是尊重、分享、合作、公德心、友愛；後五名依序是節制、順服、寬恕、節儉、正義。可見品格好行為已逐漸落實於學校、社會及家庭中。

而近年各級學校深耕閱讀的推動，讓國小學童接觸各種豐富多元的文化題材，從中建立良好的閱讀能力與習慣。本書擬從古典小說《西遊記》、《三國演義》、《水滸傳》和《紅樓夢》著名章節，探討其中蘊含的十大品格價值——合作、誠實、孝順、尊重、禮貌、信賴、關懷、責任、公平正義、耐心，透過低、中、高

年級資深優秀老師的行動研究，設計教案，延伸創意寫作技巧，統合創新教學及生活體驗，盼能普遍從古典小說閱讀中營造校園文化之美德生活，培養和氣的個性，開啟樂觀的人生。

✿古典文學，熟讀涵泳

你準備好要聽讀古典小說了嗎？請和我們一起翻開～

◎三國演義

「話說天下大勢，分久必合，合久必分。」這是中國第一部長篇歷史小說《三國演義》開宗明義的一句話。一百二十回本、七十餘萬字、結構宏偉、人物眾多、情節錯綜複雜的文學巨著裡，我們讀到桃園結義、古城會、三顧茅廬、借東風、群英會、空城計的故事；我們認識諸葛亮、劉備、關羽、張飛、趙雲、曹操、周瑜等深謀計策、忠義的人物；我們參與全書上百次不相重複、各種類型的戰爭，從單刀匹馬的廝殺，到千軍萬馬的交戰；我們更學會不為金錢所惑的正義，為國不惜犧牲生命的大孝，堅守承諾的誠信。

◎水滸傳

《水滸傳》相傳為元朝施耐庵所作，共七十一回，與《三國演義》、《西遊記》、《紅樓夢》合稱為四大古典小說。以梁山泊為背景，述說宋江、林沖、武松、魯智深、李逵等一百零八條英雄好漢的故事，有豪傑，有勇士；有魯莽者，有正直者。與《三國演義》相比，《水滸傳》不在於政治和戰爭場面的描寫，而在於主要人物的刻畫和市民生活的描寫。其中落拓江湖的關懷與信賴，面對強權的勇氣與誠實，值得生於現代社會中的我們進一步思索與探討。

◎西遊記

《西遊記》中，唐三藏帶著徒弟孫悟空、豬八戒和沙悟淨到西方取經，歷經十四年寒暑，九九八十一磨難，與各路妖魔鬼怪搏鬥，最後到達西天取回真經。其中孫悟空大鬧天宮、高老莊收八戒、流沙河收沙和尚、三打白骨精、人參果、盤絲洞、火焰山、真假美猴王等故事，虛幻中充滿智慧挑戰。他們遇到層層考驗，沒有退縮，靠著堅強的毅力、恆心和勇氣，逐一克服難關。我們怎能錯過與他們相遇？

◎紅樓夢

《紅樓夢》產生的時代，正是清朝由盛轉衰的康熙、乾隆年間，所呈顯的文化、社會、思想、文學的內涵十分豐富，可以抱著學習古代精緻文化之美的心情來閱讀，其中的園林建築、色彩服裝、飲食、醫藥、民俗、語言等，藉此機會有所了解；也可以將品格價值放到當時的社會環境去探討，瑰麗多彩，繽紛燦爛的世家，處事態度，何者可為榜樣？何者是忠孝？何者是合作？何者應提醒自己，別步上後塵？試著去體會作者曹雪芹在第一回中所寫：「滿紙荒唐言，一把辛酸淚。都云作者癡，誰解其中味？」

✿ 本書體例

【目標】

1. 豎立品格典範　　　2. 展現良善行為　　　3. 激發學習動機

4. 提升語文能力　　　5. 肯定人生價值

【對象】

本書閱讀研究對象為國小一至六年級學生，共分三個年段～低、中、高年級。

【期程】

分一學年，上下學期。

【讀本】

《西遊記》、《三國演義》、《水滸傳》、《紅樓夢》。

【實施方式】

各年段分別依循八大向度進行活潑生動的品格閱讀教學活動。

1. 了解故事背景　　　2. 理解故事內涵　　　3. 營造學習意境

4. 釐清品格概念　　　5. 探討品格行為　　　6. 體驗品格意涵

7. 激發寫作創意　　　8. 增進語文表達

【體驗與應用】

1. 研究討論，選定十個影響孩子的重要品格，提供給家長及教師最好的教學與示範。

2.從每部經典名篇導讀中**理解**每個價值觀的特色。藉由簡單的生活對話或小品，**分析**、釐清與建構更深刻的品格榜樣。

3.以「校園文化，品格營造」為主，**應用**於學生積極的學習中。

4.一系列的名家流傳下來的品格名言，提供學生人生座右銘。

5.利用各種多媒體資訊，融於教學活動，推廣於校園中，並鼓勵練習的機會。

【品格德目參考指標】

1.綜覽世界各國品格教育的核心價值，整理如下：

提出者	核心價值
英國	尊重生命、公正、誠實、守信
美國	關懷、尊重、誠實、公正、負責、謙恭、合作
加拿大	尊重、誠實、公平、堅毅、勇敢、責任、體諒、主動、正直、樂觀
台灣	關懷、尊重、誠實、公正、責任、信賴
韓國	個人生活：尊重生命、誠實、正直、自主、節制 學校生活：敬愛、孝道、禮節、合作、愛校 社會生活：守法、幫助他人、保護環境、正義、共同體意識
品格六大支柱（1992）	尊重、責任、公平、信賴、關懷、公民責任（Character Courts，即「品格法庭」中心德目）
天下雜誌（2003）	自律精神、同理心、挫折忍受力、誠信、獨立思考、有自信、勇敢

　　綜整各國及相關研究提出的品格德目核心價值次數，發現「誠實」與「尊重」的次數相對的多。

核心價值	次數	核心價值	次數	核心價值	次數
誠實	7	公正	4	感恩	2
尊重	5	合作	4	樂觀	2
尊重生命	2	關懷	3	守信	2
尊重教育	1	正直	3	容忍	2
自律	5	勇敢	3	正義	2
負責	5	忠誠	2	有禮貌	2

※參考自「高市品德教育電子報」創刊號（2005.3.20）
http://www.khjh.kh.edu.tw/character/news-1/pol-news.htm#po1

2.《20個影響孩子發展的價值觀》（三采文化出版，2005）

      (1)尊重   (2)耐心   (3)恆心   (4)謹慎   (5)禮貌   (6)責任

      (7)順序   (8)真誠   (9)信任 (10)對話 (11)寬容 (12)創造力

      (13)合作 (14)同情 (15)慷慨 (16)友誼 (17)自由 (18)正義

      (19)和平 (20)快樂

3.《大能力》（信誼出版，2001）

   從學習成績單、工作表現評量中，找出十一種大能力（這些都是最基本的、內在學習的動機）：信心、動機、努力、責任、主動、關懷、團隊合作、毅力、解決問題、常識和專注（集中注意力於心中的目標）。大能力決定學生在校及工作成功的價值、態度與行為。

4. 5E 原則

   · Example（榜樣）

   老師以身作則，並介紹歷史或現實中值得學習的典範。

   · Explanation（解釋）

   與學生真誠對話，解除疑惑並啟發道德認知。

   · Exhortation（勸勉）

   從情感上激勵學生的良善動機，鼓勵學生的道德勇氣。

   · Environment（環境）

   創造一個讓學生感受到彼此尊重與合作的環境。

   · Experience（體驗）

   讓學生有機會體驗自己對別人或社會的貢獻。

   總結以上多個德目，全組研究老師審慎討論，考量學童特質、鄉土、地緣性，篩選出「合作、誠實、孝順、尊重、禮貌、信賴、關懷、責任、公平正義、耐心」十德目，作為引導學生閱讀中國四大古典小說時的品格實踐焦點。

✿ 品格典範，觸類旁通

唐太宗時，魏徵看到該說的就說，從不畏懼。他的膽識和卓見，為「貞觀之治」作出了不可磨滅的貢獻。魏徵病逝時，太宗流著淚對群臣說：「**以銅為鏡，可以正衣冠；以古為鏡，可以知興替；以人為鏡，可以明得失**。朕當常保此三鏡，以防己過。今魏徵殂逝，朕遂亡一鏡矣！」

古典文學的閱讀，正是**以古鑑今**的明鏡，讓我們**涵養新知**，讓我們**品格深省**。朱熹曾說：「**舊學商量加邃密，新知涵養轉深沈**。」也是鼓勵我們要在求取新知中，不忘經典文學的充實，不忘生活品行的實踐。

四大古典小說名著閱讀與品格實踐研究歷時一年，老師們任教於各校，均利用課餘時間（寒暑假亦同）主動且積極研討。每月至少全部研究老師聚會一次，分組報告，慷慨交流最新資訊，讓我們全盤了解一至六年級學童對中國四大古典小說不同的理解能力及品格應用概況。這段時日有多位老師考上研究所或在研究所繼續攻讀學位，課業繁重，仍全心投入參與研究，此研究精神令我們十分感佩！

更值得一提的是，本研究從召開第一次會議起，紀錄片導演加入拍攝行列，直到研究告一段落，先後到各校班級製作老師與學生進行品格教學與體驗的專輯，並在清華大學國際會議研討中發表，愉快的與各方先進分享校園品格文化營造的小小成果。此乃「品格與教學」研究小組老師們前後近五年最美好的回憶了。

感謝桃園縣大崗國小萬校長榮輝鼎力支持與積極推動，各年段召集人魏慶雲老師、陳淑霞老師的協助，還有研究小組每位老師的認真投入。當然，還要衷心感謝心理出版社林總編輯的肯定及文玲編輯的耐心聯繫、專業編排，這套書才能一一呈現在每位讀者面前。

敬祈各位教育先進不吝指正！！

吳淑玲

謹誌於台北 2009 年夏

【附錄】未來5年各級學校優先推動之品德核心價值受推薦校數及比例（教育部，2009）

排序	核心價值	校數	比例
1	尊重生命	2955	79%
2	孝親尊長	2955	79%
3	負責盡責	2910	78%
4	誠實信用	2668	72%
5	團隊合作	2638	71%
6	自主自律	2039	55%
7	主動積極	1928	52%
8	謙虛有禮	1910	51%
9	關懷行善	1689	45%
10	愛護環境	1620	44%
11	賞識感恩	1538	41%
12	接納包容	1381	37%
13	公平正義	1353	36%
14	勤勞上進	1177	32%
15	寬容慈悲	1109	30%
16	創新卓越	979	26%
17	清廉樸實	901	24%
18	有羞恥心	775	21%
19	吃苦耐勞	555	15%
20	愛國愛鄉	536	14%
21	活出意義	472	13%
22	尊重隱私	319	9%
23	追尋真善美	307	8%
24	適性揚才	298	8%
25	百折不撓	257	7%
26	愛好和平	188	5%
27	歡喜承受	173	5%
28	圓融中庸	127	3%
29	實踐信仰	95	3%
30	天人合一	49	1%

作者序

　　在《品格怎麼教？圖像閱讀與創意寫作》中，初次探索品格教育的我們，選擇孩童所喜愛的繪本為基礎，與孩子共同閱讀、討論。至《品格怎麼教2？讀報與修辭寫作》時，我們改以報紙為媒材，經由相似的生活經驗，掌握時事脈動，將品格教育更落實於生活的一言一行中。這次，我們回歸中國古典文學，藉由《西遊記》、《三國演義》、《水滸傳》、《紅樓夢》四本經典文學教導孩子品格，希望從小聽《小紅帽》、看《醜小鴨》長大的這群孩子也能回頭咀嚼中國經典文學的英華。

　　從繪本的賞析、讀報的認識、古典文學的探究，我們嘗試著以語文為基礎，配合品格為議題，用不同的題材推展進行，以多元的教育方式呈現。不只要提升品格能力，同時也要提升語文能力。不敢奢望能有多大的立竿見影之效，但貪心的希望能在孩子們的心中埋下一顆種子，希望有朝一日，這顆種子能在他們的文學、品格之路稍有引領之作用。

　　品格教學實驗已進入第三年了，第一年新芽初長，一切尚稱懵懂；第二年枝葉稍長，漸入佳境；第三年，我們心中默默期許它是花開葉茂時。但品格教育豈是一朝一夕即可見效，它是一場不能停歇的耐力持久戰，我們只能要求自己凡事皆要盡最大的努力。如果在孩子們的人生旅途中能稍有點滴的助力，就是我們未來前進的最大動力。

桃園縣大崗國小校長　萬榮輝

目 次

低年級 ◉ 西遊記

中年級 ◎ 三國演義

中年級 ◎ 水滸傳

高年級 ◎ 水滸傳

高年級 ⊙ 紅樓夢

低年級

西遊記

設計及教學群：魏慶雲、林金慧、李燕梅、江秋坪

壹、理念說明

推動低年級學生的閱讀活動已經許多年了，在這些年裡，我們的工作坊曾經運用繪本，使用報紙，也將所有版本的教科書做了統整。嘗試著以更豐富、多元而有彈性的教材，更開放、接納而充滿耐性的教法，一方面希望引導學生對品格有所認知，並能實行在生活上；另方面也期待孩子在我們的苦心中，對於閱讀與寫作的能力得到提升。

在一次次的嘗試裡，我們看著這些低年級的學生們來了，又升上中年級去了。在辛苦的諄諄教誨，與埋首一堆堆改不完的學習單之中，時光也來了又去。看著一個個從我們手上升上中年級的孩子，能對閱讀更深入，對寫作更親近，對品德的修養更認識，心中有欣慰，更有抱負。

於是工作坊進入了我們原先預期的最後一個層次：閱讀古典文學。古典文學中一篇篇耳熟能詳的故事，曾經在長久的歷史裡，以戲劇、以小曲、以傳奇的方式，流通在先民難得的閒暇時光裡，卻漸漸消失在五光十色的今日。想在低年級的學生中教導古典文學的閱讀，是一項不小的挑戰；但是如果我們今日的努力，能開啟學生對古典文學的認識，甚至因此喜歡閱讀，這挑戰將別具意義。所以我們選擇古典文學中最熱鬧、最神奇、最能引起低年級學生興趣的《西遊記》做為我們教學的內容。

在教學過程中，不但引導著學生進入奇幻的西天取經之旅，更藉著故事裡性格鮮明的人物：性格軟弱的唐僧、個性急躁的悟空、好吃懶做的八

戒、耿直忠誠的悟淨……等的事件，做為學習品格的範例，盡量讓學生在
興味盎然中省思品格的意義。

貳、課程架構

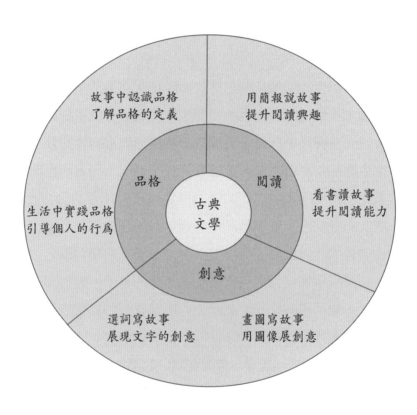

參、教學架構

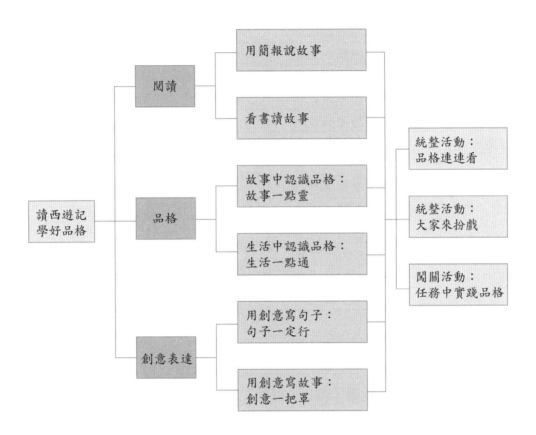

讀西遊記學好品格

閱讀
- 用簡報說故事
- 看書讀故事

品格
- 故事中認識品格：故事一點靈
- 生活中認識品格：生活一點通

創意表達
- 用創意寫句子：句子一定行
- 用創意寫故事：創意一把罩

- 統整活動：品格連連看
- 統整活動：大家來扮戲
- 闖關活動：任務中實踐品格

肆、教學期程

週　　次	單元名稱	探討品格	設計者
第一週	故事背景介紹		魏慶雲
第二、三週	花果山猴王	信賴	林金慧
第四、五週	大鬧水晶宮	禮貌	江秋坪
第六、七週	大聖偷蟠桃	尊重	江秋坪
第八、九週	如來鎮大聖	公平正義	林金慧
第十、十一週	怒逐孫悟空	信賴	李燕梅
第十二、十三週	金銀角大王	誠實	魏慶雲
第十四週	降服紅孩兒	合作	江秋坪
第十五週	智取芭蕉扇	責任	林金慧
第十六週	比邱國國丈	關懷	李燕梅
第十七週	圓滿歸東土	耐心	李燕梅
第十八週	好戲一籮筐	統整複習	魏慶雲
第十九週	大家來扮戲	統整活動	江秋坪
第二十週	任務中實踐品格	闖關活動	魏慶雲

伍、教學單元品格內涵統整表

品格單元	關懷	尊重	責任	誠實	信賴	公平正義	合作	耐心	禮貌
花果山猴王	★		★	★	★				
大鬧水晶宮		★				★		★	★
大聖偷蟠桃		★	★	★	★	★		★	★
如來鎮大聖		★		★		★		★	★
怒逐孫悟空	★	★	★	★	★			★	
金銀角大王		★	★	★				★	★
降服紅孩兒		★	★				★	★	★
智取芭蕉扇		★	★	★					★
比邱國國丈	★	★	★	★					★
圓滿歸東土	★		★		★		★	★	★

陸、教學流程

順序	活動	內容
1	故事一點靈	一、根據學生程度可採用以下幾種方式讓學生了解西遊記故事內容。 　1.由師長說故事。 　2.學生自行閱讀書本故事。 　3.播放西遊記故事CD（幼福出版）或西遊記動畫（中央電視台）。 二、學生閱讀「故事一點靈」短文。 三、教師介紹「故事一點靈」短文中詞意。 四、學生根據短文內容回答問題，以檢視學生理解之狀況。 五、解說品格定義，每一單元故事中可能包含多種品格，從中擇一加強認識與解說。
2	生活一點通	一、狀況劇 　以孫小空、豬小戒、沙小淨三個角色，在學校或家庭中發生的情況為例，請小朋友詮釋扮演。 二、進行討論 　以短文內容討論適當的處理方式、態度。
3	句子一定行	運用句子加長、換句話說等句型練習，增強學生句子使用能力。
4	創意一把罩	以選詞填寫、文章改寫等方式培養基本寫作能力，激發學生創意。
5	盡最大的努力做最棒的自己	一、品格教育自我檢核。 二、將檢核表黏貼於聯絡簿上或教室環境布置。
6	品格之星	一、透過品格之星的選拔，啟發學生見賢思齊。 二、欣賞別人之餘也要愛自己，建立自信。 三、以獎狀公開鼓勵品格之星。
7	成果驗收	一、戲劇表演。 二、闖關活動。

★教學簡報檔請見光碟:\低年級-西遊記\教學單元\01 花果山猴王

故事一點靈

花果山猴王

年_____ 班_____ 號_____ 姓名：_____

　　很久以前，在東勝神州傲來國有座山叫做花果山。山頂上有顆大石頭，每天受到日月精華的照耀、風雨的滋潤，漸漸有了靈性。有一天，突然「轟隆！」一聲，從石頭裡蹦出隻石猴。這隻石猴和其他猴子一樣，整天蹦蹦跳跳，自由自在的玩耍。

　　有一年夏天，石猴和其他猴子在瀑布附近玩耍。大家七嘴八舌討論著瀑布後面到底有什麼？一隻猴子高聲喊：「誰敢跳進去瀑布裡頭，又能安全回來，我們就拜他做大王！」猴子們都高聲同意，但大家你看我，我看你，沒人敢進去。只有石猴自告奮勇願意進去瞧一瞧。

　　石猴奮力一跳，沒想到瀑布後面不但沒有水，還有一個很棒的石洞———水

濂洞，可以讓猴子們舒舒服服的在裡面過日子。從此以後，石猴成了花果山水濂洞的大王，自稱「美猴王」，帶領著猴子們過著逍遙自在的生活。

　　過了幾年，花果山的猴子漸漸年老病死，美猴王心裡很難過。有一隻猴子提議：「大王，如果您學會長生不老的法術，就不必害怕死亡了。」於是，美猴王便出發去尋訪神仙，找尋長生不老的方法。

 閱讀停聽看

（　　）1. 大石頭為什麼會蹦出一隻石猴？（ ① 因為石猴在玩捉迷藏　② 因為石頭已有了靈性　③ 因為大石頭會生小石頭 ）。

（　　）2. 石猴帶領著猴子們住在什麼地方？（ ① 動物園　② 水濂洞　③ 森林裡 ）。

（　　）3. 石猴後來自稱什麼？（ ① 美猴王　② 玉皇大帝　③ 孫悟空 ）。

（　　）4. 為什麼美猴王要去尋訪神仙？（ ① 想出去旅行冒險　② 想學習長生不老的方法　③ 想交更多的好朋友 ）。

（　　　）5.石猴能成為大王的主要原因是什麼？
（　①他有勇氣　②他的力氣最大　③他最聰明）。

（　　　）6.猴子們讓石猴當他們的大王是什麼行為？為什麼？（　①是守信用的行為，因為說話要算話　②是糊塗的行為，因為石猴並不是真正的猴子　③是愚笨的行為，因為猴子們根本不需要大王）。

7.如果猴子們進入水濂洞後，不遵守當初的約定讓石猴當大王，你想可能會發生什麼事呢？請寫下來。

_____

_____

_____

_____

 【 信賴 】

答應別人的事一定盡力去達成。

生活一點通

花果山猴王

_____年_____班_____號　　姓名：_____

　　下課了，孫小空、豬小戒、沙小淨三個好朋友一起到操場玩捉迷藏，他們以猜拳的方式來決定誰要當鬼，結果是豬小戒輸了要當鬼。可是，豬小戒一想到當鬼的人要一直跑來跑去找其他人就覺得很累，便想要賴不願意當鬼。孫小空生氣的罵豬小戒是賴皮鬼，豬小戒也生氣的說孫小空是討厭鬼。兩個人你一句我一句的互相罵來罵去，原本是愉快的下課時間，就在彼此的吵罵聲中過去了。

一、你覺得豬小戒耍賴的行為對嗎？為什麼？

☐ 不對，因為和同學玩時，應該要遵守遊戲規則。

☐ 不對，因為答應別人的事就要盡力做到。

☐ 對，因為孫小空罵他，所以他也可以發脾氣不遵守規定。

二、 如果豬小戒常常耍賴不遵守約定， 可能會造成什麼後果？

_____

_____

三、 請你幫豬小戒想一想， 他不想當鬼時， 可以怎麼做比較好呢？

_____

_____

句子一定行

花果山猴王

_____年_____班_____號　姓名：_____

* 下課時的操場很吵。
  ➡ 下課時的操場像菜市場一樣吵鬧。
* 他一動也不動的站在那裡。
  ➡ 他像個木頭人一樣，一動也不動的
    站在那裡。

用一些我們熟悉的事物來形容另一個
事物，可以讓句子表現得更精采生動喔！

 想一想

在（ ）中填入適當的語詞。

| 猴子　兔子　老虎　烏龜　大象 |

1. 爸爸的力氣很大。
   ➡ 爸爸的力氣像（　　　　　　）一樣大。

2. 弟弟很調皮。

　　➜ 弟弟像（　　　　　　　）一樣調皮。

3. 他做事動作很慢。

　　➜ 他做事動作像（　　　　　　　）一樣慢。

4. 聽說那位老師很凶。

　　➜ 聽說那位老師像（　　　　　　　）一樣凶。

5. 姐姐很溫柔。

　　➜ 姐姐像（　　　　　　　）一樣溫柔。

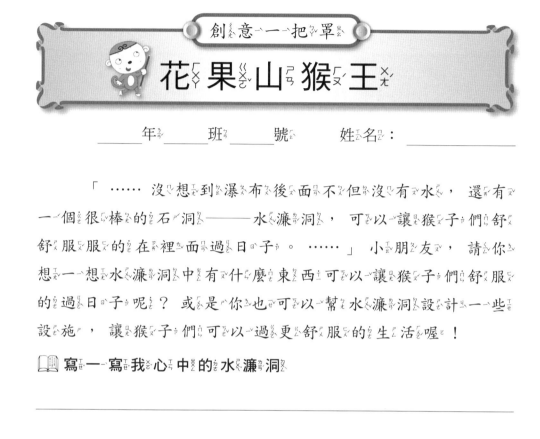

創意一把罩

花果山猴王

＿＿＿＿年＿＿＿＿班＿＿＿＿號　　姓名：＿＿＿＿＿＿＿＿

「……沒想到瀑布後面不但沒有水，還有一個很棒的石洞───水濂洞，可以讓猴子們舒舒服服的在裡面過日子。……」小朋友，請你想一想水濂洞中有什麼東西可以讓猴子們舒服的過日子呢？或是你也可以幫水濂洞設計一些設施，讓猴子們可以過更舒服的生活喔！

📖 寫一寫我心中的水濂洞

＿＿＿＿＿＿＿＿＿＿＿＿＿＿＿＿＿＿＿＿＿＿＿＿＿＿＿＿＿＿

＿＿＿＿＿＿＿＿＿＿＿＿＿＿＿＿＿＿＿＿＿＿＿＿＿＿＿＿＿＿

📖 畫一畫我心中的水濂洞

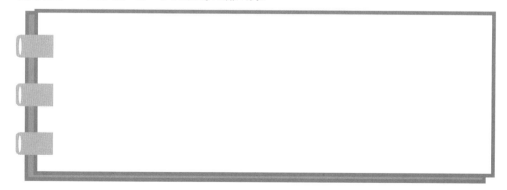

★學生作品檔請見光碟：\低年級-西遊記\1011.jpeg、1012.jpeg

★教學簡報檔請見光碟:\低年級-西遊記\教學單元\02 大鬧水晶宮

故事一點靈

大鬧水晶宮

　　　　　年　　　班　　　號　　　姓名：_____

　　孫悟空為了尋找適合的兵器，到水晶宮去找海龍王，最後看到一根鐵棒上頭刻著「如意金箍棒」，原來這是可以隨人心意而伸縮自如的寶貝。孫悟空一拿到金箍棒之後，當場就揮舞起來，整個龍宮搖晃得像大地震一樣，嚇得那些魚蝦紛紛躲避起來。

　　孫悟空被帶到地府後，他非常生氣，拿起金箍棒把整個府內打得人仰馬翻、呼天喊地。後來又在閻羅王的生死簿上胡亂塗抹，接著在大殿上猛敲猛打，把大小鬼怪嚇得四處躲避，連閻羅王也不知如何是好！最後孫悟空鬧完了，氣也消了，才大搖大擺的離去。

選一選

(　　) 1. 孫悟空想要一件兵器，聽說海龍王有各種武器，就去水晶宮找他要，這樣的行為好嗎？（ ① 好，因為孫悟空的法術高強，一定可以從海龍王那邊把兵器搶過來　② 不好，因為那些兵器不是孫悟空自己的）。

(　　) 2. 孫悟空在閻羅王的生死簿上胡亂塗抹，這樣的行為好嗎？（ ① 不好，因為生死簿不是孫悟空的　② 沒關係，反正只是塗改一下，馬上就還給閻羅王了）。

連一連

1. 孫悟空對海龍王說：「我是來向你要一件順手的兵器，快點兒拿來！」

2. 海龍王心想：「哼！這隻笨猴子，隨便給他幾把刀劍，快打發他就是了！」

・有禮貌

3. 閻羅王客氣的說：「真對不起！天底下同名同姓的人那麼多，可能是弄錯了！」

4. 孫悟空怒氣沖沖的說：「老孫就是鼎鼎大名的花果山美猴王，你竟敢派人來捉我！」

・沒禮貌

5. 孫悟空很生氣，在閻羅王的生死簿上胡亂塗抹，然後又在大殿上四處打打鬧鬧。

 【禮貌】

要有恭敬的言行、待人接物的禮貌態度。

生活一點通

大鬧水晶宮

_____年_____班_____號　　姓名：_____

　　　　下課鐘聲響，孫小空、豬小戒和沙小淨要到操場玩，在走廊遇到老師。沙小淨低著頭小聲的說：「老師好！」豬小戒假裝沒看到老師，孫小空看著老師大聲說：「老師好！」後來，沙小淨不小心撞到了小美，他一慌張，竟然逃走了；豬小戒在一旁說：「誰叫你站在這兒，擋住我們的路了啦！」孫小空趕緊問小美：「對不起！沙小淨剛剛沒看到你，不小心撞到你！你有沒有受傷？我帶你去健康中心好嗎？」

 選一選

請把有禮貌的行為打✔。

(　　　) 1.豬小戒假裝沒看到老師。

(　　　) 2.孫小空看著老師大聲說：「老師，您好！」

(　　　) 3. 沙小淨不小心撞到同學，卻趕緊逃走了。

(　　　) 4. 豬小戒說：「誰叫你擋住我們的路！」

(　　　) 5. 孫小空說：「對不起！你有沒有受傷呢？」

句子一定行

大鬧水晶宮

＿＿＿年＿＿＿班＿＿＿號　　姓名：＿＿＿＿＿＿＿

語詞化妝師

請你幫語詞打扮一下。

例：　水晶宮 ➡ 富麗堂皇的水晶宮

1. 金箍棒 ➡ ＿＿＿＿＿＿＿＿＿＿＿＿＿＿＿＿

2. 水濂洞 ➡ ＿＿＿＿＿＿＿＿＿＿＿＿＿＿＿＿

3. 操場 ➡ ＿＿＿＿＿＿＿＿＿＿＿＿＿＿＿＿＿

4. 百貨公司 ➡ ＿＿＿＿＿＿＿＿＿＿＿＿＿＿＿

句子大風吹

把語詞排一排，寫成通順的句子。

例：　水晶宮、海龍王、下棋
　　　➡ 海龍王在水晶宮裡和朋友下棋。

1. 金箍棒、孫悟空、重重一敲

　　➡ ＿＿＿＿＿＿＿＿＿＿＿＿＿＿＿＿＿＿

2. 千辛萬苦、 一身好本領、 美猴王

　　➜ _____

3. 時光機、 哆啦 A 夢、 恐龍

　　➜ _____

駕著觔斗雲旅行

如果你有神奇的觔斗雲可以到任何地方， 你最想
和誰一起去？ 去什麼地方？ 做什麼？

我想和_____一起駕著觔斗雲，

到_____

去_____。

創意一把罩

大鬧水晶宮

_____ 年 _____ 班 _____ 號 姓名：_____

📖 柯南設計了一條特別的繩子，想請博士依照說明製造這項祕密武器，請你幫他完成設計書，記得要畫圖說明喲！

設計圖	設計功能
⟶	這條繩子可以變得像箭一樣，直直的射往遠處。
☆	這條繩子可以變得像星星一樣，當作飛鏢。
	這條繩子可以
	這條繩子可以

➲我把這項祕密武器命名為 _____

📖 孫悟空拿著金箍棒總是打來打去，請你想一想，可以自由伸縮的金箍棒還能做些什麼呢？

變長時可以當作	縮短時可以當作
1.曬衣竿	1.牙籤
2.高窗刷	2.指揮棒
3.	3.
4.	4.

★學生作品檔請見光碟:\低年級-西遊記\1021.jpeg

★ 教學簡報檔請見光碟:\低年級-西遊記\教學單元\03 大聖偷蟠桃

故事一點靈

大聖偷蟠桃

_____年_____班_____號　　姓名:_____

　　孫悟空負責管理「蟠桃園」,但蟠桃幾乎被他偷吃光,後來仙女們奉命來採蟠桃,孫悟空卻使用法術把仙女們定住不動。在孫悟空知道自己沒受到邀請後,就化身為赤腳大仙參加蟠桃大會,他一看到滿桌的山珍海味,忍不住流下口水,緊接著又施了法術把大家都迷昏,然後再自己一個人大吃大喝起來!

　　已經醉醺醺的孫悟空,走起路來東倒西歪,不知不覺闖進太上老君的住處,屋裡的煉丹房充滿煙霧,爐上正在煉製仙丹,孫悟空拿起旁邊的葫蘆,像吃炒豆一樣,把一顆顆的仙丹吃光光,然後倒在地上呼呼大睡。

📖 太上老君葫蘆裡的仙丹都是寶物， 請你也煉製三顆特別的仙丹！（ 如： 擁有超強的記憶力…… ）

* 第一顆仙丹可以_____。

* 第二顆仙丹可以_____。

* 第三顆仙丹可以_____。

想一想再回答

在和自己的想法相同的□中打✔

一、 孫悟空負責管理「 蟠桃園」 ， 但蟠桃幾乎被他偷吃光。

□ 蟠桃園是孫悟空掌管的， 吃幾顆沒關係啦 ！

□ 因為蟠桃園是孫悟空管的， 所以他不應該偷吃。

二、 七仙女們奉命來採蟠桃， 但孫悟空對仙女們大呼小叫， 而且還施法術把她們定住不動。

□ 因為孫悟空掌管蟠桃園， 所以可以對進來蟠桃園的人大呼小叫。

□ 即使孫悟空掌管蟠桃園， 對進來蟠桃園的人也應該要尊重有禮。

三、 孫悟空沒有被邀請， 但是很想去蟠桃大會， 所以就變為赤腳大仙。

☐ 雖然沒被邀請， 但是想去就去， 不用考慮別人。

☐ 雖然孫悟空很想去， 但是沒被邀請， 應該先請問王母娘娘能不能讓他參加。

四、 孫悟空自己跑去蟠桃大會， 當他看到滿桌的山珍海味， 他就開始大吃大喝。

☐ 先填飽肚子比較重要。

☐ 應該要等大家到齊後， 再一起開動。

五、 太上老君不在家， 孫悟空先進屋到處看看。

☐ 不可以隨便進到別人家裡， 要先得到主人同意才行。

☐ 太上老君沒把門鎖上， 只是進去看一下沒關係。

尊重

不說冒犯別人的話。

大聖偷蟠桃

_____年_____班_____號　姓名：_____

　　今天上課時，老師問全班：「人的身上有多少根骨頭？」正當有些同學舉手準備回答時，豬小戒既沒有舉手，也不等老師叫他，就大叫：「我知道！有好幾百根骨頭！」孫小空指著豬小戒哈哈大笑說：「笑死人啦！胡說八道！」等老師叫沙小淨起立回答時，他說：「我有一本關於骨頭的書，書名是《懶骨頭的告白》，很好看喔！書上寫著人有206塊骨頭。」老師說：「沙小淨很棒喔！他……」話還沒說完，豬小戒就打斷老師的話說：「那有什麼了不起，我也有那本書啊！」

　　下課鐘聲一響，沙小淨把《懶骨頭的告白》放在桌上，就和同學出去操場玩了。孫小空好想看那本書，就到沙小淨的座位上，自己拿起那本書來看。

📖 哪些行為是「尊重」的表現，請打✔。

（　　　）1.豬小戒沒舉手也不等老師叫他，就大聲回答。

（　　　）2.孫小空對豬小戒說：「笑死人啦！胡說八道！」

（　　　）3.沙小淨等到老師叫他起立，他才回答。

（　　　）4.老師的話還沒說完，豬小戒就打斷老師的話。

📖 孫小空因為想看那本書，就自己到沙小淨的座位拿書起來看，你覺得這樣做對不對？為什麼？

　　我覺得孫小空這樣做　　□對　　　□不對

　　因為＿＿＿＿＿＿＿＿＿＿＿＿＿＿＿＿＿＿＿＿

句子一定行

大聖偷蟠桃

_____年_____班_____號　　姓名：_____

 ### 選語詞填入適當的位置

只要……就	因為……只好	一……就	
趁……竟然	直到……才	一邊……一邊	
先……後	雖然……但是		

1. 他們_____到蟠桃園，_____摘了一大籃的蟠桃。

2. 他_____大家不注意時，_____把仙丹吃光光了。

3. _____師父一唸緊箍咒，他的頭_____疼痛不已。

4. _____一覺醒來，他_____知道自己闖了大禍。

5. 小孫和小沙兩個人_____喝茶_____聊天。

6. _____妖怪太厲害，他們_____先撤退。

句子變身術

把語詞放入句子中，成為通順的句子。

例： 豬小戒肚子餓。 （ 整天、 做家事）

　➜ 豬小戒整天喊著肚子餓， 都不幫忙做家事。

1. 沙小淨寫功課。 （ 放學、 書包）

　➜ _____

2. 全家一起去爬山。 （ 興高采烈、 星期天）

　➜ _____

3. 他忍不住流口水。 （ 餐廳、 山珍海味）

　➜ _____

4. 元宵節真熱鬧。 （ 五光十色、 花燈）

　➜ _____

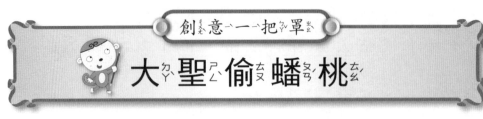

創意——把罩

大聖偷蟠桃

_____年____ 班____ 號____ 姓名：_____

完成句子

從兩輛貨車中各選出一個語詞寫成句子。

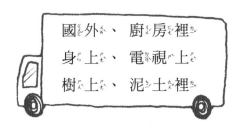

蟠桃、 故事書	國外、 廚房裡
大餐、 項鍊	身上、 電視上
嫩芽、 節目	樹上、 泥土裡

例：（ 故事書 ） 和（ 國外）

→ 這本好看又有趣的故事書， 是從國外買回來的。

1. （　　　　　　） 和（　　　　　　）

→ _____

2. （　　　　　　） 和（　　　　　　）

→ _____

3. （　　　　　　） 和（　　　　　　）

→ _____

改寫故事

想一想，中間發生了什麼事？

　　　孫小空自從掌管蟠桃園後，每天
幫蟠桃樹澆水施肥，樹上一顆顆蟠桃
長得＿＿＿＿＿＿＿＿＿＿＿＿＿＿＿＿

＿＿＿＿＿＿＿＿＿＿＿＿＿＿＿＿＿＿

＿＿＿＿＿＿＿＿＿＿＿＿＿＿＿＿＿＿

＿＿＿＿＿＿＿＿＿＿＿＿＿＿＿＿＿＿

＿＿＿＿＿＿＿＿＿＿＿＿＿＿＿＿＿＿

　　　最後，孫小空收到邀請卡，穿上
西裝，打好領帶，高高興興的去參加
蟠桃會。

★學生作品檔請見光碟:\低年級-西遊記\1031.jpeg、1032.jpeg

★教學簡報檔請見光碟\:低年級-西遊記\教學單元\04如來鎮大聖

故事一點靈

如來鎮大聖

_____年 _____班 _____號　姓名：_____

孫悟空大鬧天宮，搞得大家雞犬不寧，連玉皇大帝也束手無策，只好請西天如來佛祖幫忙。孫悟空和佛祖打賭，如果孫悟空能逃出如來佛的手掌心，玉皇大帝便要將寶座讓給他，否則就不准他在天上搗亂。

孫悟空充滿信心駕著觔斗雲一翻就是十萬八千里，一下子就消失得無影無蹤。過了一會兒，孫悟空看到眼前有五根肉色的柱子，以為來到天的盡頭，高興的在上頭寫著：「齊天大聖到此一遊。」便得意揚揚的回來。

沒想到，那五根肉色柱子其實是如來佛祖的五根手指頭，孫悟空根本沒離開過如來佛祖的手掌。孫悟空知道自己輸了，正想逃走，卻被如來佛祖手掌一翻，把他壓在五行山下動彈不得，靜靜的等人解救他。

閱讀停聽看

（　　　） 1.孫悟空最後是被誰捉住？（ ① 玉皇大帝
② 如來佛祖　③ 太上老君） 。

（　　　） 2.孫悟空被壓在什麼山下？（ ① 五行山
② 虎頭山　③ 陽明山） 。

（　　　） 3.「五根肉色的柱子」 其實是什麼？（ ①
五行山　② 天的盡頭　③ 如來佛祖的手
指頭） 。

（　　　） 4.孫悟空可以在五根肉色的柱子上寫字
嗎？（ ① 可以， 因為寫好的字以後擦掉
就好了　② 不可以， 因為只能在紙上寫
字　③ 不可以， 因為不是自己的東西不
可以隨便亂寫） 。

（　　　） 5.為什麼孫悟空會得意揚揚的回來？（ ①
對自己寫的字感到很滿意　② 覺得自己
和如來佛祖的打賭會贏　③ 因為駕著觔
斗雲很神氣） 。

（　　　） 6.孫悟空和如來佛祖打賭輸了， 可以逃走
嗎？ 為什麼？（ ① 可以， 因為如果孫悟
空不逃走就會被捉住　② 不可以， 因為
說話要算話， 不可以欺騙別人　③ 可
以， 因為輸的人可以耍賴） 。

(　　) 7. 為什麼孫悟空大鬧天庭，最後被壓在五行山下面是屬於公平正義的行為？（ ① 因為做錯事的人本來就該受到應有的處罰　② 因為他受到處罰對其他沒做錯事的人，或被他欺負的人才算公平　③ 以上皆是）。

公平正義

公平對待每一件事，依自己的眼睛
而不是別人的判斷。

生活一點通

如來鎮大聖

_____年 _____班 _____號　　姓名：_____

「噹！噹！噹！」下課的鐘聲響了，小朋友們紛紛衝出教室到外面玩，沙小淨也來到了榕樹下玩耍。沒想到，才一走近，孫小空、豬小戒便齊聲大喊著：「不可以過來！這是我們的祕密基地！」原來他們兩個把大榕樹當作他們的祕密基地，不准其他小朋友接近大榕樹。沙小淨沒聽從孫小空、豬小戒兩人的話，繼續在榕樹下遊戲，豬小戒便用力推了沙小淨一下，孫小空也過來要把沙小淨推開。

想一想

請把對的句子打✔。

一、孫小空、豬小戒可以獨占榕樹，不讓其他小朋友靠近嗎？

　□ 可以，因為是他們先搶到的。

　□ 不可以，因為學校的榕樹是每個小朋友都可以去遊戲的地方。

二、 孫小空、 豬小戒把沙小淨推走， 是公平正義的行為嗎？

☐ 是， 因為是他們先搶到的， 別人不行玩， 這樣才公平。

☐ 不是， 因為他們兩個人不能以多欺少， 或是以強欺弱， 欺負沙小淨一個人。

句子一定行

如來鎮大聖

_____年_____班_____號　姓名：_____

* 珍貴的仙桃竟然被那隻調皮的猴子吃掉了。
* 孫悟空高興的向龍王說了一聲：「謝啦！」便飛快的回水濂洞。
* 那隻石猴不但有大大的耳朵、扁扁的鼻子、紅紅的臉蛋，還不斷吱吱吱的叫著。

在句子中加入一些適當的語詞，可以讓句子說得更完整，表達得更清楚喔！

 ## 請把句子加長

1. _____玉皇大帝_____大叫一聲。

2. _____孫悟空_____在寫字。

3. _____海龍王_____躲在_____柱子後面。

4. ＿＿＿＿＿＿＿＿仙女要去摘＿＿＿＿＿＿＿＿仙桃。

5. ＿＿＿＿＿＿＿＿如來佛祖變成一座＿＿＿＿＿＿＿＿山。

6. ＿＿＿＿＿＿＿＿孫悟空被壓在＿＿＿＿＿＿＿＿五行山下。

創意──一把罩

如來鎮大聖

_____年___班___號　姓名：_____

 想一想

把下列適當的語詞填入（　）中

| 動彈不得 | 忍不住 | 無聊 | 喊著 |
| 從此以後 | 可憐的 | 歡迎 | 發呆 |

　　　　孫悟空被如來佛祖壓在五行山下
（　　　　），整天只能（　　　　），
日子過得很（　　　　）。有一天，孫
悟空終於（　　　　）向玉皇大帝抗
議了。他大聲的（　　　　）：「我
不要被壓在這裡，動也不能動，又難
受又無聊。玉皇大帝拜託您換個方式
處罰我吧！俺老孫一定乖乖聽您
的。」玉皇大帝聽見孫悟空的要求，
忽然想到前幾天從電視上看到一群孤
兒（　　　　）模樣。於是，玉皇大帝
決定改罰孫悟空到世界各地舉辦慈善

晚會，利用他的七十二變表演節目，並且免費讓貧困的兒童欣賞。（　　　），「大聖魔術師」──孫悟空便成為最受人們（　　　　）的偉大魔術師。

📖 小朋友，如果你是玉皇大帝，你會用什麼方式既能處罰孫悟空，同時又可以幫助別人呢？請把它寫出來。

_____

_____

_____

_____

_____

_____

★學生作品檔請見光碟：\低年級-西遊記\1041.jpeg

★教學簡報檔請見光碟:\低年級-西遊記\教學單元\05 怒逐孫悟空

故事一點靈

怒逐孫悟空

_____年_____班_____號　　姓名：_____

　　　　八戒在一旁搬弄是非的說：「剛才的少女哪像妖怪？明明是師兄一棍打得太重了，把人家給打死了，又怕師父生氣唸緊箍咒，便使出障眼法來騙我們哩！」三藏一聽八戒的話，便又起了疑心，認為八戒的話是可能的。

 閱讀停聽看

(　　) 1.什麼是「搬弄是非」？（① 說出誠實的話　② 在別人的背後亂說話，引起糾紛　③ 做自己應該做的事情　④ 幫忙搬東西）。

(　　) 2.豬八戒告訴三藏，是誰使出障眼法要來騙大家的？（① 孫悟空　② 唐三藏　③ 豬八戒　④ 妖怪）。

（　　　）3. 三藏聽了豬八戒的話之後開始：（ ① 相信孫悟空是騙人的　 ② 懷疑豬八戒所說的話是騙人的　 ③ 讚美豬八戒　 ④ 什麼話他都不相信） 。

（　　　）4. 如果你是孫悟空，聽到豬八戒在背後向唐三藏搬弄是非，你會（ ① 很高興　 ② 很難過　 ③ 沒有感覺） ，因為＿＿＿＿＿＿＿＿＿
＿＿＿＿＿＿＿＿＿＿＿＿＿＿＿＿＿＿＿。

（　　　）5. 如果你是唐三藏，你會相信誰說的話？（ ① 豬八戒　 ② 孫悟空　 ③ 妖怪　 ④ 誰都不相信） ，因為＿＿＿＿＿＿＿＿＿＿＿。

（　　　）6. 故事的最後，唐三藏對孫悟空做了什麼事？（ ① 請孫悟空吃東西　 ② 讚美孫悟空　 ③ 趕走孫悟空　 ④ 什麼事都沒有發生） 。

7. 從這篇故事中，我覺得這是一篇有關於
□關懷　　□信賴　　□禮貌　 的故事。

【 信賴 】

建立自己或別人信任的行為。

生活一點通

怒逐孫悟空

____年____班____號　　姓名：_____

　　孫小空依照三藏老師的指示，將長生不老藥送到如來佛校長室收藏，從教室到校長室，孫小空心想：「要是可以把長生不老藥吃掉那該有多好？」就這樣一路上，孫小空猶豫不決，心裡相當矛盾。說來也巧，正當孫小空下定決心要吃下長生不老藥的同時，孫小空走到了校長室，彷彿是給孫小空考驗似的，如來佛校長站在門口笑著迎接孫小空。

 閱讀停聽看

請你回答下列問題：

一、為什麼孫小空想吃下長生不老藥？

　□ 因為三藏老師請孫小空吃的。

　□ 長生不老藥會讓人長命百歲，是絕無僅有的。

二、 如果你是三藏老師， 你會放心讓孫小空將長生不老藥送到校長室嗎？

　　□ 會， 因為＿＿＿＿＿＿＿＿＿＿＿＿＿＿＿＿＿＿＿＿＿＿＿

　　□ 不會， 因為＿＿＿＿＿＿＿＿＿＿＿＿＿＿＿＿＿＿＿＿＿＿＿

三、 孫小空走到校長室時， 發現如來佛校長正在對著他笑， 猜猜看校長會對孫小空說什麼話呢？

　　□ 為什麼你會這麼慢才送來呢？ 可以快一點。

　　□ 謝謝你一路把長生不老藥護送到校長室， 我就知道你一定可以完成這個任務。

四、 如果還有機會再讓孫小空護送其他的東西， 他可能會護送（　　　　　　　　　　　　　　　　）到校長室。

句子一定行

怒逐孫悟空

_____年 _____班 _____號 姓名：_____

想一想， 填填看

從左邊框中選擇適合的語詞代號填入空格中。

ㄅ	美麗
ㄆ	可怕
ㄇ	醜陋
ㄈ	芭蕉扇
ㄉ	金箍棒
ㄊ	觔斗雲
ㄋ	豁然明白
ㄌ	五彩繽紛

話說三藏一行人正前往西方的路上， 有一天， 師徒四人走在山路上， 遇見了一位_____的少女， 可是悟空一看， 那少女竟是妖怪所變， 便用_____一棒打死了她。 三藏原本因為悟空亂殺無辜而生氣， 經過悟空的解釋， 三藏才_____， 知道事情的真相。

ㄅ	妖怪
ㄆ	大野狼
ㄇ	豬八戒
ㄈ	逞凶鬥狠
ㄉ	楚楚可憐

走了一會兒， 他們又遇見了一位老太太， 悟空一看， 又是剛才的_____所變， 於是又把老太太一棒打死， 三藏看見悟空_____的模樣， 便生氣的臭罵悟空一頓。

ㄅ 三番兩次
ㄆ 亂七八糟
ㄇ 骷髏
ㄈ 草叢
ㄉ 木柴
ㄊ 垃圾

✐ 不一會，又遇見了一位老先生，悟空心想：「這妖怪＿＿＿＿＿想騙我們，這次我絕不能讓他逃走。」便決定一定要將這個妖怪打死，沒想到這妖怪死後，竟然變成一堆＿＿＿＿＿。

ㄅ 歌聲動人
ㄆ 凶性難改
ㄇ 相信
ㄈ 保護
ㄉ 答應

✐ 三藏因為聽了八戒的讒言，認為悟空＿＿＿＿＿，便要悟空自己回到花果山，不管悟空怎麼向三藏解釋，三藏還是不肯＿＿＿＿＿悟空，悟空只好拜別師父駕雲回到故鄉。

創意一一把罩

怒逐孫悟空

_____年_____班_____號　　姓名：_____

在這篇故事裡的妖怪千變萬化， 變作少女、 老
太太和老先生， 讓孫悟空一直懷疑這個妖怪的
身分。 如果你是妖怪， 你還會變作什麼模樣來
騙取大家的信任呢？ 現在就請你發揮豐富的想
像力， 用文字形容這個妖怪變身的模樣， 並將
變成的模樣畫下來吧！

變成少女、 老太太和老先生之後， 這個妖怪還

變身成為：_____

_____

✐ 故事的最後，悟空雖然一再苦苦哀求，三藏卻不肯收留他，悟空只好拜別師父，兩眼含淚的說了一段話後，便駕雲回到故鄉花果山去了。如果你是孫悟空，遭到誤會，還被趕走，你會對三藏他們說些什麼話呢？想想看，請將這段話寫出來。悟空說：

「＿＿＿＿＿＿＿＿＿＿＿＿＿＿＿＿＿

＿＿＿＿＿＿＿＿＿＿＿＿＿＿＿＿＿＿＿

＿＿＿＿＿＿＿＿＿＿＿＿＿＿＿＿＿＿＿

＿＿＿＿＿＿＿＿＿＿＿＿＿＿＿＿。」

★學生作品檔請見光碟:\低年級-西遊記\1051.jpeg、1052.jpeg、
1053.jpeg、1054.jpeg

★教學簡報檔請見光碟:\低年級-西遊記\教學單元\06金銀角大王

故事一點靈

金銀角大王

_____年_____班_____號　　姓名:_____

　　　　悟空在平頂山被金角、銀角用葫蘆和幌金繩抓住，綁在洞裡。但是悟空卻不害怕，他睜著一雙眼睛，四下觀察，發現妖怪如果沒有了寶貝，就不可能捉得住他。於是悟空先拔下一根毫毛變作自己，再把自己變成小妖怪的樣子，把金角的葫蘆和銀角的幌金繩都騙走。

　　　　拿到寶貝的悟空終於打敗了妖怪，把三藏從妖怪的洞裡救出來。三藏驚魂甫定，問悟空怎麼打敗厲害的妖怪的？悟空告訴三藏經過情形。誰知道三藏不但不感謝悟空救他出來，反而責怪悟空不應該用欺騙的方法達成目的。三藏說：「你這樣救我，我反而覺得很難過。」

　　　　悟空聽了師父的話，也覺得很難過，他駕著觔斗雲到處晃來晃去，不

知不覺間晃到了觀音殿，觀音看見他失魂落魄的樣子，問清楚經過情形後，觀音說：「……」

 想一想再回答問題

1. 你認為觀音說了些什麼？

_____

_____

2. 如果你是三藏，你會責怪悟空嗎？ 為什麼？

_____

_____

3. 如果你是和金角、銀角打仗的悟空，而且你根本打不過金角、銀角的寶貝，你會怎麼辦？

_____

_____

生活一點通

金（ㄐㄧㄣ）銀（ㄧㄣ）角（ㄐㄧㄠ）大（ㄉㄚ）王（ㄨㄤ）

_____年_____班_____號　　姓名：_____

　看一看

請把不會的語詞圈起來。

> 　　下課的時候，孫小空看到沙小淨有一枝和他一模一樣的筆。因為孫小空很喜歡這枝筆，所以墨水早就被孫小空寫完了，只剩下一個空空的筆管。
>
> 　　看到沙小淨的這枝筆，孫小空忍不住想拿來用。於是孫小空就偷偷的把自己那枝已經寫完的空空的筆管，和沙小淨新新的筆調換了。
>
> 　　這時候，豬小戒看到了，大聲的說：「我要告訴老師。」孫小空嚇了一大跳，趕緊把沙小淨的筆放回去。可是大家都指著孫小空說：「你是小偷。」孫小空說：「我已經把筆放回去啦！我又沒有拿。」

你覺得孫小空是個說謊的人嗎？為什麼你這樣覺得？_____

選一選

請把誠實的行為打 ✔。

1.（　　）沙小淨用五塊錢去買一枝新的筆。

2.（　　）豬小戒趁大家不注意，把孫小空的蛋糕吃掉了。

3.（　　）孫小空偷偷把別人的鉛筆放到自己的書包裡。

4.（　　）沙小淨昨天看電視看得太晚，沒有寫功課，今天卻告訴老師是因為肚子痛，所以沒寫功課。

5.（　　）豬小戒不小心用石頭丟到沙小淨，趕快道歉。

【 誠　實 】

不說謊、 不偷竊、 不欺騙。

句子一定行

金銀角大王

_____年_____班_____號　　姓名：_____

語詞化妝師

請你幫語詞打扮一下。

1. 長頭髮　➜　又長又黑的頭髮
　　　　　　➜　長長的頭髮真迷人

2. 操場　➜　_____

3. 故事書　➜　_____

4. 花果山　➜　_____

5. 分工合作　➜　_____

東挑西撿

先從框中選出兩個語詞，再編寫成一個句子。

> 花園、　圖書館、　森林、　工人、　打雷、　晴朗、
> 掃地、　跳舞、　拍照、　比賽、　明星、　從容不迫、
> 日以繼夜、　鉛筆、　流連忘返、　賞心悅目、
> 溫暖舒適、　大發雷霆

例如： 我選的詞是（ 工人 ） 和（ 日以繼夜 ）

→為了快點把橋修好， 工人們日以繼夜不停趕工。

1. 我選的詞是（　　　　　　　　） 和（　　　　　　　　　）

→ _____

2. 我選的詞是（　　　　　　　　） 和（　　　　　　　　　）

→ _____

3. 我選的詞是（　　　　　　　　） 和（　　　　　　　　　）

→ _____

創意一把罩

金銀角大王

____年____班____號　　姓名：_____

📖 請完成這篇故事，再依故事內容完成這幅畫。

當孫悟空遇上哆啦Ａ夢

　　孫悟空每天晚上睡覺時，都會將金箍棒取出來，放在床邊。有一天，悟空睡覺睡得好好的，突然聽到乒乒乓乓的聲音。悟空立刻睜開眼睛，想拿他的武器──金箍棒。沒想到，他身邊竟然多出兩種武器，他曾經看別人使用過這兩種武器，具有非常大的威力。他也很想試試看，可是_____

_____

_____

_____

_____

_____

_____

_____

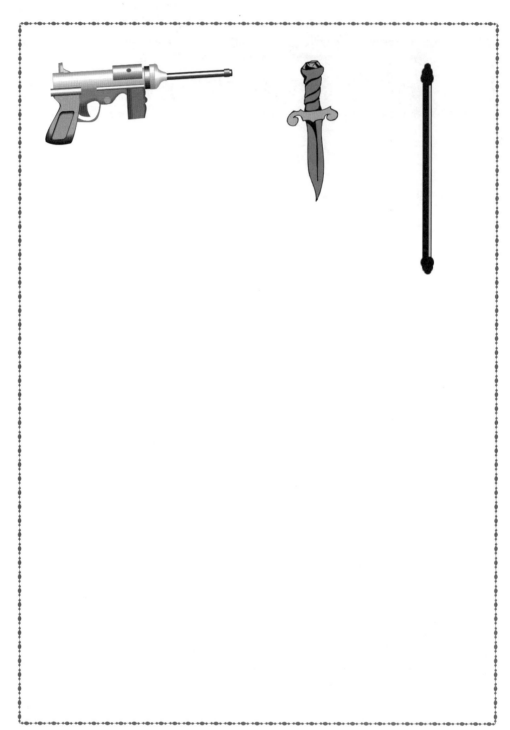

★教學簡報檔請見光碟：\低年級-西遊記\教學單元\07 降服紅孩兒

故事一點靈

降服紅孩兒

_____ 年 _____ 班 _____ 號　　姓名：_____

　　　　紅孩兒把唐三藏抓走後，悟空、八戒和悟淨三人趕到火雲洞去救師父，沒想到紅孩兒使出三昧真火，頓時火焰高張，不僅八戒差點兒成了烤乳豬，連藝高膽大的悟空也無法招架。

　　　　悟空緊接著向東海龍王借水來滅火，沒想到雨水澆在紅孩兒噴出的烈火上，竟像是火上加油一樣，火勢愈來愈猛，悟空被火燒得全身難受，連火眼金睛也被濃煙嗆得睜不開，最後只好翻個觔斗跳進小河裡，沒想到這忽冷忽熱的刺激，竟讓悟空昏了過去。

　　　　好不容易悟空被八戒救醒了，卻因受重傷而全身無力，於是由八戒動身去請觀音菩薩來幫忙，沒想到紅孩兒施法術把八戒也抓走了。悟空和悟淨商量後，決定找觀音菩薩協助救人。

最後悟空請來了觀音菩薩，觀音菩薩用淨水瓶把火澆熄了，同時也收服了紅孩兒，從此紅孩兒就在觀音菩薩身邊當善才童子。

 想一想

哪些選項是對的？ 在□內塗上顏色。

一、 紅孩兒的祕密武器是哪一樣呢？

□ 芭蕉扇　　　□ 三昧真火　　　□ 金箍棒
□ 甘露水　　　□ 紫紅葫蘆　　　□ 九齒釘耙

二、 哪一個是三昧真火的特性？

□ 四海龍王可以用傾盆大雨把三昧真火澆熄。
□ 三昧真火什麼都不怕， 永遠無法熄滅。
□ 孫悟空的火眼金睛在濃煙中還是能睜開。
□ 觀世音菩薩淨瓶中的甘露水可以把火熄滅。

三、 紅孩兒把唐三藏抓走後， 又用三昧真火打退孫悟空等人， 這時候孫悟空他們會怎麼做？

□ 豬八戒去找觀世音菩薩幫忙。
□ 沙悟淨照顧受傷的孫悟空。
□ 大家都無計可施， 坐在一起發呆。
□ 連孫悟空都打不過紅孩兒， 所以大家都逃跑了。

四、　這段故事中，　哪些人發揮了合作的精神？

　　□　孫悟空　　　　□　豬八戒　　　　□　沙悟淨

　　□　紅孩兒　　　　□　觀音菩薩　　　　□　四海龍王

五、　最後唐三藏師徒為什麼能戰勝紅孩兒呢？

　　□　因為孫悟空的法術比紅孩兒強。

　　□　因為他們能合作想辦法解決遇到的困難。

　　□　因為他們的運氣比較好。

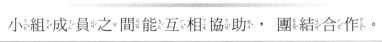

【　合　作　】

　　小組成員之間能互相協助，　團結合作。

生活一點通
降服紅孩兒

_____年_____班_____號　姓名：_____

上課時，老師讓各組討論表演西遊記中的「降服紅孩兒」，大家都討論得很熱烈。

【第一組】

小風：我要演主角孫悟空，他比較屬害。

小火：我要當孫悟空，不然我就不討論了。

小輪：那我當紅孩兒好了，可是我不知道要怎麼表演。

【第二組】

小戒：誰來演主角呢？（小空和小淨同時舉手）我們用猜拳來決定，好不好？

小空：我們可以用髮圈當金箍棒，再用紅的色紙做成火把當三昧真火。

小淨：先練習自己的角色，想一想要

說的話和表情，等一下大家互
相討論，看看如何修改才會使
小組的表演更加精采。

 想一想、寫一寫

1. 如果你也要加入表演，你要加入哪一組？為什麼？

我要加入第（　　　　　　）組，

因為 _____

2. 你最欣賞哪一位小朋友的表現？為什麼？

我覺得（　　　　　　）的表現最棒，

因為 _____

3. 學校中有哪些活動是需要小組或全班共同合作
才能完成的呢？（如：接力賽……）

_____

句子一定行

降服紅孩兒

_____年_____班_____號　　姓名：_____

📖 選出適合的語詞放入句子中

一連串、	一輩子、	一口氣、
一溜煙、	一下子、	一塊兒

例： 孫悟空受不了忽冷忽熱， 暈了過去。

→孫悟空受不了忽冷忽熱， 一下子 暈了過去。

1. 豬八戒看到對手很厲害， 就不見蹤影。

　　→_____

2. 孫小空吃掉五個人參果。

　　→_____

3. 照豬八戒慢吞吞的走法， 到不了西天。

　　→_____

請把句子加長

例： 狂風➡一陣陣狂風

➡唐三藏被一陣陣狂風捲走了。

1. 仙丹➡＿＿＿＿＿＿＿＿＿＿＿＿＿＿＿＿＿＿

➡＿＿＿＿＿＿＿＿＿＿＿＿＿＿＿＿＿＿＿＿

2. 寺廟➡＿＿＿＿＿＿＿＿＿＿＿＿＿＿＿＿＿＿

➡＿＿＿＿＿＿＿＿＿＿＿＿＿＿＿＿＿＿＿＿

3. 妖怪➡＿＿＿＿＿＿＿＿＿＿＿＿＿＿＿＿＿＿

➡＿＿＿＿＿＿＿＿＿＿＿＿＿＿＿＿＿＿＿＿

★學生作品檔請見光碟:\低年級-西遊記\1071.jpeg

創意一把罩

降服紅孩兒

_____年 _____班 _____號　　姓名：_____

花果山運動大會即將舉行，各地好手依下圖用最特別的方式傳遞聖火。

鐵小扇

柯小南

孫小空

哆啦 A 夢　　　　　　　　　　　　　　　　　風小輪

【聖火狂想曲】 記得加上標點符號

風小輪從火焰山取得聖火後，就踩著風火輪將聖火傳給鐵小扇。鐵小扇接著用芭蕉扇輕輕一搧，把聖火一路送到柯小南的手上。柯小南拿起滑板

_____

_____

最後，大家同心協力，順利的將聖火傳遞到花果山運動會會場上。

★教學簡報檔請見光碟:\低年級-西遊記\教學單元\08智取芭蕉扇

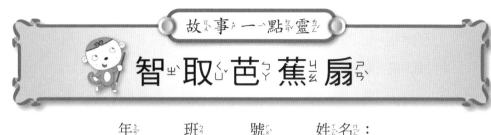

故事一點靈

智取芭蕉扇

____年____班____號 姓名：_____

　　唐三藏師徒們來到一個熱得不得了的地方，向人打聽後才知道，原來這附近有座「火焰山」，由於火焰的關係，這裡一年四季都是夏天。山上的火原來是當初孫悟空大鬧天宮踢翻八卦爐時，爐裡的磚火從天上掉下來造成的。所以火焰山的高溫高到可以把人熔化，只有鐵扇公主的芭蕉扇才能把火熄滅。

　　於是，孫悟空便去向鐵扇公主借扇子。但是鐵扇公主恨孫悟空害她的兒子紅孩兒被觀世音菩薩收服，所以不但不把扇子借給孫悟空，反而還用芭蕉扇把他搧到好遠好遠的地方，消失得無影無蹤。後來，孫悟空變成一隻小蟲飛進鐵扇公主的肚子，在公主的肚子裡拳打腳踢，鐵扇公主肚子痛得受不了，才答應把扇子借給孫悟

空。但是鐵扇公主給的是把假扇子，孫悟空拿去搧火焰山，火不但沒熄，反而愈燒愈大呢！

孫悟空不死心，變成鐵扇公主丈夫牛魔王的模樣，把扇子騙到手了。沒想到真的牛魔王卻變成豬八戒的樣子，又將悟空手中的扇子騙回去。兩人為了搶奪扇子便打了起來，你來我往，一時之間勝負難分。幸好托塔天王和三太子來幫忙，才制服了牛魔王，取得芭蕉扇，順利把火焰山的大火撲滅。唐三藏師徒一行人才得以繼續往西天的路上前進，而當初孫悟空造成的禍害也獲得圓滿的解決。

 想一想

請寫出正確的答案。

（　　　）1.為什麼來到火焰山時，會覺得很熱？（ ① 因為發生火災了　② 因為陽光太強了　③ 因為火焰山的火焰溫度很高 ）。

（　　　）2.火焰山的火是怎麼來的？（ ① 火焰山本來就是一座火山　② 孫悟空踢翻爐子時從天上掉下來的　③ 有人在山上燒東西造成的 ）。

(　　) 3. 牛魔王是紅孩兒的（　① 媽媽　　② 爸爸
　　　　　　③ 爺爺）。

(　　) 4. 為什麼鐵扇公主一開始不把扇子借給孫
　　　　　　悟空？（　① 因為她覺得孫悟空沒有禮貌
　　　　　　② 因為她已經把扇子借給別人了　　③ 因
　　　　　　為她覺得孫悟空害了她的小孩）。

(　　) 5. 孫悟空最後把火焰山的火滅了，為什麼
　　　　　　可以說是符合責任的行為？（　① 因為火
　　　　　　焰是他造成的，自己做錯的事就應該想
　　　　　　辦法解決　　② 因為保護唐三藏到西方取
　　　　　　經是他的責任，必須通過火焰山才能向
　　　　　　西方前進，他必須想辦法克服　　③ 以上
　　　　　　皆是）。

【 責任 】
盡最大的努力做自己「該做」的事。

生活一點通

智取芭蕉扇

_____年 _____班 _____號 姓名：_____

> 　　下課鈴聲一響，豬小戒便飛也似的衝出教室，一不小心把沙小淨撞倒在地上。沙小淨的嘴角和鼻子都流血了，豬小戒只隨便說了聲對不起，便一溜煙的跑走了，完全不管受傷的沙小淨。

1. 你覺得豬小戒撞倒沙小淨後，應該怎麼做才算是負責任的行為呢？請在 □ 中塗上顏色，答案不只一個喔！

   □ 豬小戒要向沙小淨說對不起。

   □ 豬小戒要把沙小淨扶起來。

   □ 豬小戒要帶受傷的沙小淨到健康中心擦藥。

2. 如果你不小心把同學的水打翻了，你要怎麼做才是負責任的好行為呢？

   _____

3. 你覺得日常生活中，小朋友做到哪些行為，也可以算是負責任的好表現？

   _____

句子一定行

智取芭蕉扇

_____年_____班_____號　姓名：_____

　請寫出問句

例：

> 問：　火焰山的火是怎麼來的？
>
> 答：　火焰山上的火是當初孫悟空大鬧天宮踢翻八卦爐時，從天上掉下來的磚火。

問：　_____？

答：　只有鐵扇公主的芭蕉扇才能把火焰山的火熄滅。

問：　孫悟空_____？

答：　唐三藏嘴裡不停唸著緊箍咒，讓孫悟空痛得在地上打滾。

問：　你等一下_____？

答：　我等一下要去參加蟠桃會。

問：　你今天_____？

答：　我今天駕著觔斗雲到水晶宮拿了一件寶物。

問：　_____？

答：　我被如來佛祖壓在五行山下已經五百年了。

創意——把罩

智取芭蕉扇

＿＿年＿＿班＿＿號　姓名：＿＿＿＿＿

沒想到沉寂已久的火焰山，因為地球暖化溫度升高，火焰又重新燃起，居民們熱得受不了，只好向孫悟空求救，希望他能再借一次芭蕉扇，把火搧熄。可是孫悟空自從和唐三藏取經回來後，便已退休，專心研究佛法。居民們只好請悟空的兒子孫小空去完成這個任務……

📖 孫小空是個既勇敢又有禮貌的孩子，他會用什麼方法向鐵扇公主借芭蕉扇呢？又會遇到什麼困難呢？請你發揮想像力把這個故事完成。

＿＿＿＿＿＿＿＿＿＿＿＿＿＿＿＿＿

＿＿＿＿＿＿＿＿＿＿＿＿＿＿＿＿＿

＿＿＿＿＿＿＿＿＿＿＿＿＿＿＿＿＿

＿＿＿＿＿＿＿＿＿＿＿＿＿＿＿＿＿

★教學簡報檔請見光碟:\低年級-西遊記\教學單元\09 比邱國國丈

故事一點靈

比邱國國丈

_____年 _____班 _____號 姓名: _____

唐三藏師徒在取經的路途中, 經
過比邱國, 體弱多病的國王因為聽信
國丈的讒言, 準備蒐集一千一百一十
一個小孩的心肝來吃。 孫悟空聽到這
樣荒唐的行為, 不敢相信國王怎麼忍
心殺死一千一百一十一個小孩。 於是
孫悟空設法解決, 發現國丈原來是害
人的妖怪。 於是孫悟空殺死了妖怪,
救了小孩, 也幫國王找到治病的仙
丹, 治好國王的病。

 想一想

哪些是對的? 在□內塗上顏色。

一、 比邱國的國王為什麼要殺死一千一百一十一
　　 個小孩呢?

□ 比邱國的小孩不聽話。

□ 聽信國丈的讒言, 認為小孩的心肝可以治
　 病。

□ 孫悟空告訴國王， 吃小孩的心肝可以增加抵抗力。

□ 國王的心臟跟肝臟不好。

二、 如果你是國王， 你相信國丈的讒言嗎？

□ 相信， 因為＿＿＿＿＿＿＿＿＿＿＿＿＿＿＿

□ 不相信， 因為＿＿＿＿＿＿＿＿＿＿＿＿＿＿＿

三、 故事中， 孫悟空為什麼要設法解救這些孩子？

□ 孫悟空喜歡殺死妖怪。

□ 唐三藏喜歡小孩。

□ 孫悟空不忍心看一千一百一十一個小孩無辜被殺死。

四、 從這篇故事中， 我覺得這是一篇有關於

□ 關懷　 □ 負責　 □ 禮貌　 的故事。

【 關懷 】

要對周遭的人、 事、 物， 以言語和行為
賦予愛心與關心。

 比邱國國丈

_____年_____班_____號　姓名：_____

豬小戒在學校的操場上看到一隻小麻雀一動也不動的躺在地上，豬小戒心想這隻小麻雀怎麼了，便停下腳步，查看小麻雀的情形，沒想到這隻小麻雀開口說話了：「誰來救救我？」豬小戒一聽嚇了一大跳，小麻雀說：「到底是誰的心腸這麼惡毒，拿彈弓射我？」豬小戒趕緊將小麻雀救起，一句話也沒說，因為，他曾經也拿過彈弓射擊無辜的小動物。

📖 小朋友，看完上面的故事，你是不是曾經有過類似的經驗呢？如果將角色交換，身為小麻雀的你，希望大家要以什麼樣的態度對待大自然？正確的打✓，錯誤的打✗。

(　　　) 1.到公園散步時，愛護公園的花草樹木，不將公園的花草帶回家觀賞。

（　　）2. 遇到可愛的昆蟲或動物，我要拿著彈弓或網子捕捉牠們。

（　　）3. 為了留作紀念，我要拿著石頭或刀子在大樹上刻下我自己的名字。

（　　）4. 夏天看到樹枝上有蟬，我會站在樹下仔細觀察牠的模樣，絕不捕捉牠。

（　　）5. 家人帶我逛寵物店，我看到喜歡的寵物，立即向媽媽爭取，將牠帶回家。

（　　）6. 走在路上，發現一隻小鳥躺在路中央，我會直接踩過去。

（　　）7. 愛惜生命，愛護大自然，這是每個人的責任。

句子一定行

比邱國國丈

_____年_____班_____號　　姓名：_____

 故事調色盤

　　小朋友，下面這些物品，你會用什麼樣的顏色來形容呢？填上顏色後，畫出物品的樣子，並造一個與物品有關的句子喔！

例：（黑色）的心	造句：孫悟空從自己的肚子裡取出一顆黑色的心，國王嚇得直發抖。
（　　　　）的蘋果	造句：小妹妹的臉蛋就像一顆（　　　　　　　　），可愛的模樣令人想偷親一口。

（　　　）的夕陽	造句： 天邊掛著 _____ 就像 _____ _____ 。
（　　　）的圍牆	造句： _____ _____ _____ _____ 。

創意——把罩

比邱國國丈

_____年_____班_____號　　姓名：_____

花花世界

　　小朋友，日常生活事物中常常可以看到顏色的變化，現在就請你發揮想像力，想想看，生活中有哪些事物與顏色有關係，現在就來試試看吧！

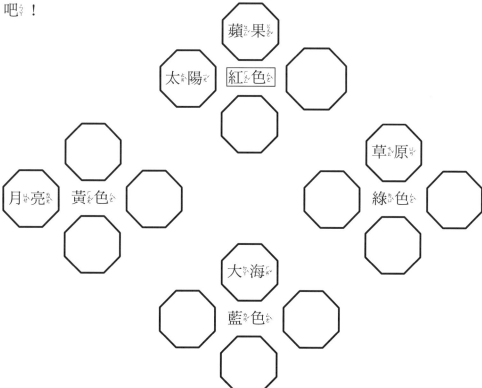

★教學簡報檔請見光碟:\低年級-西遊記\教學單元\10圓滿歸東土

故事一點靈

圓滿歸東土

_____年_____班_____號　　姓名：_____

　　三藏西方取經回到唐土，晉見唐太宗，將取經途中經過各國的關文和經卷呈上唐太宗過目。唐太宗看了關文上面的許多國名，才知道往西天的路程原來這麼遙遠，超過他們以往所想像的，師徒一行人一共走了十萬八千里。

 閱讀停聽看

（　　）1.從唐土走到西天，一共走了多少路程？（ ① 十萬八千里　 ② 一公里　 ③ 三百公里）。

（　　）2.唐三藏一行人到西天的目的是？（ ① 郊遊　 ② 取經　 ③ 尋找寶藏　 ④ 回唐三藏的家鄉）。

（　　　）3. 雖然在取經的過程中遇到了許多困難，唐三藏一行人還是完成取經的任務，可以用下面哪一句話來形容？（ ① 半途而廢　② 日行一善　③ 不屈不撓　④ 虎頭蛇尾）。

（　　　）4. 如果你是孫悟空，遇到許多困難時，你會對唐三藏說什麼？（ ① 師父，放棄吧！我們絕對走不到西天的　② 師父，只要我們團結，一起面對困難，一定能走到西天　③ 師父你自己到西方去取經吧！路途太遙遠，我放棄了）。

（　　　）5. 你知道是什麼原因讓唐三藏師徒能完成取經的任務？（ ① 豬八戒與沙悟淨兩個人完成的　② 孫悟空變法術，一下子就到達西天　③ 唐三藏與徒弟團隊合作，遇到困難不放棄，大家一起解決）。

6. 從這篇故事中，我覺得這是一篇有關於
□誠實　　□耐心　　□禮貌　　的故事。

【 耐心 】

我不會隨便生氣，我會用心把
每一件事做完。

生活一點通

圓滿歸東土

_____年_____班_____號　姓名：_____

運動會正熱烈的展開，場上的節目是一千公尺馬拉松賽跑，選手孫小空、豬小戒、沙小淨正努力的往前跑。這時，豬小戒突然停了下來，觀眾非常疑惑，場上只剩下孫小空和沙小淨還在比賽。最後比賽終了，第一名是孫小空，第二名是沙小淨。如果你要問：「那豬小戒呢？」因為他半途而廢，沒有得到任何名次。

📖 小朋友，看完上面的故事，你是不是曾經有過類似的經驗呢？不管做什麼事，都必須盡力完成，多一份耐心就多一份成功的機會，請你耐心的完成下列問題。

（　　）1.在馬拉松比賽中，沒有跑完全程的是誰？（ ① 三藏老師　② 豬小戒　③ 孫小空　④ 沙小淨）。

(　　　　) 2. 這個比賽結束後，孫小空和沙小淨跑完全程，絕不放棄，這樣的行為是（①半途而廢　②三心二意　③有始有終　④人山人海）。

3. 下列的行為中，哪些是屬於耐心的行為，哪些是屬於半途而廢的行為，請你連連看。

耐心

半途而廢

| 努力完成今天的功課 | 遇到困難，容易放棄 | 早睡早起，絕不偷懶 | 功課很多，我不想寫 |

句子一定行

 圓滿歸東土

___年 ___班 ___號 姓名：_____

 扭轉乾坤☯

「倒裝句」是將原本句子中的主詞位置稍做變動，但不改變原本句子的意思，例如：

孫悟空 拿起 金箍棒 揮一揮。

金箍棒 被 孫悟空 拿起揮一揮。

📖 小朋友，現在就一起來扭轉乾坤吧！

1. 我 把 玻璃杯 打破了。
   → （ ） 被 （ ） 打破了。

2. 爺爺 把 報紙 收進抽屜。
   → （ ） 被 （ ） 收進抽屜。

3. 妹妹 摘下 一朵可愛的小花。
   → （ ） 被 （ ） 摘下。

4. 小蟲 被 早起的鳥兒 吃掉了。
   → （ ） 吃掉了（ ）。

📖進階題： 小朋友想想看， 根據提示將句子重新
洗牌， 換成新句， 但是原句的意思不可以改
變。 （ 可以加字讓句子更通順喔！ ）

天邊出現一道彩虹。

➜ (   )

創意——把罩

圓滿歸東土

_____年_____班_____號　姓名：_____

小小編劇家

　　小朋友，發揮你無限大的想像力，根據下面的三個提示，完成一個與原來故事不同的新劇情，讓故事更有趣！

人物	內容	結局
孫悟空、大野狼、如來佛、小紅帽、唐三藏、豬八戒、白雪公主	● 森林打獵 ● 西方取經 ● 探望奶奶 ● 坐時光機旅行 ● 綁架國王	● 打敗妖怪，完成取經的任務。 ● 發明很多有趣的玩具。 ● 成功救出國王。 ● 安全回到家。 ● 開心的抱著奶奶。

例：孫悟空和小紅帽正在探望奶奶的路上，遇見了正在森林打獵的白雪公主……，最後小紅帽成功救出了奶奶，孫悟空開心的抱著奶奶。

換你試試看

★學生作品檔請見光碟:\低年級-西遊記\1101.jpeg、1102.jpeg

品格之星

禮貌之星

📖 品格之星實施說明：

1. 依據該月品格項目，全班票選行為符合此品格項目、值得表揚的兩位品格之星。

2. 票選時，不只要寫出品格之星的姓名，還要陳述理由。一方面檢核是否符合品格行為項目，一方面供其他人有具體學習仿效的行為。

3. 票選單下方為自我檢核部分，希望小朋友在讚賞他人的好表現之餘，能自我肯定，覺得自己其實也不錯喔！

4. 選出三位得票數最高者頒發獎狀以資鼓勵，獎狀內容也應陳述具體得獎事由。

★獎狀請見光碟\低年級-西遊記\品格教育\每月之星

一、 小朋友， 請你寫出班上兩位最符合「禮貌之星」的人， 並寫出你的理由。

我選的第一位禮貌之星是：＿＿＿＿＿＿＿＿

因為：＿＿＿＿＿＿＿＿＿＿＿＿＿＿＿＿

＿＿＿＿＿＿＿＿＿＿＿＿＿＿＿＿＿＿＿＿

＿＿＿＿＿＿＿＿＿＿＿＿＿＿＿＿＿＿＿＿

我選的第二位禮貌之星是：＿＿＿＿＿＿＿＿

因為：＿＿＿＿＿＿＿＿＿＿＿＿＿＿＿＿

＿＿＿＿＿＿＿＿＿＿＿＿＿＿＿＿＿＿＿＿

＿＿＿＿＿＿＿＿＿＿＿＿＿＿＿＿＿＿＿＿

推薦人：＿＿＿＿＿＿＿＿

二、 我覺得我在「 禮貌」 品格中的好行為表現有：

＿＿＿＿＿＿＿＿＿＿＿＿＿＿＿＿＿＿＿＿

＿＿＿＿＿＿＿＿＿＿＿＿＿＿＿＿＿＿＿＿

＿＿＿＿＿＿＿＿＿＿＿＿＿＿＿＿＿＿＿＿

盡最大的努力　做最棒的自己

西遊記

📖 **實施說明：**

1. 依據品格項目訂定數個小朋友易忽略，或不容易做到的行為。

2. 可將這些行為製成標語，做為教室情境佈置，隨時提醒小朋友。（請見光碟\低年級-西遊記\品格教育\教室布置）

3. 亦可將這些行為準則製成小張檢核表，黏貼於聯絡簿上，讓學生每週自我檢核反省。（請見光碟\低年級-西遊記\品格教育\檢核表）

盡最大的努力　做最棒的自己——禮貌	
項　　　　　目	我做到了嗎？
1. 打噴嚏、咳嗽時我會摀住口鼻。	
2. 放學時我會和老師、同學說再見。	
3. 吃飯時不要講話，喝湯不要出聲。	
4. 發簿子時，我會輕輕的把簿子放在桌上。	

全部做到：○　　　偶爾做到：△　　　沒有做到：✕

盡最大的努力　做最棒的自己——責任	
項　　　　　目	我做到了嗎？
1. 我每天會自己整理書包。	
2. 拿到作業我會馬上訂正錯誤。	
3. 我會把自己的座位、置物櫃整理乾淨。	
4. 念課文時，我會大聲念出來。	

全部做到：○　　　偶爾做到：△　　　沒有做到：✕

盡最大的努力　　做最棒的自己————孝順		我做到了嗎？
項	目	我做到了嗎？
1. 上學時，我會向父母說再見。		
2. 我睡覺前會對父母說晚安。		
3. 聽到父母、長輩叫我，我會馬上回答。		
4. 吃東西時，我會先請父母吃。		

全部做到：○　　　偶爾做到：△　　　沒有做到：×

盡最大的努力　　做最棒的自己————公平正義		我做到了嗎？
項	目	我做到了嗎？
1. 我不會取笑同學。		
2. 我會遵守遊戲規則。		
3. 我不會威脅別人做他不想做的事。		
4. 有人欺負我時，我會告訴老師。		

全部做到：○　　　偶爾做到：△　　　沒有做到：×

盡最大的努力　　做最棒的自己————尊重		我做到了嗎？
項	目	我做到了嗎？
1. 上課發言時我會先舉手。		
2. 別人說話時，我不會隨便插嘴。		
3. 向別人借東西時，我會經過他的同意。		
4. 我不會在上課時離開座位削鉛筆、丟垃圾。		

全部做到：○　　　偶爾做到：△　　　沒有做到：×

盡最大的努力　　做最棒的自己————誠實		我做到了嗎？
項	目	我做到了嗎？
1. 做錯事時，我會誠實把事情經過說出來。		
2. 沒帶作業或課本，我會自己告訴老師。		
3. 我會把資源回收物品清洗乾淨。		
4. 我不會亂丟垃圾。		

全部做到：○　　　偶爾做到：△　　　沒有做到：×

品格連連看

西遊記

_____年_____班_____號　姓名：_____

* 請把下面的行為與正確的品格連接

左欄	品格	右欄
孫悟空頭痛，豬八戒拿藥給他。	孝順	做錯事就應該被懲罰。
高莊主請孫悟空幫忙捉妖怪。	關懷	媽媽不舒服我會安靜陪她。
所有的齋飯平均分配給大家吃。	公平正義	我會把心裡的話告訴老師。
孫悟空和豬八戒一起把黃風怪打跑。	信賴	同學和我一起畫海報。
紅孩兒每天向父母請安。	合作	同學摔倒我陪她去保健室。
唐三藏答應去西天取經，就不怕辛苦完成工作。	誠實	忘記帶作業會向老師承認。
孫悟空等了五百年，終於等到唐三藏解救他。	禮貌	同學發作業給我時我會說謝謝。
孫悟空在說話時，沙悟淨不會插嘴。	耐心	進入哥哥房間我會先敲門。
孫悟空謝謝太上老君幫忙收服妖怪。	責任	我慢慢的等著雞母蟲變成獨角仙。
金角承認他偷了太上老君的寶貝。	尊重	每次玩完玩具我會自己把它們收好。

好ㄏㄠˇ戲ㄒㄧˋ一ㄧˋ籮ㄌㄨㄛˊ筐ㄎㄨㄤ

西ㄒㄧ遊ㄧㄡˊ記ㄐㄧˋ

_____年ㄋㄧㄢˊ_____班ㄅㄢ_____號ㄏㄠˋ　　姓ㄒㄧㄥˋ名ㄇㄧㄥˊ：_____

❖ 表ㄅㄧㄠˇ演ㄧㄢˇ日ㄖˋ期ㄑㄧˊ：（　　　　）年ㄋㄧㄢˊ（　　　　）月ㄩㄝˋ（　　　　）日ㄖˋ

小ㄒㄧㄠˇ小ㄒㄧㄠˇ戲ㄒㄧˋ劇ㄐㄩˋ評ㄆㄧㄥˊ論ㄌㄨㄣˋ家ㄐㄧㄚ

第ㄉㄧˋ一ㄧ組ㄗㄨˇ最ㄗㄨㄟˋ棒ㄅㄤˋ的ㄉㄜ˙是ㄕˋ_____，

因ㄧㄣ為ㄨㄟˋ_____。

第ㄉㄧˋ二ㄦˋ組ㄗㄨˇ最ㄗㄨㄟˋ棒ㄅㄤˋ的ㄉㄜ˙是ㄕˋ_____，

因ㄧㄣ為ㄨㄟˋ_____。

第ㄉㄧˋ三ㄙㄢ組ㄗㄨˇ最ㄗㄨㄟˋ棒ㄅㄤˋ的ㄉㄜ˙是ㄕˋ_____，

因ㄧㄣ為ㄨㄟˋ_____。

第ㄉㄧˋ四ㄙˋ組ㄗㄨˇ最ㄗㄨㄟˋ棒ㄅㄤˋ的ㄉㄜ˙是ㄕˋ_____，

因ㄧㄣ為ㄨㄟˋ_____。

第ㄉㄧˋ五ㄨˇ組ㄗㄨˇ最ㄗㄨㄟˋ棒ㄅㄤˋ的ㄉㄜ˙是ㄕˋ_____，

因ㄧㄣ為ㄨㄟˋ_____。

第六組最棒的是 ＿＿＿＿＿＿＿＿＿＿＿＿＿＿，

因為 ＿＿＿＿＿＿＿＿＿＿＿＿＿＿＿＿＿＿＿。

❖ 我覺得第＿＿＿＿＿＿＿＿＿＿組的表演最精采。

❖ 我們這組的表演主題是＿＿＿＿＿＿＿＿＿＿＿＿。

❖ 在表演的練習過程中，我覺得我們這組最認

真、最用心的同學是＿＿＿＿＿＿＿，因為＿＿＿＿＿

＿＿＿＿＿＿＿＿＿＿＿＿＿＿＿＿＿＿＿＿＿＿＿。

❖ 表演完之後，我覺得我們這組要改進的是＿＿＿＿＿

＿＿＿＿＿＿＿＿＿＿＿＿＿，希望下次表演得更棒！

★學生作品檔請見光碟:\低年級-西遊記\1141.jpeg、1142.jpeg

最初

剛開學沒多久，我拿著《西遊記》對全班說：「各位小朋友，這學期我們一起來看這本《西遊記》！」有的小朋友說：「耶～～！」；有的小朋友卻是苦著一張臉。

在導讀（人物、作者、歷史背景、圖片、世界地圖……）過程中～～

老師指著世界地圖：「這是台灣，當年唐三藏可是從這裡走走走……一直走到那裡！」

「台灣怎麼會那麼小？台灣明明就很大啊！」

「這樣看起來，唐三藏真的走蠻遠的！」

「哇～～我的天哪！唐三藏好厲害！他一個人走那麼遠哦？」

「還好有孫悟空陪他！」

「哪有～～孫悟空是假的啦！」

「如果是我，我一定要坐飛機！」

「老師，唐三藏為什麼要跑那麼遠去取經？」………

藉由時空的交錯，原本苦著臉的小朋友也漸漸舒展眉頭，和同組小朋友興致勃勃的討論起來。

相逢

◎遇到成語妖怪

對於二年級的小朋友來說，閱讀《西遊記》最大的困難是故事中的成語。小朋友對成語的認識不多，常常讀到一半，就開始詢問老師關於詞句的意義是什麼，所以老師必須再另外加強孩子的成語認讀及應用。解決了這些問題後，高成就的孩子愈來愈喜歡這本書，而語文能力較低落的孩子也漸漸能跟上大家的腳步，一起進入《西遊記》的奇幻世界中。

◎難抗時空魔法師

孩子需要很多時間閱讀文本，規定閱讀進度後再講解故事的內容，會是較省時的方法。但若遇到文中內容與現實生活經驗不能連結時，往往需要很多時間解釋故事的內容。例如書中的佛教文化，以及唐代生活的背景，當孩子不能體會時，老師便需要做較多的補充說明，讓孩子對古代的歷史認識稍有了解，以利閱讀。

火花

自從讀了《西遊記》之後，最常發生的事情是：閱讀課到圖書館借書，小朋友會跟老師說：「老師，我找到《西遊記》的書了，跟我們看的那本不一樣喔！」即使已經看過了大家一起閱讀的《西遊記》，小朋友還是會到圖書館借閱不同版本的《西遊記》來看，或許是老師給予小朋友除了繪本以外的閱讀文本讓孩子產生興趣，但是最令人感動的是，小朋友對《西遊記》這本書產生了自發性閱讀的興趣，甚至有小朋友下課的時間會跟老師討論《西遊記》的故事內容。

回首

　　古典文學作品乍聽之下頗感深奧，但《西遊記》中充滿想像的空間，藉由豐富而充滿神話的故事情節，導入品格與語文創意確實是一大挑戰。一路走來，在品格教導中，孩子慢慢學會檢討自己的表現；在語文學習中，孩子試著用心思考不同的創意；在表演活動中，孩子對於角色的拿捏尚無法細膩的掌握，但言語及行為間的互動卻漸漸柔和，進而誇讚他人的表現，這都是家長和老師所樂見的。

　　《西遊記》的故事最後，師徒功德圓滿回到東土；實施閱讀古典小說──《西遊記》品格教學最後，老師最大的收穫是很慶幸給予小朋友這樣的閱讀經驗。除了讓孩子對於《西遊記》這本書印象特別深刻之外，坊間的繪本故事對於二年級小朋友的閱讀能力是輕而易舉，而能接受這樣的古典小說，已經跨出閱讀的一大步。

中年級

三國演義

設計及教學群：陳淑霞、李明娟、葉美城、王勇欽

壹、理念說明

　　《三國演義》描寫東漢末年，政治腐敗，四方州牧乘機而起，國家陷入四分五裂的局面。其間戰爭四起，英雄與梟雄之間的爭奪，各方政治勢力的勾心鬥角，在書中均有精采的著墨。尤為甚者，書中成功的塑造出不同的人物形象，不論是英雄、梟雄、奸雄，都栩栩如生；至於情節的安排，更是讓人目不暇給、欲罷不能。因此，此書堪稱為中國最成功的戰爭和政治小說。

　　高潮迭起的故事情節最能引人入勝，忠孝節義的人物品行最能撼動人心。因此，藉由此書，我們想讓孩子在輕鬆自然的方式下進入「三國時代」，領略出故事情節中蘊含的品格意義，進而將品格概念內化，體現在日常生活行為中。而書中描寫精細的人物刻劃與構思巧妙的故事鋪陳，也成為提升孩子寫作技巧的最佳教材。我們期望孩子從閱讀古典文學中，建立品格的行為，提升文學的涵養，發現閱讀的樂趣，進而培養閱讀的興趣。

貳、課程架構

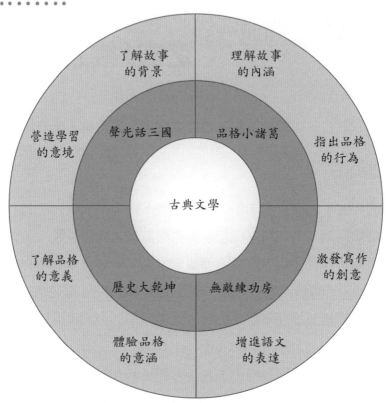

參、教學流程

活動名稱	主要教學內涵
聲光話三國	利用影片、簡報、音樂或戲劇等方式，營造出各個故事的情境，引發學生學習的興趣，充實學生學習的先備經驗。
品格小諸葛	1.介紹故事情節（可以老師說、學生說，或其他更有創意的做法……）。 2.找出具備品格內涵的行為。 3.針對品格的意涵及故事人物的行為，再做澄清與討論（做法可各自發揮）。
歷史大乾坤	根據故事人物與情節的不同，設計各種品格延伸教學的活動，可以遊戲、活動或小組競賽的方式來進行。
無敵練功房	1.依據每個寫作主題，進行一些暖身引導活動。 2.利用學習單帶領學生進行各個寫作主題的練習。

肆、教學進度表

一、教材來源：1.《三國演義》卡通版 DVD

2.《三國演義》（上）（下）──東方出版社

二、課程設計

週次	DVD欣賞	閱讀書本	教學課程			
			品格項目	章回頁次	寫作主題	負責人
一	1、2	p.11〜p.51（上）	合作	p.11（上） 桃園結義	人物描寫	王勇欽
二	3、4	p.51〜p.106（上）				
三	5、6	p.106〜p.154（上）	公平正義 誠實	p.192〜207（上） 關公過五關斬六將	文章縮寫	陳淑霞
四	7、8	p.154〜p.208（上）				
五	9、10	p.208〜p.261（上）	孝順	p.244（上） 徐庶救母	文章改寫	李明娟
六	月考	月考				
七	11、12	p.261〜p.315（上）	尊重 禮貌	p.247〜272（上） 三顧茅廬	文章仿寫	葉美城
八	13、14	p.5〜p.59（下）				
九	15、16	p.59〜p.112（下）	信賴	p.273〜287（上） 料敵如神	文章接寫	李明娟
十	17、18	p.112〜p.172（下）				
十一	19、20	p.172〜p.232（下）	關懷	p.288〜315（上） 單騎救阿斗	誇張描寫	陳淑霞
十二	21、22	p.232〜p.286（下）				
十三	23、24	p.286〜p.347（下）	責任	p.200（下） 大意失荊州	場景描寫	葉美城
十四						
十五			耐心	p.242（下） 七擒孟獲	文章擴寫	王勇欽
十六						

三國演義——合作 教學活動流程

活動名稱	主要教學內涵	器材	時間
聲光話三國	利用簡報營造情境，引發學生學習的興趣。	亂舞春秋CD簡報檔、投影機、電腦、喇叭	40分
品格小諸葛	1. 介紹故事情節：桃園結義。 2. 找出合作的品格行為。 3. 針對合作的意涵及故事人物的行為再做澄清與討論。 　(1)人是群居動物，不可能離群索居，所以人際關係的建立就成了每個人不可或缺的能力之一；與人相處、合作也成了人際溝通上重要的一環，許多事要靠很多人才能完成。 　(2)教師發問：小朋友，你們曾經和別人一起完成一件事嗎？完成什麼事？你負責做些什麼事？其他人又做了哪些事？	電腦投影機簡報檔	
歷史大乾坤	**活動一：蜈蚣競走** 1.「現在我們要來玩一個遊戲，它是需要很多人一起玩的。」教師說明並示範「蜈蚣競走」的遊戲規則。 　(1)將學生分成兩組。 　(2)請學生排成兩列，並且拿繩子將左腳、右腳分別和旁邊的同學綁在一起。 　(3)請學生先試走一小段路。 　(4)正式開始活動。 2. 請學生發表玩「蜈蚣競走」遊戲的感想。 **活動二：金雞獨立** 1. 以 6～7 人為一組，每組發一張全開報紙，各組成員須站在報紙上，腳不可離開報紙。 2. 將報紙折成一半，各組須同心協力將成員容納在報紙的範圍內。（P. S.不計任何方式） 3. 再將報紙折半，其餘如上所述。 4. 再將報紙折半，其餘如上所述。 5. 心得分享： 　(1)如何解決困難。 　(2)團體的成功是否與合作互助有關？ 　(3)個人心得分享。	繩子報紙	40分
無敵練功房	利用學習單練習人物的描寫	學習單	

人物描寫

無敵練功房
取自三國演義之桃園結義

_____年_____班_____號 姓名：_____

一、品格小諸葛

✍ **在這次的故事中，你觀察到哪些品格呢？**

品格	人物	行為
合作		

✍ **「合作」是什麼？請勾選出正確的項目**

1.（　）我幫助別人，別人也幫助我。

2.（　）有相同目標的一群人，共同努力，一起達到目的。

3.（　）當我有能力完成的時候，就不需要別人協助了。

4.（　）和別人一起完成一件事。

5.（　）若我有的東西，則別人不能有。

✍ **你認為什麼是「合作」？**

合作就是 _____

請舉出你曾經和別人合作的實例。

_____

_____

二、武功祕笈——人物描寫

什麼是「人物描寫」？

把人物的長相（面貌、五官、身材、神態等等）、動作、性格、穿著、事蹟及其所處的環境、語言等詳細的寫出來。

寫作時，我們如何進行人物描寫呢？

1. 描寫長相。

例如：爸爸有一對丹鳳眼，炯炯有神。

2. 描寫動作。

例如：教室裡有位同學坐在位子上，看著窗外發呆。

換你做做看

長相（面貌、五官）			
1.圓臉	2.細眼長鬚	3.面如冠玉	4.脣若塗脂
5.雙手過膝	6.兩耳垂肩	7.髯長二尺	8.面如重棗
9.臥蠶眉	10.清秀	11.豹頭環眼	12.慷慨重諾
13.炯炯有神	14.濃眉大眼	15.瓜子臉	16.炯炯有神
17.丹鳳眼	18.方面大耳	19.滿布紅絲	20.相貌堂堂
21.水汪汪	22.滿布皺紋	23.爬滿青筋	24.白裡透紅
25.尖嘴猴腮	26.酒窩	27.小頭銳面	

身材	28.高個子　　29.健壯的　　30.瘦弱的　　31.矮個子 32.苗條的　　33.胖嘟嘟的　34.圓滾滾的　35.身長七尺 36.身長八尺　37.身長九尺
性格	38.仁慈寬厚　39.忠烈勇敢　40.豪邁善良　41.和藹可親 42.有權謀　　43.多機變　　44.明禮重義　45.親切的 46.機靈的　　47.性頗急躁嗜酒
其他	48.深通韜略　49.威風凜凜　50.勢如奔馬　51.聲若巨雷 52.武藝絕倫超群

✎ 根據以上就長相、身材、性格、其他的項目分類，將號碼填入
　　（　）內

1. 我覺得適合劉備的有（　　）、（　　）、（　　）、（　　）、
　　（　　）、（　　）、（　　）、（　　）。

2. 我覺得適合關羽的有（　　）、（　　）、（　　）、（　　）、
　　（　　）、（　　）、（　　）、（　　）。

3. 我覺得適合張飛的有（　　）、（　　）、（　　）、（　　）、
　　（　　）、（　　）、（　　）、（　　）。

✎ 寫一寫

1. 我對於劉備的描寫：

_____

_____

_____

2. 我對於關羽的描寫：

_____

_____

_____

3. 我對於張飛的描寫：

_____

_____

_____

★學生作品檔請見光碟:\中年級-三國演義\2011.jpeg、2012.jpeg、2013.jpeg

★課程簡報檔請見光碟:\中年級-三國演義\2014.pps

三國演義──公平正義教學活動流程

活動名稱	主要教學內涵	器材	時間
聲光話三國	利用簡報方式，簡介關公個人的生平事蹟，營造出關公的個人形象──「忠勇正義」。再藉由故事的情境，引發學生學習的興趣，充實學生學習的先備經驗。	電腦 簡報檔 投影機	10分
品格小諸葛	1. 介紹故事情節。 　（老師先說故事的開頭，以簡報為輔，依序秀出「第一關」、「第二關」……，過關內容事先安排五位小朋友熟記後口述。） 2. 師生共同討論找出具備品格內涵的行為。（公平正義） 3. 針對故事人物的行為，與現實生活中所認知的「公平正義」內涵相互比較，並做澄清與討論。	電腦 簡報檔 投影機	30分
歷史大乾坤	**「過五關，展六獎」** 給學生一個故事情境，讓學生嘗試解決五個關於「公平正義」的問題，只要能答對一個問題，就能得到一小張劉關張的部分拼圖，完成學習單上彩色的劉關張拼圖。 題目如下： 1. 請找出畢老師做的哪一件事不公平？ 2. 你覺得畢老師應該如何處理比較公平？ 3. 你認為生活中有哪一件事是不公平的？ 4. 你覺得應該如何處理比較公平？ 5. 請你說說什麼是「公平正義」…… 6. 上體育課時，你們班上只有二十個躲避球，但是三十四位小朋友都想玩球。請你想出一個公平的辦法來解決這個問題吧！ 7. 舉一個最近你遇到或是你做過非常符合「公平正義」的例子。	電腦 簡報檔 拼圖 學習單 投影機	30分
無敵練功房	完成寫作學習單	學習單	10分

文章縮寫

無敵練功房

取自三國演義之關公過五關斬六將

_____年_____班_____號 姓名：_____

一、品格小諸葛

✎ 在這次的故事中，你觀察到哪些品格呢？

品格	人物	行為
公平正義	關公	

✎ 哪些項目是「公平正義」的行為？請打✓；哪些項目是「誠實」的行為？請打〇

1. (　　) 玩遊戲時，遵守遊戲規則。
2. (　　) 看到同學被欺負，我會勇敢的幫他解圍。
3. (　　) 我會遵守班級的生活公約。
4. (　　) 做錯事時，我會承認錯誤。
5. (　　) 捐發票給創世基金會，救助植物人。
6. (　　) 買東西時老闆找錯了錢，我會主動把錢退還。
7. (　　) 考試時不作弊。
8. (　　) 拿別人的東西時，要先徵求他的同意。

✍ 你認為什麼是「公平正義」？

公平正義就是＿＿＿＿＿＿＿＿＿＿＿＿＿＿＿＿＿＿

請舉出你曾經做過公平正義的事例。

＿＿＿＿＿＿＿＿＿＿＿＿＿＿＿＿＿＿＿＿＿＿＿＿＿

＿＿＿＿＿＿＿＿＿＿＿＿＿＿＿＿＿＿＿＿＿＿＿＿＿

✍ 你認為什麼是「誠實」？

誠實就是＿＿＿＿＿＿＿＿＿＿＿＿＿＿＿＿＿＿＿＿＿

請舉出你做過誠實的事例。

＿＿＿＿＿＿＿＿＿＿＿＿＿＿＿＿＿＿＿＿＿＿＿＿＿

＿＿＿＿＿＿＿＿＿＿＿＿＿＿＿＿＿＿＿＿＿＿＿＿＿

二、武功祕笈──文章縮寫

✍ 什麼是「文章縮寫」？

　　在不改變原來文章基本內容和中心思想的條件下，把一篇較長的文章，按照一定的要求，縮減成一篇較短的文章。簡單來說，就是將原文中一些次要的詞句、段落、情節、情境刻劃、人物描寫等，適當地刪去。一方面要將文章中的重要詞語保留，其餘的用自己的語言加以整理成一篇較短的文章。

📖 請先將下面的範文閱讀一次

> 　　話說關雲長帶著兩位嫂嫂一路過關斬將來到沂水關。沂水關守將名叫卞喜，他想用暗計來殺害關雲長。因此，他一見面就向關雲長表示親善，背地卻在關前的鎮國寺中，埋下了刀斧手，準備刺殺關雲長。
>
> 　　卞喜在鎮國寺設席，寺中有一個叫做普淨的老僧，是關雲長的老鄉。這老僧已經知道卞喜的陰謀，所以他先請關雲長到方丈寺裡。普淨一面談話，一面卻伸手不斷的摸關雲長身上的配劍，示意關雲長，這場酒宴不是好宴。
>
> 　　當卞喜到方丈室來請關雲長入席時，關雲長就看到牆角的暗處躲著刀斧手。當卞喜下令刀斧手向關雲長圍攻時，關雲長拔出配劍，一口氣連砍了幾個，其他刀斧手看情況不妙，紛紛逃命。關雲長追上卞喜，一刀結束了這個爪牙的性命。

📖 請試著將範文縮寫如下

　　關雲長來到（　　　　　　）。沂水關守將名叫（　　　　　），他要用（　　　　　）來殺害關雲長。幸好（　　　　　）寺有位叫做（　　　　　）的老僧，趁著和關雲長談話的機會暗示關雲長，這場酒宴不是好宴。所以沒等刀斧手出手，關雲長就拔出配劍連砍了好幾個刀斧手，也一刀結束了卞喜的性命。

★學生作品檔請見光碟\中年級-三國演義\2021.jpeg、2022.jpeg

★課程簡報檔請見光碟\中年級-三國演義\2023.pps

三國演義──孝順教學活動流程

活動名稱	主要教學內涵	器材	時間
聲光話三國	1. 教師揭示圖片，與學生問答： (1)圖中穿紅衣者為三國的領導人物之一，猜猜看他是誰？（曹操，因他為漢朝丞相，所以頭戴官帽，身穿官服） (2)圖中的老婆婆在做什麼？（用硯台丟曹操，並指著曹操像是在罵人，很生氣） (3)老婆婆為什麼很生氣？（曹操騙她到許昌，想要逼她兒子徐庶為曹操出計謀） (4)老婆婆有沒有答應寫信叫兒子徐庶來許昌？（沒有） (5)曹操接下來怎麼辦呢？（叫程昱仿徐母筆跡，騙徐庶來許昌） (6)徐庶來到許昌後，徐母心情如何？後來發生了什麼事？（生氣。上吊死了） (7)徐母死後，徐庶有沒有幫曹操做事呢？（沒有，徐庶從此做一個不問世事的隱士） (8)你覺得這個故事中有哪些好品格？（徐母－公平正義，徐庶－孝順） (9)請問徐庶成功救出母親了嗎？（沒有，徐母上吊死了）	電腦 簡報檔 投影機	10分
品格小諸葛	1. 教師揭示5W1H請小朋友一起把故事重點歸納出來： (1) What　徐庶救母 (2) When　三國時代 (3) Where　北魏許昌 (4) Who　曹操、徐庶、徐母 (5) Why　曹操派人仿徐母筆跡，騙徐庶到許昌 (6) How　徐母上吊死亡，徐庶不願為曹操出計謀 2. 大家一起來品格動動腦： (1)每個品格都有三個選項，請學生選出最贊成的五個選項。（沒有對或錯喔，只是對品格的不同看法）。 (2)請學生將自己最贊成的選項依序記錄在p.116的表格中。	電腦 簡報檔 投影機	30分

活動名稱	主要教學內涵	器材	時間
品格小諸葛	(3)請學生找出與自己有相同選項的題數，有1項相同為1分，2項相同為2分，以此類推。 (4)請學生找出自己的有緣書友，並將座號記錄在 p.116 的表格中。 ※這個活動需配合課程簡報檔的使用。	電腦 簡報檔 投影機	
歷史大乾坤	1. 尋找有緣書友 請學生核對班上其他同學與自己在前項活動中的相同答案數，即為兩人心靈相同指數，填入該有緣書友的座號在空格中。活動時間5分鐘。時間到，教師以哨音請學生到教室後坐下。 2. 說明「改寫」的要點，交代分組後要完成的工作，並完成分組。 (1)這個故事有沒有你想要改變的部分？ (2)為什麼？ (3)如何改變？ (4)改變後的故事發展？ 3. 安排小朋友與最有緣的書友同組後，進行分組討論，完成學習單。全班分八組。 4. 每組推派一位代表上台發表改編後的「新徐庶救母」與全班分享。	電腦 投影機 簡報檔 拼圖 學習單	30分
無敵練功房	完成寫作學習單	學習單	10分

文章改寫
無敵練功房
取自三國演義之徐庶救母

_____年_____班_____號 姓名：_____

一、品格小諸葛

✎ 在這次的故事中，你觀察到哪些品格呢？

品格	人物	行為
	徐庶	

✎「孝順」是什麼？請勾選出正確的項目

1.（　）主動協助做家事，減輕爸媽的負擔。

2.（　）上課專心聽課，用心學習，不讓爸媽煩惱。

3.（　）對爸媽有禮貌，不和爸媽頂嘴。

4.（　）注意安全，不做危險的事。

5.（　）注意自己的言行，做個有「家教」的孩子。

6.（　）做個對國家有貢獻的人，讓爸媽受人稱讚。

✎ 好品格「孝順」的實踐

1. 我現在可以做的是_____

2. 長大以後我最想_____

二、武功祕笈──文章改寫

品格小諸葛：心有靈犀有緣書友

(一) 選一選	(二)尋找有緣書友	
最贊同的選項	心靈相通指數	有緣書友座號
1. (　　)	5 分	
2. (　　)	4 分	
3. (　　)	3 分	
4. (　　)	2 分	
5. (　　)	1 分	

★與你的有緣書友，一起創造一個新故事吧！

（※這個活動需配合課程簡報檔的使用）

文章改寫：新編徐庶救母

1. 徐庶救母的故事中，你最想改變的部分是：

_____

2. 為什麼？

_____

3. 如何改變呢？

_____

4. 改變後，故事將如何發展呢？

_____

_____

5. 請小組推選一位代表上台，說改編版的「新徐庶救母」的故事給全班同學聽。

★學生作品檔請見光碟:\中年級-三國演義\2031.jpeg、2032.jpeg

★課程簡報檔請見光碟:\中年級-三國演義\2033.pps

三國演義── 尊重 教學活動流程

活動名稱	主要教學內涵	器材	時間
聲光話三國	1.引起動機──以兒歌「我的朋友在哪裡?」引出學生對數字興趣。 2.引導學生說出「一」、「二」、「三」開頭之成語,老師再從中挑選一則較有趣的成語故事說給學生聽,以引起學習興趣。 3.人物介紹:諸葛孔明的生平介紹。	簡報檔 電腦 投影機	10分
品格小諸葛	1.引導學生看完上集 p.247 至下集 p.59,請學生報告他看到什麼故事情節。 2.切入〈三顧茅廬〉的故事情節,請學生以接力的方式說出故事的大意。可以使用以下問題引導學生說出故事經過: ⑴是誰推薦諸葛孔明給劉備? ⑵劉備就帶著誰前去拜訪? ⑶第一次拜訪的情形? ⑷第二次拜訪的情形? ⑸第三次拜訪的情形? ⑹最後的結果如何? 3.接力說出大意後,再提出以下具備「尊重」品格內涵的行為及人物,再做澄清與討論。 ⑴為什麼徐庶推薦諸葛孔明給劉備,劉備就相信徐庶? ⑵你認為孔明第一次回到家就知道劉備來拜訪,為什麼未和劉備會面,又離開去旅行?在現代社會中,如果有客人留下便條紙告知來拜訪過你,你恰好不在,你會如何處理?為什麼?這代表什麼的行為表現?(尊重他人) ⑶劉備第三次拜訪孔明,碰上孔明在睡覺,而且睡很久,為什麼劉備不讓少年書僮叫醒他?(表示尊重誠意) ⑷劉備為什麼要一直站在台階下拱著手恭候?(表示禮貌)平時去拜訪人家應注意什麼禮貌? ⑸你認為孔明對於劉備三次來訪的處理態度是什麼行為表現?	簡報檔 電腦 投影機	30分

活動名稱	主要教學內涵	器材	時間
歷史大乾坤	**活動一：打啞謎** 話說三國時，劉備三顧茅廬，孔明提出啞對。劉備和關羽耳聞孔明經綸滿腹，都不敢應對。張飛忍不住自告奮勇迎戰孔明。啞對就這樣展開…… **一對** 孔明先是用手指天，意指「上知天文」。孔明見張飛不慌不忙地往馬下一指，回以「下曉地理」； **再對** 孔明右伸出一指，示以「一統天下」。孔明見張飛瞪大白眼使勁地伸出三指，楞了一下，心想，脾氣毛躁的張飛尚知「三分鼎立」，統一又多了一分希望； **三對** 孔明遂再伸出三指，以告知「三三歸漢」。孔明看張飛連忙伸出雙手回以九指，意味「九九化原」，心頭又想，猛張飛也讀過不少詩書吧！ **四對** 孔明最後在胸前畫一個大圓，意為「胸裝日月」。孔明見張飛露出滿意自信的笑臉往袖裡一指，對以「袖藏乾坤」。 孔明見張飛尚有此啞對功力，相當滿意，直稱：「張將軍不簡單。」 孔明最後在胸前劃一個大圓，意為「胸裝日月」。孔明見張飛露出滿意自信的笑臉往袖裡一指，對以「袖藏乾坤」。 事後劉備關羽兩人追問張飛，張飛津津有味的解釋說道：他指著天，是說天上雪大，我指地，是說地上路滑。他伸出一指，問我們是不是初顧茅廬？我伸三指是告訴他已經是三顧茅廬了！他又伸三指，意思要我們留下來吃飯，共有三張餅，我連忙伸出九指，告訴他我們要九張餅才夠；他在胸前畫圈圈，是說他家的餅很大，我往袖裡一指，是說吃剩的要帶走！	簡報檔 電腦 投影機	30分

活動名稱	主要教學內涵	器材	時間
歷史大乾坤	**活動二：三顧茅廬會孔明** 主旨：利用跳格子的遊戲，讓小朋友活動活動筋骨，達到寓教於樂的目的。 準備工作：請先在地上畫出如下圖的格子，並且將格子寫上人名（可隨機變動人名的安排）。 衛冕者 起跳點 <table><tr><td>張飛</td><td>孔明</td><td>劉備</td><td>孔明</td><td>關公</td></tr><tr><td>劉備</td><td>孔明</td><td>劉備</td><td>孔明</td><td>劉備</td></tr><tr><td>關公</td><td>孔明</td><td>張飛</td><td>關公</td><td>關公</td></tr><tr><td>孔明</td><td>張飛</td><td>關公</td><td>孔明</td><td>張飛</td></tr><tr><td>孔明</td><td>張飛</td><td>孔明</td><td>劉備</td><td>孔明</td></tr></table> 挑戰者 起跳點 遊戲方式舉例說明： 衛冕者 先喊「三顧」，挑戰者 再喊「茅廬」後一起跳進格子，當 衛冕者 站的位置是劉備，對上 挑戰者 站的位置是孔明，就算是 衛冕者 得分，取得一顧茅廬；如對上不同人物，則繼續由 衛冕者 先喊「三顧」，挑戰者 再喊「茅廬」後，重新跳換格子對決。如果是對上同一人物，則換 挑戰者 喊「三顧」，並且取得得分權，而 衛冕者 喊「茅廬」後，一起跳進入格子，繼續對決，當 挑戰者 站的位置是劉備對上 衛冕者 站的位置是孔明，就算是 挑戰者 得分，取得一顧茅廬。先取得二次三顧茅廬者獲勝，成為新的 衛冕者，繼續接受其他同學的挑戰。（跳格子動作，可以採用假動作留置原位。）		
無敵練功房	利用學習單進行文章仿寫教學。	學習單	10 分

文章仿寫

無敵練功房

取自三國演義之三顧茅廬

_____年_____班_____號 姓名：_____

一、品格小諸葛

✍ 在這次的故事中，你觀察到哪些品格呢？

品格	人物	行為
尊重		

✍ 「尊重」是什麼？請勾選出正確的項目

1.（　）向同學借用東西，要先告知並得到同意。

2.（　）課堂上，要接受其他同學不同意見的發表。

3.（　）不亂折花木。

4.（　）不要幫同學取不雅的外號。

5.（　）常說「請」、「謝謝」、「對不起」。

✍ 你認為什麼是「尊重」？

尊重就是_____

請舉出你曾經尊重過別人的實例。

_____

_____

二、武功祕笈——文章仿寫

什麼是「文章仿寫」？

> 仿寫是根據一篇或一段文章的結構、表現的寫作方法、語言、立意方法等，進行臨摹、模擬的一種寫作方式。

詞性的標示

說明：請在語詞前面做註記，名詞用□標示，動詞用○標示，形容詞用△標示，例如：□高麗菜 ○拿著 △美麗的

苦惱的　　臥龍岡　　屏風　　徘徊　　鄉巴佬　　年長的
疏疏落落的　　樹林　　農莊　　遲疑的　　制止　　備馬
凍僵　　熬不住　　頂著　　呼呼的　　寒風　　心聲
便條　　透露　　鼎鼎大名的　　有本領的　　占領
奸臣　　慶功宴　　窺察

請用✓選出句子形式相同的句子

1. （　）①打著呼呼的鼾聲。
   （　）②手指頭都凍僵了。
   （　）③颳著呼呼的西北風。

2. （　）①用頭腦當然要靠孔明，出力氣就得靠兩位弟弟了。
   （　）②我得到了孔明，就像魚得到水一樣。
   （　）③我得到金牌，就像尋寶人得到寶物一般。

📝 請依照下列一段文章，練習仿寫

（小朋友，要注意文章的結構、表現的寫作方法、語言、立意方法等）

原文：

因為徐庶的推薦，劉備領著關羽、張飛帶著禮物，專程到臥龍岡邀請諸葛亮。

第一次來到隆中，山岡起伏，又走了幾里山路，果然看見臥龍岡，岡前有一座疏疏落落的樹林。劉備親自去扣莊門，少年出來開門，回話說：「主人一早就出門了。」

第二次劉備又叫部屬備馬前往，但當天天氣特別冷，颳著西北風及陣陣的塵沙捲起來，沒多久又下起大雪，整個大地成了一片銀色世界。可惜孔明又出門了。

第三次再度去拜訪，孔明終於在家，但正在睡午覺，劉備只能耐著性子，拱著手恭敬等待，最後成功的見了孔明，孔明也答應了劉備的邀請。

📝 請依上段文章改寫

因為同學王欣的介紹，我就帶著表弟、表妹並攜帶＿＿＿＿＿＿＿＿，專程到＿＿＿＿＿＿＿＿邀請＿＿＿＿＿＿＿＿。

第一次來到＿＿＿＿＿＿＿＿，海岸景色優美，走過一排樹林，果然看見＿＿＿＿＿＿＿＿，＿＿＿＿＿＿＿＿＿＿＿＿＿＿＿＿＿＿＿＿，我直接去敲門，但沒有人應門，只好明天再來一趟。

第二次我又叫表弟、表妹一起前往，但當天颱風侵襲，風勢實在太強，整個成了＿＿＿＿＿＿＿＿＿＿＿＿＿＿＿＿＿＿＿＿，只好半路又回來了。

第三次再度去拜訪＿＿＿＿＿＿＿＿＿＿＿＿＿＿＿＿＿＿＿＿

＿＿＿＿＿＿＿＿＿＿＿＿＿＿＿＿＿＿＿＿＿＿＿＿＿＿＿＿＿＿

＿＿＿＿＿＿＿＿＿＿＿＿＿＿＿＿＿＿＿＿＿＿＿＿＿＿＿＿＿＿

_____

_____

_____

★學生作品檔請見光碟:\中年級-三國演義\2041.jpeg、2042.jpeg、2043.jpeg

★課程簡報檔請見光碟:\中年級-三國演義\2044.pps（歌曲請自行聯結）

三國演義——信賴教學活動流程

活動名稱	主要教學內涵	器材	時間
聲光話三國	利用簡報方式，簡介孔明個人的生平事蹟，藉由故事的情境，引發學生學習的興趣，充實學生學習的先備經驗。	電腦簡報檔	10分
品格小諸葛	1. 教師揭示孔明的圖片並與學生進行問答： (1)徐庶在出發去救母親前，曾推薦了哪一位很有才能的人給劉備？（臥龍先生、孔明、諸葛亮、諸葛孔明） (2)劉備得到了孔明這位能幹的軍師，他如何對待他呢？（從早到晚都與孔明討論國家大事，並上尊孔明為老師，並形容自己得到了孔明是如魚得水） (3)孔明為什麼要劉備把劍和印信交給自己？（因為要指揮作戰，又擔心關羽和張飛兩位將軍不聽孔明的命令） (4)劉備為什麼答應把劍和印信交給孔明？（為了要爭取作戰勝利） (5)劉備願意把劍和印信交給孔明，是具備了哪一種品格？（信賴） (6)關羽和張飛一開始為何不信賴孔明？（因為不了解，沒看過孔明打勝仗） (7)經過孔明指揮兩場大勝仗後，關羽和張飛的態度有了什麼改變？（佩服，並十分尊敬） (8)在這個故事中，你看到了哪些好品格？（信賴、合作、尊重……） 2. 介紹孔明其他有名的戰役 (1)草船借箭（按投影片連結，看皮影戲） (2)火燒連環船（按投影片連結，看動畫） (3)空城計（先簡單說明故事，再按投影片連結，看動畫「空城計在生活中的運用」。）	電腦簡報檔	30分

活動名稱	主要教學內涵	器材	時間
歷史大乾坤	1. 棋王爭霸戰：象棋的三國玩法 (1)介紹「象棋」——三國公仔造型。（按投影片連結，看照片） (2)教師說明「象棋就是兩軍對戰的縮小版，其中蘊含許多智慧」。 (3)說明「象棋的三國玩法」。（按投影片連結，看遊戲說明） (4)展示棋紙與磁性象棋在黑板上，實際操作說明不同棋子的走法限制。（依前項遊戲說明中的規則簡介，逐項說明即可） (5)請兩位小朋友上台在黑板上實際對戰一局。 (6)全班分成多組，一局決勝制，各組比出一名勝者，再由各組勝者進行棋王爭霸戰。（教師可準備小零食，發給棋王與全組共同分享）	電腦 簡報檔 拼圖 學習單	30 分
無敵練功房	完成寫作學習單	學習單	10 分

文章接寫

無敵練功房

取自三國演義之諸葛亮料敵如神

_____年_____班_____號　姓名：_____

一、品格小諸葛

✍ 在這次的故事中，你觀察到哪些品格呢？

品格	人物	行為
	劉備	

✍ 「信賴」是什麼？正確的項目打✓，不正確的項目請打✗

1.（　）我答應爸媽的事，一定盡力做到，使爸媽信賴我。

2.（　）我答應老師的事，一定盡力做到，使老師信賴我。

3.（　）同學在生活上協助我，我信賴同學。

4.（　）老師用心指導我的學業，我信賴老師。

5.（　）為了使別人信賴我，無論別人要我做什麼，我都要去做。

✍ 好品格「信賴」的實踐

1. 我信賴_____，因為_____

2. _____信賴我，因為_____

二、武功祕笈——文章接寫

✍ **下面的句子只寫了一半，請繼續寫下去，使它成為意思完整的句子**

1. 劉備把劍和印信交給了孔明，_____

2. 孔明等將領到齊以後，_____

3. 將領帶著軍隊_____

4. 敵軍_____

5. 由於孔明的神機妙算，_____

✍ **請將前面的五個句子完整寫在下面，成為一篇短文故事，再為這個故事畫上插圖**

短文：料敵如神的孔明	故事插圖

★學生作品檔請見光碟\中年級-三國演義\2051.jpeg、2052.jpeg

★課程簡報檔請見光碟\中年級-三國演義\2053.pps

三國演義——關懷教學活動流程

活動名稱	主要教學內涵	器材	時間
聲光話三國	利用簡報方式，簡介趙子龍的生平事蹟，並藉由影片的播映，喚起學生對「趙子龍單騎救阿斗」故事情節的記憶，引發學生學習的興趣，充實學生學習的先備經驗。	電腦 簡報檔 投影機	10分
品格小諸葛	1. 介紹故事情節。（老師請學生找出「趙子龍單騎救阿斗」故事情節在書本中的位置，並帶領學生進行閱讀） 2. 師生討論趙子龍救阿斗的行為具備何種品格？（因為學生的答案可能各有不同，因此簡報中先後會出現數個答案讓師生共同討論，最後教師再將討論重點聚焦在「關懷」） 3. 依序討論下列問題： (1)什麼是「關懷」的表現？ (2)日常生活中，你曾經關懷過家人或同學嗎？ (3)你曾經感受過別人的關懷嗎？ (4)當你感受到別人的關懷時，心裡有什麼感覺？ 在討論過程中，讓學生了解「關懷」的意涵，並從經驗中察覺到「關懷」對自己和別人的重要性。	電腦 簡報檔 投影機	30分
歷史大乾坤	1. 觀看「蜜蜜甜心派」〈15〉彼此的體溫 2. 和學生共同討論「關懷」在人與人之間相處的重要性。 ※在討論過程中，讓學生了解「關懷」不但是一種「施」，也是一種「受」，鼓勵學生要多對別人付出關懷。 3. 觀看「蜜蜜甜心派」〈25〉第一百個客人 4. 師生討論： (1)為什麼老闆要打電話叫很多老客人來？ (2)影片最後的部分，小男孩說他吃飽了，是真的嗎？ (3)從影片中，你學到了什麼？ ※在討論過程中，引導學生要多主動、及時的關懷身邊的親人及朋友，而在關懷的同時也要能顧及對方的感受，才不會傷害到別人的自尊心。	電腦 簡報檔 網路	30分
無敵練功房	師生共同討論，並完成寫作學習單	學習單	10分

誇張描寫

無敵練功房
取自三國演義之趙子龍單騎救阿斗

_____年_____班_____號 姓名：_____

一、品格小諸葛

📖 在這次的故事中，你觀察到哪些品格呢？

品格	人物	行為
關懷		

📖 「關懷」是什麼？請勾選出正確的項目

1.（　）隨時關心家人的身體健康。

2.（　）看到同學有困難時，主動去幫助他。

3.（　）我會遵守班級的生活公約。

4.（　）搭乘公共汽車時，讓座給老弱婦孺。

5.（　）捐發票給創世基金會，救助植物人。

📖 你認為什麼是「關懷」？

關懷就是_____

請舉出你曾經關懷過別人的實例。

_____

_____

二、武功祕笈──誇張描寫

什麼是「誇張描寫」？

> 以誇飾修辭法為基礎，針對特定人物或故事情節做渲染、誇張的描寫。也就是說，誇張描寫需要以事實（人物、事件等）做基礎，但並不是針對事實做逼真的描寫，而是對事物作必要的誇飾，來反映事物的特徵。

寫作時，我們如何進行誇張描寫呢？

1. 將事實直接誇張或縮小，來加強表達的效果。

> 原句：這個房間這麼小，要怎麼住人？

> 誇張句：這個房間小得連轉身也沒辦法，要怎麼住人？

2. 利用比較間接的方法來誇張或縮小事實。

> 原句：他用那銳利的目光看著我，嚇得我直發抖。

> 誇張句：他的目光如刀一樣刺向我，嚇得我屁滾尿流。

請你將下列句子中誇張的字句圈起來，並用誇張描寫的方式再改寫一次

1. 趙子龍是個意志比鋼鐵還要堅強的硬漢。

誇張描寫：＿＿＿＿＿＿＿＿＿＿＿＿＿＿＿＿＿＿＿＿

＿＿＿＿＿＿＿＿＿＿＿＿＿＿＿＿＿＿＿＿＿＿＿＿＿＿

2. 有一批千餘人的隊伍，像狂風似的正朝向這邊衝過來。

誇張描寫：_____

_____

★學生作品檔請見光碟:\中年級-三國演義\2061.jpeg、2062.jpeg

★課程簡報檔請見光碟:\中年級-三國演義\2063.pps

三國演義──責任教學活動流程

活動名稱	主要教學內涵	器材	時間
聲光話三國	利用運動比賽報導「該贏得勝利但輸掉比賽」的新聞，讓學生猜測可用哪一句話來形容這種情境，以引發學生學習的興趣。	簡報檔 電腦 喇叭 投影機	40 分
品格小諸葛	1. 介紹故事情節：藉課程簡報檔引導「大意失荊州」的故事情節經過。 2. 找出故事情節中責任的品格行為。 3. 針對責任的意涵及故事人物的行為再做澄清與討論。 (1)什麼是責任？請用一句話來說明。 (2)教師發問： 　你現在的身分有哪些？ 　學生的責任是什麼？ 　子女的責任是什麼？ (3)你曾經負起什麼責任而成功完成事情？你曾經因為沒負責任而有哪些失敗的經驗？	簡報檔 電腦 投影機	
歷史大乾坤	**活動：傳聲筒** 小雨的媽媽有一手料理的好手藝，因此小雨常幫媽媽跑腿買一些調味料與食品，而這件事也成為小雨的責任。 我們現在幫小雨分擔一些責任，分組組成傳聲小隊，直接把要買的東西傳話給小雨，小雨就可順利買到媽媽指定的東西。 第 1 次傳話：小雨，請幫我買 1 包鹽巴。 第 2 次傳話：小雨，請幫我買 1 包鹽巴、3 把蔥。 第 3 次傳話：小雨，請幫我買 1 包鹽巴、3 把蔥、1 瓶沙拉油。 第 4 次傳話：小雨，請幫我買 1 包鹽巴、3 把蔥、1 瓶沙拉油、2 瓶蕃茄醬。 第 5 次傳話：小雨，請幫我買 1 包鹽巴、3 把蔥、1 瓶沙拉油、2 瓶蕃茄醬……。 第 N 次傳話：最後維持正確傳話的小隊，成為最負責任小隊。		40 分
無敵練功房	利用學習單進行場景描寫練習。	學習單	

場景描寫

無敵練功房
取自三國演義之大意失荊州

_____年_____班_____號　姓名：_____

一、品格小諸葛

✎ 在這次的故事中，你觀察到哪些品格呢？

品格	人物	行為
責任		

✎ 「責任」是什麼？請勾選出正確的項目

1.（　　）我會按時完成功課。

2.（　　）在家裡，我會幫忙做家事。

3.（　　）在班級，我會認真完成分配到的整潔工作。

4.（　　）能注意自己的行為，不做出危害安全的行為。

5.（　　）能準時起床並保持準時上學。

✎ 你認為什麼是「責任」？

責任就是_____

請寫出你曾經表現過的責任行為實例。

_____

_____

二、武功祕笈──場景描寫

什麼是「場景描寫」？

> 　　就好比我們拿著相機或用畫圖方式，把一個地方的人物、景物或發生的事情，在不同時間拍攝或畫圖記錄下來。而場景描寫只是把記錄的工具由相機、圖畫轉換成文字來描寫記錄，用生動而形象化的描寫文句，把人物、事件及環境具體刻劃出來。

請把場景描寫用畫圖方式表現出來

1. 小朋友，小說中經常應用場景的描寫，《三國演義》也不例外喔！

    (1)周倉急忙跑到江邊，舉起船上的那面「關」字大旗，往對岸晃了幾下，關平的那十隻快船，也就飛也似的駛過江來了。

    (2)龐德假裝敗退，使出了一個拖刀勢，同時，偷偷的伸手去彎弓搭箭，用暗箭來傷人。幸而關雲長是沙場老將，他眼明手快，一看龐德的舉動不對，就急忙躲閃，卻只閃過了身子，右臂就被這枝冷箭射中了。

    (3)陸遜知道要襲擊荊州，一定要對付設在沿江一帶的烽火台，因為烽火台就是警報網。發現敵人時，只要一個烽火台燒起煙火，各個烽火台也會跟著燒起來；荊州一望見煙火，馬上就會知道江上發現敵人，可立刻派兵出擊趕走敵人。

2. 以上的場景描寫，你喜歡哪一段？

    答：(1)第（　　　　　）段

    　　(2)為什麼？＿＿＿＿＿＿＿＿＿＿＿＿＿＿＿＿＿＿＿＿＿＿＿＿＿

    　　＿＿＿＿＿＿＿＿＿＿＿＿＿＿＿＿＿＿＿＿＿＿＿＿＿＿＿＿＿＿＿

    　　(3)請你畫出你喜歡的那段場景。

✎ 請選一個主題或自命主題，進行場景描寫練習

（建議主題：我的房間、我的教室、家庭晚餐、運動會、打掃時間、下課時間、上課時間、過年時、賽跑時等；可從人物、家具、街景、景物、聲音、顏色、時間的變化去進行場景描寫。）

我的題目是（   ）

★學生作品檔請見光碟:\中年級-三國演義\2071.jpeg、2072.jpeg、2073.jpeg
★課程簡報檔請見光碟:\中年級-三國演義\2074.pps

三國演義── 耐心 教學活動流程

活動名稱	主要教學內涵	器材	時間
聲光話三國	利用課程簡報檔，讓學生想一想簡報中介紹的是三國演義中哪一則故事，並介紹諸葛亮七擒七縱孟獲的經過。	簡報檔 電腦 喇叭 投影機	40分
品格小諸葛	1.介紹故事情節──七擒七縱南蠻王孟獲投誠。 2.找出耐心的品格行為。 3.針對耐心的意涵及故事人物的行為再做澄清與討論。 　(1)沒有耐心的結果？ 　(2)教師發問：小朋友你們曾經做事因沒耐心而中途而廢嗎？什麼事？事後覺得後悔嗎？ 　(3)如何培養耐心？ 　　教師在統整學生的答案後，可適時提出以下這些建議：可以學著在著急時，想想自己為何著急，有必要這麼急嗎？事情可分輕重緩急，若規劃好的話，事情就可圓滿解決。 　　如果是等人，對方是慣性遲到，看看他平時遲到多久，就那時到就好啦！或者想想在等待時可做什麼事情！ 　　平時的培養方法：玩拼圖。	簡報檔 電腦 投影機	
歷史大乾坤	**活動一：疊疊樂** 1.比比看，誰能把撲克牌排得最高。（金字塔形） 2.請學生發表如何將撲克牌疊高？須具備什麼能力？ **活動二：排排樂** 1 將骨排排成漩渦狀五圈，排到一半骨牌倒了就要重排，直到成功為止。 2.心得分享： 　(1)如何解決困難。 　(2)個人心得分享。	撲克牌 骨牌	40分
無敵練功房	利用學習單練習文章的擴寫	學習單	

文章擴寫

無敵練功房

取自三國演義之七擒七縱南蠻王孟獲投誠

_____年 _____班 _____號 姓名：_____

一、品格小諸葛

✍ 在這次的故事中，你觀察到哪些品格呢？

品格	人物	行為
耐心	劉備	

✍ 「耐心」是什麼？請勾選出正確的項目

1.（　）耐心是知道等待與期待。

2.（　）耐心不是軟弱，也不是膽小，更不是消極、無用。

3.（　）耐心可以克服萬難。

4.（　）耐心就是無所謂。

5.（　）耐心是一個成功的人必須具備的要素。

✍ 你認為什麼是耐心？

耐心就是_____

請舉出一個有關耐心的實例。

_____

_____

二、武功祕笈——文章擴寫

什麼是「文章擴寫」？

> 　　在不改變原文基本內容的前提下，按照一定的要求，透過合理的想像或推理，對原文進行擴展、補充，使文章內容更詳實、篇幅更龐大。

例如：

> 原文：紳士給乞丐一個銅板。
>
> 擴寫：
>
> A：紳士把一個銅板投到乞丐的手中。
>
> B：紳士把一個銅板投下，錢落在地上，叮叮噹噹地滾到了乞丐的腳邊。
>
> C：有位在商場得意的紳士，志得意滿地在街上行走。他看到許多路人在路上救濟乞丐，於是也上前大方地投入一個銅板。可是紳士怕沾染上乞丐的汙穢，遠遠地投錢在地上，再用腳踢過去給乞丐。

老師，我把文章變長了！

七擒七縱

　　西南方的蠻族經常侵擾蜀漢的邊境，蠻族酋長孟獲更是起兵造反(1)。諸葛亮善用計謀，第一次交鋒就把孟獲活捉了(2)(3)。就這樣，捉了放，放了捉，一直把孟獲捉了七次。到了第七次(4)。諸葛亮命令孟獲和各部族首領照舊管理原來的地區，不派出官吏，也不留軍隊，使漢人和各民族長期相安無事(5)。

1. 提示：(1)描寫孟獲的個性、為人。

　　　　(2)孟獲的態度與想法。

　　　　(3)諸葛亮的做法。

　　　　(4)孟獲的感想與做法。

　　　　(5)孟獲歸順，南方平定後的結果。

2. 依照上面的提示將文章擴寫，使文章更加具體、充實：

提示(1)_____

_____

_____。

提示(2)_____

_____

_____。

提示(3)_____

_____

_____。

提示(4)_____

_____

_____。

提示(5)_____

_____

_____。

3. 完成上述「依提示擴寫」後，連同原文及創作部分一同寫入學習單中，
   就完成一篇文章擴寫了。寫完後記得要複誦一遍，看看句子是否通順、
   過程是否合理喔！

★學生作品檔請見光碟:\中年級-三國演義\2081.jpeg、2082.jpeg、2083.jpeg、2084.jpeg
★課程簡報檔請見光碟:\中年級-三國演義\2085.pps

品格行為檢核表

品格項目	觀察的行為指標	教學前的表現				教學後的表現				可用文字略述具體事例
		不曾做到	偶爾做到	經常做到	總是做到	不曾做到	偶爾做到	經常做到	總是做到	
合作	和同學一起完成共同的打掃工作。	☐	☐	☐	☐	☐	☐	☐	☐	
	班上分組學習或競賽時，能充分與同學配合。	☐	☐	☐	☐	☐	☐	☐	☐	
	願意與他人合作，爭取榮譽。	☐	☐	☐	☐	☐	☐	☐	☐	
公平正義	玩遊戲時，能遵守遊戲規則。	☐	☐	☐	☐	☐	☐	☐	☐	
	看到有人被欺負，報告老師處理。	☐	☐	☐	☐	☐	☐	☐	☐	
	能和別人公平的輪流使用用具。	☐	☐	☐	☐	☐	☐	☐	☐	
誠實	做錯事時，會自己承認。	☐	☐	☐	☐	☐	☐	☐	☐	
	能誠實的回答別人的問題。	☐	☐	☐	☐	☐	☐	☐	☐	
	考試時會自己作答，不偷看別人或課本的答案。	☐	☐	☐	☐	☐	☐	☐	☐	
孝順	會主動協助做家事。	☐	☐	☐	☐	☐	☐	☐	☐	
	對爸媽有禮貌，不頂嘴。	☐	☐	☐	☐	☐	☐	☐	☐	
	會注意安全，不讓爸媽擔心。	☐	☐	☐	☐	☐	☐	☐	☐	
尊重	跟同學借用東西時，會先徵求對方的同意再借用。	☐	☐	☐	☐	☐	☐	☐	☐	
	課堂上別人發言時不插嘴。	☐	☐	☐	☐	☐	☐	☐	☐	
	對於弱勢同學能協助他、接受他。	☐	☐	☐	☐	☐	☐	☐	☐	

品格項目	觀察的行為指標	教學前的表現				教學後的表現				可用文字略述具體事例
		不曾做到	偶爾做到	經常做到	總是做到	不曾做到	偶爾做到	經常做到	總是做到	
禮貌	見到同學和師長會問好或打招呼。	☐	☐	☐	☐	☐	☐	☐	☐	
	會適時說請、對不起、謝謝。	☐	☐	☐	☐	☐	☐	☐	☐	
	和別人交談時,能注意自己的音量和使用適當的詞句。	☐	☐	☐	☐	☐	☐	☐	☐	
信賴	信賴爸媽,遇到困難時會告訴爸媽。	☐	☐	☐	☐	☐	☐	☐	☐	
	信賴老師,不了解的事會請教老師。	☐	☐	☐	☐	☐	☐	☐	☐	
	信賴朋友,快樂和煩惱和朋友一起分享。	☐	☐	☐	☐	☐	☐	☐	☐	
關懷	能關心別人的身心狀況。	☐	☐	☐	☐	☐	☐	☐	☐	
	同學生病了,會主動照顧他。	☐	☐	☐	☐	☐	☐	☐	☐	
	能主動且樂意的幫助一些需要幫助的人。	☐	☐	☐	☐	☐	☐	☐	☐	
責任	對於自己的學業作業能每天完成。	☐	☐	☐	☐	☐	☐	☐	☐	
	對分配到的打掃工作能夠每天完成,有其他事情時也會請同學幫忙完成。	☐	☐	☐	☐	☐	☐	☐	☐	
	老師或父母交辦的事情能盡力完成。	☐	☐	☐	☐	☐	☐	☐	☐	
耐心	能耐心聽師長或同學說話。	☐	☐	☐	☐	☐	☐	☐	☐	
	有耐心的完成師長交辦的事情。	☐	☐	☐	☐	☐	☐	☐	☐	
	排隊時能耐心的等候,不爭先恐後。	☐	☐	☐	☐	☐	☐	☐	☐	

中　年　級

水滸傳

設計及教學群：陳淑霞、李明娟、葉美城、王勇欽、楊欣怡

壹、理念說明

　　《水滸傳》是近代描寫中國社會生活不可多得之作品。書中反映北宋末年的政治及社會亂象，隨處可見官員行賄及壓迫百姓之事實，表現出當時百姓有苦難言的現象。《水滸傳》中以宋江為首的一百零八條好漢，替天行道，反抗腐敗的政治，最後卻以「宋江魂聚蓼兒洼」作為結局，反映了忠誠及正義之士的悲情與無奈。雖然史冊記載宋江等輩為盜匪，但其悲壯轟烈之事蹟與忠心愛國之情操卻深植人心。

　　我們所希望的不只是推薦孩子們看一本精采好看的通俗小說，更期望孩子們能從故事的時代背景中察覺到品格的真諦，從這些英雄好漢的事蹟中察覺到品格的行為，建立起正確的品格認知。此外，書中故事發展的巧妙運用與人物個性的深刻描寫，都可作為訓練孩子文章寫作的良好教材。因此，我們期望透過一系列的引導閱讀、思考辯證與創意奇想，讓孩子學習運用精美的文句，鋪陳故事的架構，創造出更多精采的、屬於他們自己的「一百零八條好漢」。

貳、課程架構

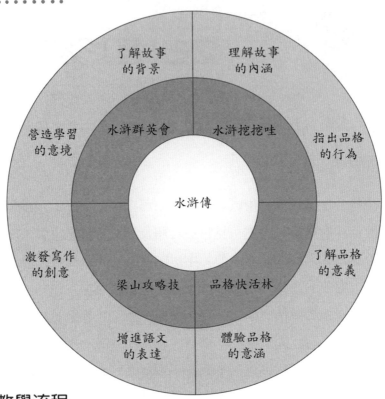

參、教學流程

活動名稱	主要教學內涵
水滸群英會	利用影片、簡報、音樂或戲劇等方式，營造出各個故事的情境，引發學生學習的興趣，充實學生學習的先備經驗。
水滸挖挖哇	1.師生共讀。 2.找出具備品格內涵的行為。 3.針對品格的意涵及故事中人物的行為做澄清與討論。
品格快活林	根據故事人物與情節的不同，設計各種品格延伸教學的活動，可以遊戲、活動或小組競賽的方式來進行。
梁山攻略技	1.品格戰力評估：品格行為內涵的澄清與實踐。 2.祕技指南：根據五大祕技指南，引導學生進行文章架構與組成的分析，讓學生能循序獨力完成一篇完整的文章。（五大祕技包含六要素法／5W1H分析法、五感運思法、迷宮法、曼陀羅法與心智圖） 3.修練升級：指導學生完成文章的習寫或仿寫。

肆、教學進度表

週次	章回	篇　名	尊重	責任	信賴	公平正義	誠實	關懷	禮貌	孝順	耐心	合作	祕技指南	活動設計
第一、二週	第1回	一百零八個妖魔							V				六要素法	李明娟
	第2回	高太尉												
	第3回	九紋龍												
	第4回	少華山												
第三、四週	第5回	魯提轄											五感運思	葉美城
	第6回	五台山												
	第7回	怒打黑金剛（魯智深）			V									
	第8回	桃花村												
第五、六週	第9回	大相國寺											迷宮	王勇欽
	第10回	豹子頭林沖				V								
	第11回	白虎節堂												
	第12回	野豬林												
第七、八週	第13回	小旋風柴進	V										曼陀羅	陳淑霞
	第14回	風雪山神廟												
	第15回	湖畔題詩												
	第16回	梁山泊											心智圖	楊欣怡
第九、十週	第17回	楊志賣刀					V							
	第18回	北斗七星												
	第19回	智取生辰綱												
	第20回	二龍山												
第十一、十二週	第21回	及時雨宋江						V					六要素法	李明娟
	第22回	石碣村												
	第23回	君子、小人												
	第24回	黃金一百兩												

週次	章回	篇　名	十大品格										祕技指南	活動設計
			尊重	責任	信賴	公平正義	誠實	關懷	禮貌	孝順	耐心	合作		
第十三、十四週	第25回	招文袋											五感運思	葉美城
	第26回	武松打虎		V										
	第27回	淫婦潘金蓮												
	第28回	快活林												
第十五、十六週	第29回	飛雲浦											迷宮	王勇欽
	第30回	血濺鴛鴦樓												
	第31回	黑旋風李逵								V				
	第32回	潯陽樓題詩												
第十七、十八週	第33回	千慮一失（吳用）										V	曼陀羅	陳淑霞
	第34回	大鬧刑場												
	第35回	惡霸殷天錫									V		心智圖	楊欣怡
	第36回	高唐州會戰												
第十九、二十週	第37回	連環馬、鉤鐮槍												
	第38回	晁蓋陣亡												
	第39回	天罡星、地煞星												
	第40回	高太尉被俘												
	第41回	下梁山、征遼國												

※教材來源：《水滸傳》——東方出版社

水滸傳──禮貌教學活動流程【第1回一百零八個妖魔】

活動名稱	主要教學內涵	器材	時間
水滸群英會	利用簡報檔相關資料進行介紹 1. 介紹水滸傳作者：明・施耐庵。 2. 一起欣賞粵語歌曲「逼上梁山」，填寫歌詞填空單。 3. 討論動動腦時間四大問題。 4. 欣賞「水滸108」廣告片段，注意其中出現的角色。 5. 欣賞「好漢歌」中水滸傳人物速寫及劇情精采片段。 6. 欣賞「誰唬108」中 Q 版水滸人物，認得出幾個呢？ 7. 古典文學雖是古代人寫的小說，但透過不同的藝術創作形式，如歌曲、動畫、卡通、剪紙、舞台劇、電視劇、線上遊戲……等，故事中的人物、情節仍常常出現在我們的生活的四周，水滸傳就是這樣一部膾炙人口的古典小說。	電腦 喇叭 簡報檔 投影機	20 分
水滸挖挖哇	1. 遊戲「故事接龍」，每個人一句話，說完把麥克風傳給下一個人，直到故事說完，盡量傳給不同人。 2. 討論「故事中的品格」，找出故事中的好行為是具備了哪項好品格，並找出故事中的壞行為是缺少了哪項好品格。 3. 完成學習單 p. 153 的「品格把脈」項目。	學習單	20 分
品格快活林	1. 每人三張紙條，第一張寫上地點（Where）、第二張寫上人物（Who）、第三張寫上一種有禮貌的行為（How），分別投入不同的紙箱。 2. 每個人在三個不同箱子中各抽一張紙條，發表造句：「我在（Where）遇到（Who），會有禮貌的（How）」。 3. 遊戲完成後，認真想一想什麼行為是有禮貌的。完成學習單 p. 154「品格麥克風」項目。	紙箱 紙張	20 分

活動名稱	主要教學內涵	器材	時間
梁山攻略技	1. 配合 ppt 檔，說明 5W1H。 2. 配合 ppt 檔，分析主題故事中的 5W1H 分別是什麼。 3. 分組討論完成學習單 p. 154「祕技指南——5W1H 分析法」。 4. 個別完成學習單 p. 155「修練升級」。請學生以 p. 154 分析中的 Why 作為第一段主要內容，What 做為第二段主要內容，How 作為第三段主要內容，並將 When、Where、Who 等項目融入三段內容中。最後加上第四段寫出自己的心得感想。	學習單	20 分

六要素法

梁山攻略技

取自水滸傳之一百零八個妖魔

＿＿＿年＿＿＿班＿＿＿號　姓名：＿＿＿＿＿＿＿＿＿＿

一、品格戰力評估

品格賓果：請用賓果遊戲的方式圈選出有「禮貌」行為的句子，共

十一句，加油！

見	到	你	真	高	興	班	長	喊	口	令	吧
到	別	人	家	做	客	會	守	規	矩	旗	聽
長	輩	給	我	教	訓	時	不	頂	嘴	努	到
輩	魚	排	隊	不	爭	先	恐	後	我	力	國
主	人	照	顧	客	人	舉	帥	仕	將	把	歌
動	一	動	真	快	樂	手	不	開	門	窗	立
打	噴	嚏	掩	口	鼻	後	說	電	打	戶	正
招	財	貓	很	可	愛	發	罵	燈	開	擦	站
呼	源	總	統	府	發	言	人	是	誰	乾	好
朋	廣	是	保	持	乾	淨	的	儀	容	淨	靜
引	進	優	良	新	產	品	粗	若	有	所	思
伴	侶	公	共	場	所	說	話	不	喧	嘩	語

品格把脈：你能看出在這個單元中，出現了哪些與品格相關的人物

與行為嗎？

（單元）
一百零八個
妖魔

品格	人物	行為

品格	人物	行為

✍ **品格麥克風：**請說出你曾經做過的有禮貌的行為。

我在＿＿＿＿＿＿對＿＿＿＿＿＿會有禮貌的＿＿＿＿＿＿＿＿。

二、祕技指南──5W1H 分析法

✍ 「5W1H 分析法」是一種思考方法也是一種創造技法，對選定的主
題，從六個方面提出問題進行思考，可使思考的內容深化、科學化

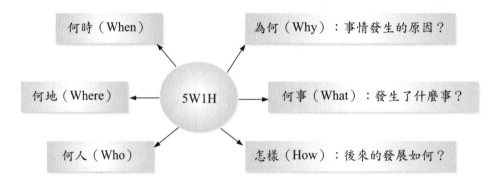

✍ **請用 5W1H 法進行分析**

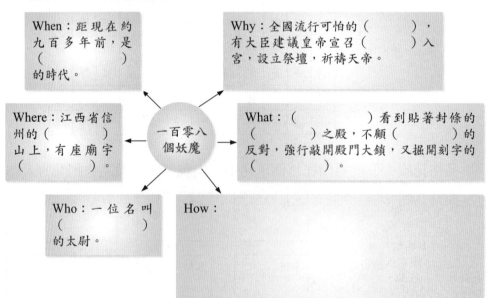

三、修練升級

✎ 利用上頁的分析圖，寫出你自己的「新版一百零八個妖魔」（至少 200 字）

水滸傳——信賴教學活動流程【第5回至第8回怒打黑金剛】

活動名稱	主要教學內涵	器材	時間
水滸群英會	利用各式各樣介紹水滸傳的影片，讓學生了解水滸傳的歷史背景與書中重要人物，以引發學生想要閱讀的興趣，此單元以介紹花和尚魯智深為主要人物介紹。	簡報檔 電腦 喇叭 魯智深相關影片 投影機	10分
水滸挖挖哇	1. 針對信賴的意涵及故事人物的行為再做澄清與討論： 　⑴什麼是信賴？請用一句話來說明。 　⑵教師發問：你曾經表現出哪一種信賴的行為？ 2. 介紹故事情節——藉簡報引導「第5回至第8回」魯智深衝動殺死鄭屠夫，出家避難五台山的故事情節經過，然後……。（東方出版社水滸傳第33頁至57頁） 3. 找出故事情節中信賴的品格行為。 　⑴趙員外幫忙隱藏魯智深。 　⑵魯智深訂做禪杖與戒刀，直接付清費用。 　⑶魯智深覺得李忠、周通肚量太小而離開。（不信任）	簡報檔 學習單	30分
品格快活林	1. 你看完書和影片介紹之後，你對魯智深這個人的觀察和感覺是如何？ 　⑴請你做動作來表達你對他的形容？ 　⑵請你用聲音來表達你對他的形容？ 　⑶請你做動作及聲音來表達你對他的形容？ 　⑷請加上道具來表達你對他的形容？ 　⑸利用學習單p.157，來整理一下你的感受。	魯智深相關影片 學習單 電腦 投影機	10分
梁山攻略技	利用學習單p.158進行五感寫作法的練習。	學習單	30分

五感運思法

梁山攻略技

怒打黑金剛

_____年_____班_____號　姓名：_____

一、品格戰力評估

📝 **品格賓果**：請用賓果遊戲的方式，圈選出直排或橫排中，有「信賴」品格的句子共三句。加油！

台	灣	社	會	對	於	家	庭	要	重	視	孩
北	部	的	天	氣	人	人	感	受	異	力	子
市	中	心	的	環	境	對	人	重	要	保	做
的	天	真	活	潑	的	我	是	學	生	健	錯
同	學	相	信	我	說	的	與	所	做	的	事
學	習	的	態	度	大	約	是	好	的	重	情
受	人	的	拜	託	一	定	要	酬	勞	要	能
教	人	的	技	巧	家	都	學	習	的	性	向
育	要	認	真	的	人	會	習	一	天	是	爸
條	永	遠	巧	妙	的	履	好	心	經	受	媽
件	久	高	雄	之	行	行	方	一	地	認	認
好	的	禮	貌	行	為	的	法	意	義	同	錯

📝 **品格把脈**：你能看出在這個單元中，出現了哪些與品格相關的人物與行為嗎？

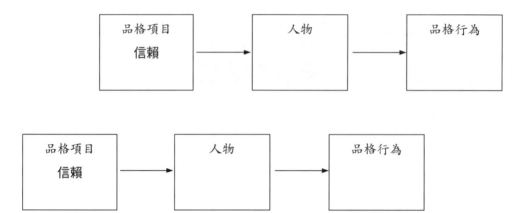

🖋 品格麥克風：

你認為什麼是信賴？

信賴就是＿＿＿＿＿＿＿＿＿＿＿＿＿＿＿＿＿＿＿＿＿＿＿＿＿。

二、祕技指南

　　「五感寫作法」簡單的說，就是藉由「看、聽、感、想、做」中喚醒我們的感受力。這是大多數人與生俱來的能力，利用眼睛讓我們看得到世界；雙耳聽得到四周的聲音；口舌的味覺感受食物的酸甜苦辣；鼻子的嗅覺得以察覺空氣中一絲一毫的氣息；皮膚的觸覺立即感受周遭的變化及溫度。

　　依據以上各種感覺找出作文材料，然後把這些材料整理一下，哪些應該放在前面？哪些應該放在後面？哪些要刪除？哪些要加以修飾一下？怎樣才能組合成一篇美好的文章？小朋友不妨試一試，看看這種作文祕技是不是幫你不少忙？

1. （看）到了什麼？

_____。

2. （聽）到了什麼？

_____。

3. （感覺）到什麼？

_____。

4. （想）到了什麼？

_____。

5. （做）了些什麼？

_____。

三、修練升級

　　請利用上一單元祕技指南的五感運思祕技，將你從書本內的描寫，和從同學的表演中或從影片的劇情中所感受到的，把魯智深這個人的外表、個性、為人及發生的種種事情……等，用一段文章來描寫他。

（横線書寫區）

★學生作品檔請見光碟:\中年級-水滸傳\3021.jpeg、3022.jpeg、3023.jpeg
★課程簡報檔請見光碟:\中年級-水滸傳\3024.pps

水滸傳——公平正義教學活動流程【第10回豹子頭林沖】

活動名稱	主要教學內涵	器材	時間
水滸群英會	利用簡報介紹林沖的相關資料，引發學生學習及閱讀水滸傳的興趣。	簡報檔 電腦 喇叭 投影機	40分
水滸挖挖哇	1. 針對公平正義的意涵及故事人物的行為再做澄清與討論。 2. 介紹故事情節——豹子頭林沖、白虎節堂、野豬林、風雪山神廟、湖畔題詩、梁山泊（東方出版社水滸傳第70頁至116頁）。 3. 找出故事情節中公平正義的品格行為。 　(1)魯智深要打死那兩個解差的獄卒，林沖連忙阻止。 　(2)酒生兒李小二聽到有人要讓林沖沒命，到處打聽林沖的消息，要把這件事告訴林沖。		
品格快活林	**活動一：這樣分公平嗎？** 1. 分塑膠花瓣（剛好夠分的時候） 　(1)小朋友，每一組都有一堆塑膠花瓣，要怎麼分給你的組員呢？ 　(2)剛好夠分嗎？ 　(3)每個人可以得幾片塑膠花瓣？ 　(4)是不是每個人都一樣多？ 　(5)你覺得這樣公平嗎？ 2. 分塑膠花瓣（不夠分的時候） 　(1)小朋友，每一組都有一堆塑膠花瓣，要怎麼分給你的組員？ 　(2)剛好夠分嗎？ 　(3)不夠分的時候，多出來的塑膠花瓣怎麼辦？ 　(4)各組討論，要怎麼分才公平？ 　(5)分享各組討論的結果。 3. 教師歸納 　(1)公平是個人感受，凡事不計較，就不會有不公平的感覺。 　(2)對別人要寬厚，對自己要嚴謹。 **活動二：角色扮演** 1. 情境——有一天早上，你在路上看到有個行跡可疑的人，手持不明物，衝進銀行…… 2. 分組角色扮演（各組討論處理方式、分配角色）。	簡報檔 電腦 喇叭 投影機	20分

活動名稱	主要教學內涵	器材	時間
	3.討論： 　⑴你比較認同哪組的處理方式？為什麼？ 　⑵還有沒有其他的處理方式？ 　⑶如果是你，你要如何處理才能解決問題？ 4.教師歸納：路見不平，拔刀相助，雖然是正義的表現，但是在展現正義的同時，也要顧及自身的安全。		
梁山攻略技	利用學習單練習寫作。	學習單	20分

迷宮探險

梁山攻略技

取自水滸傳之豹子頭林沖

_____年_____班_____號　姓名：_____

一、品格戰力評估

🖎 **品格賓果**：請用賓果遊戲的方式，圈選出有「公平正義」品格的句子，共六句，加油！

關	心	遭	不	公	平	對	待	的	人	或	事
理	事	思	年	如	所	食	網	置	舟	惡	月
友	務	而	之	遞	學	為	我	重	求	行	亮
拒	絕	不	好	的	利	誘	為	視	劍	乃	不
畢	幫	行	在	行	樂	天	人	事	公	智	向
信	忙	助	於	意	一	人	情	金	慧	惡
人	類	衡	量	美	好	社	會	的	標	準	勢
乃	為	人	標	準	人	言	嘉	公	信	開	力
為	樂	他	春	備	之	為	年	平	反	端	低
下	之	憂	而	憂	初	重	華	性	練	正	頭
伸	出	援	手	幫	助	需	要	幫	助	的	人
後	天	下	之	樂	而	樂	舉	杯	邀	明	月

 **品格把脈**：你能看出在這個單元中，出現了哪些與品格相關的人物與行為嗎？

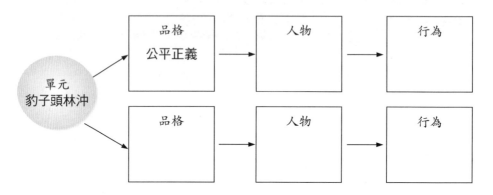

品格麥克風：

你認為怎樣才能做到公平正義呢？

遇到需要幫助的人，我們應該＿＿＿＿＿＿＿＿＿＿＿才符合公平正義。

二、祕技指南──迷宮探險

小朋友，請幫林沖找出通往梁山泊的路，並用筆把這條路畫出來。

林沖

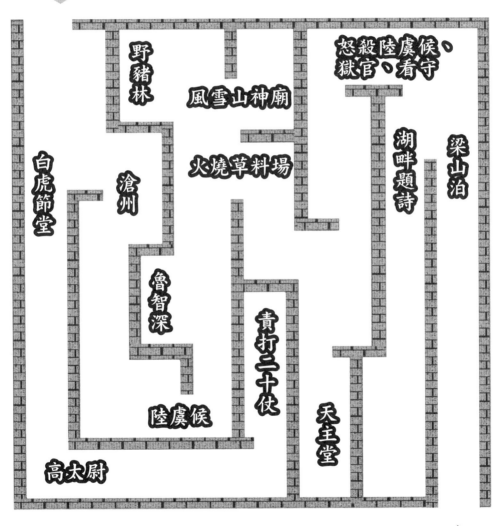

三、修練升級

請依據前頁迷宮路線中的各種元素寫成一篇故事

豹子頭林沖

★學生作品檔請見光碟:\中年級-水滸傳\3031.jpeg、3032.jpeg、3033.jpeg
★課程簡報檔請見光碟:\中年級-水滸傳\3034.pps

水滸傳──尊重教學活動流程【第13回小旋風柴進】

活動名稱	主要教學內涵	器材	時間
水滸群英會	利用簡報檔相關資料介紹小旋風柴進，讓學生了解柴進的生平與在水滸傳中的角色，讓學生更了解其個性及影響力。	簡報檔 電腦 喇叭 投影機	10分
水滸挖挖哇	1. 透過簡報檔中問題的引導與討論，將第13回合的故事情節略做整理與回顧。 2. 針對此回合的主角──柴進的行為表現出哪些品格行為進行討論。 3. 找出故事中符合「尊重」品格行為的情節。 　⑴儘管林沖已淪為階下囚，但柴進仍殷勤的招待林沖，讓他備受禮遇。 　⑵洪教師在柴進介紹林沖時，表現出「不尊重」的表情與反應。 4. 針對尊重的意涵及故事人物的行為再做澄清與討論。 　⑴什麼是尊重？請用一句話來說明。 　⑵教師發問：你曾經表現出哪一種尊重的行為？ 　⑶你覺得誰做到了尊重的行為？ 5. 完成學習單 p.169。	簡報檔 學習單 電腦 投影機	30分
品格快活林	1. 請各組討論在家庭、學校和社會等不同的團體中，有哪些「尊重」的行為？ 2. 每個團體分由兩組進行討論，兩組再經過討論後整理出三個不同的尊重品格行為，書寫在黑板上。 3. 教師將最後呈現的九個尊重品格行為分別進行投票，找出全班實踐情形最好與最差的品格行為。		20分
梁山攻略技	利用學習單 p.170-171 進行曼陀羅法的練習。	學習單	20分

曼陀羅法

梁山攻略技
取自水滸傳之小旋風柴進

_____年_____班_____號　姓名：_____

一、品格戰力評估

✎ **品格賓果**：請用賓果遊戲的方式，圈選有「尊重」品格的句子，共有五句，加油！

不	可	威	脅	別	人	做	不	想	做	的	事
不	要	亂	翻	別	人	的	書	包	我	達	事
可	能	對	別	人	為	不	我	有	會	到	在
以	誠	待	人	說	我	管	會	禮	讓	別	人
和	實	在	的	話	我	天	關	貌	座	人	為
長	的	遠	書	時	為	氣	心	又	給	的	不
輩	回	方	包	我	人	好	別	孝	老	要	要
頂	答	的	裡	不	人	壞	人	順	弱	求	亂
嘴	問	朋	的	隨	時	照	顧	老	婦	弱	丟
撒	題	友	學	便	常	常	道	歉	孺	小	垃
嬌	解	親	用	插	考	試	時	不	作	弊	圾
時	決	戚	品	嘴	慮	上	學	不	要	遲	到

✒ **品格把脈**：你能看出在這個單元中，出現了哪些與品格相關的人物與行為嗎？

✒ **品格麥克風：**

我認為＿＿＿＿＿＿做到了尊重，因為

二、祕技指南──曼陀羅

小朋友，你是不是在寫作文時，常常會因為想不出要寫些什麼內容而發呆？「曼陀羅」就是一種用來幫助你將內心想法整理成一篇文章的好工具。它是以九宮格為思考工具，將文章主題放在中央格，按照順序向外推展，用簡短詞句替代段落大意，並在最後一格以呼應第一格思考為循環策略。現在我們就用「曼陀羅」的方法，看看你對「小旋風柴進」故事的了解有多少吧！

1. 林沖和獄卒在酒店吃飯時，發生了什麼事？ ⇨	2. 酒店老闆給他們什麼建議？ ⇨	3. 柴進如何招待林沖和獄卒？ ⇩
8. 林沖和柴進兩人後來相處的情形如何？	小旋風柴進	4. 洪教師遇見林沖時，態度如何？ ⇩
7. 比武結束後，柴進有什麼反應？ ⇧	6. 林沖和洪教師比武的的情形如何？ ⇦	5. 柴進提出了什麼建議？ ⇦

小朋友，你發現了嗎？只要你從第一題開始，依序回答這八個問題，你就能清楚完整的說出「小旋風柴進」這個故事。

三、修練升級

　　小朋友，相信藉由回答這八個問題，你對故事內容必定有更深入的了解。現在就請你將「小旋風柴進」這個故事再重新改寫一次，內容中可以增加一些自己的創意情節或改編故事內容，這樣會讓故事更有趣喔！

　　　　　　　題目：＿＿＿＿＿＿＿＿＿＿＿＿＿＿＿＿＿

水滸傳──誠實教學活動流程【第17回楊志賣刀】

活動名稱	主要教學內涵	器材	時間
水滸群英會	1. 播放電影「投名狀」中龐清雲、趙二虎、姜午陽三兄弟立投名狀經過的片段。 2.「投名狀」在電影中所代表的意義是什麼？與水滸傳中的「投名狀」所代表的意義一樣嗎？ 3. 利用簡報介紹本節故事經過。	投影機 電腦 簡報檔	15分
水滸挖挖哇	**品格對對碰：** 1. 學生從籤筒中抽出品格項目，並在黑板上寫下與抽出的品格項目相對應的人物。 2. 請學生說出本節故事中相對應的品格故事情節。 3. 針對學生所指出的品格行為進行討論與澄清。 4. 請用一句話來說明「誠實」。 5. 完成學習單第一部分「品格戰力評估」。 【品格行為與項目】（參考） ⑴大頭目王倫設法趕走林沖。 不信賴 ⑵林沖下山找人頭（立投名狀），等待了三天。 耐心 ⑶楊志帶錢與禮物拜見高太尉，希望能恢復職務。 不誠實 ⑷楊志賣刀，所言不假。 誠實 ⑸楊志不因測試刀的鋒利而殺人。 關懷 ⑹牛二搶奪楊志的寶刀。 不尊重 ⑺楊志誤殺牛二，馬上到開封府去自首。 誠實 ⑻圍觀的眾人到衙府替楊志做證人。 公平正義	學習單 p. 175	25分
品格快活林	1. 誠實不NG： ⑴全班分為四組，各組組長從籤筒中抽出【誠實不NG】狀況題。 ⑵各組可在原故事中加入其他橋段，但故事大綱不變。 ⑶當台上演出不誠實的行為時，台下學生馬上大聲喊出「NG！」，並指出劇情中不誠實的行為與NG後的適當行為。 2. 與學生討論： ⑴請學生分享所遭遇過「不誠實」的人或事情。 ⑵你喜歡這樣不誠實的人或事情嗎？為什麼？	狀況題	25分

活動名稱	活動內容	器材	時間
梁山攻略技	1. 教師說明何謂「心智繪圖」寫作法。 2. 以「減肥」為題，利用簡報示範「心智繪圖」寫作法的技巧。 3. 以「楊志賣刀」為中心主題，可以聯想到哪些人物與事情呢？ 4. 完成學習單 p. 176-177。	投影機 電腦 學習單	15 分

誠實不 NG 狀況題

題目一：快要月考了，小丸子還是每天一直看電視，把月考的書放在一邊。考試當天，小玉看小丸子題目都不會寫，覺得小丸子很可憐，就偷偷把答案給小丸子看。

題目二：花媽拿 1000 元給柚子繳交五月份營養午餐費用（營養午餐費用 800 元），柚子將剩下的 200 元拿去買《水滸傳》，卻告訴花媽 200 元在學校不見了。

題目三：大雄月考數學只考了 50 分，怕被媽媽罵，就說謊告訴媽媽考卷還沒發回來，還模仿媽媽的筆跡在考卷上簽名。

題目四：最近花輪海又出新專輯了，橘子很想聽花輪海的專輯，但是這個月的零用錢已經用完了。橘子發現可以利用網路下載花輪海的 MP3，不但把歌曲燒成光碟，還將光碟帶到學校與同學分享，並將光碟複製後發送給想要的同學。

心智繪圖法

梁山攻略技

取自水滸傳之楊志賣刀

_____年_____班_____號 姓名：_____

一、品格戰力評估

品格賓果：請用賓果遊戲的方式，圈選出有「誠實」品格的句子，
共有七句，加油！

撞	與	常	案	事	家	做	忙	幫	會	我	不
到	同	說	答	情	庭	碟	碌	媽	是	會	拿
同	學	謝	的	禮	幸	光	的	媽	犯	主	取
學	合	謝	人	物	福	版	生	掃	錯	動	不
我	作	請	別	動	美	盜	活	地	能	告	是
會	完	對	看	小	滿	用	緊	洗	勇	訴	我
說	成	不	偷	負	氣	使	張	碗	於	老	的
對	同	學	不	欺	騙	不	說	謊	反	闆	東
不	作	起	我	反	悔	我	喜	歡	省	找	西
做	錯	事	時	能	勇	敢	地	承	認	錯	誤
起	業	事	試	拿	取	他	人	的	金	錢	會
這	次	的	考	試	不	會	寫	還	是	會	慢

品格把脈：你能看出在這個單元中，出現了哪些與品格相關的人物
與行為嗎？

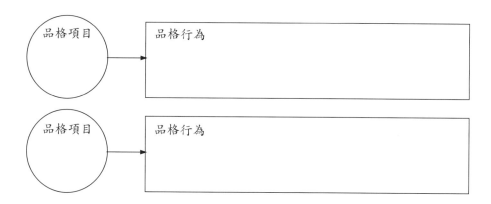

品格項目

品格行為

品格項目

品格行為

品格麥克風：

我認為誠實就是 _____

二、祕技指南──心智繪圖法

　　小朋友，寫作文時你是不是常常不知該寫些什麼？或是不知道該如何下筆呢？「心智繪圖法」就是將與作文主題相關聯的人、事、時、地、物，以繪圖的方式，由中心向外擴張，並且記錄下聯想到的內容的「關鍵字」。「心智繪圖法」不但可以方便我們記憶，從主題與關鍵字之間的連結，也可以清楚的看出整個主題的架構。現在我們就以「楊志賣刀」為中心主題，將你首先聯想到的三項內容的「關鍵字」，寫在下圖的方塊中，再將與此三項內容相關的事項向外擴張延伸，方塊可以自行增加喔！

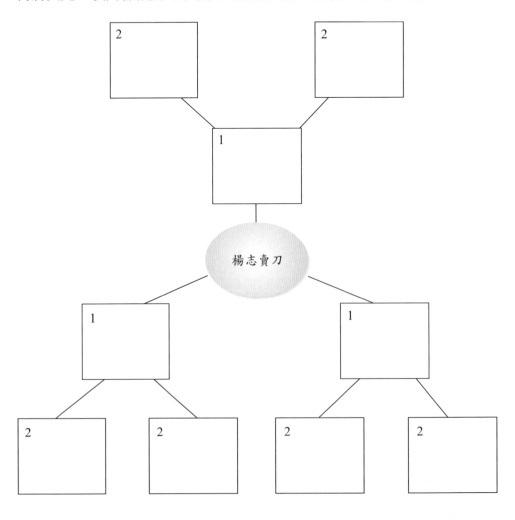

三、修練升級

　　小朋友，有沒有發現上圖以「楊志賣刀」為中心，已經向外延伸發展出三大主軸，每一條主軸都可以再串連成一個小故事，若將這三個主題軸加以整理，就是一篇以「楊志賣刀」為主題的故事了。現在就請你試試看，將上圖聯想到的三大主軸的事件、人物、地點等關鍵字加以描述與擴充，改編成一篇「新楊志賣刀」的故事。

　　　　　　　題目：＿＿＿＿＿＿＿＿＿＿＿＿＿＿

★學生作品檔請見光碟:\中年級-水滸傳\3051.jpeg、3052.jpeg、3053.jpeg

★課程簡報檔請見光碟:\中年級-水滸傳\3054.pps

水滸傳——關懷教學活動流程【第21回 及時雨宋江】

活動名稱	主要教學內涵	器材	時間
水滸群英會	利用簡報檔相關資料進行介紹。 1. 欣賞「2007內門宋江陣」廣告影片。 2. 介紹「宋江陣」。 3. 說明宋江陣的起源。 4. 連結網路介紹宋江陣中常用的兵器。 5. 欣賞「高雄內門創意宋江陣」影片。 6. 說明宋江陣的現代角色與傳承。 7. 欣賞2007年內門宋江陣比賽第一名隊伍的表演。 8. 想一想：以上的投影片首先讓你聯想到水滸傳中哪一位人物。	簡報檔 電腦 喇叭 投影機	20分
水滸挖挖哇	1. 看完第21回及時雨宋江，請列出宋江的好品格，並口述說明行為內容。 2. 完成學習單p.179的「品格把脈」項目。	簡報檔 電腦 投影機 學習單	20分
品格快活林	1.「一句話說關懷」：利用「我關懷（人物），（時間）時，我會（行為）。」的句型造句並上台大聲發表，被說過的人物或行為就不可再用。 2. 完成學習單p.180「品格麥克風」項目。		20分
梁山攻略技	1. 配合ppt檔，複習5W1H分析法。 2. 配合ppt檔，分析主題故事中的5W1H分別是什麼。 3. 分組討論完成學習單 p.180：祕技指南——5W1H分析法。 4. 個別完成學習單p.181：修練升級。請學生以p.180分析中的Why作為第一段主要內容，What作為第二段主要內容，How作為第三段主要內容，並將When、Where、Who等項目融入三段內容中。最後加上第四段寫出自己的心得感想。	學習單	20分

六要素法

梁山攻略技

取自水滸傳之及時雨宋江

_____年_____班_____號 姓名：_____

一、品格戰力評估

品格賓果：請用賓果遊戲的方式圈選出有「關懷」行為的句子，共

十句，加油！

先	舉	手	後	發	言	尊	重	說	話	的	人
隨	手	捐	發	票	救	老	殘	窮	困	貧	病
風	之	谷	退	三	步	吾	害	小	難	窮	了
飛	勞	底	讓	座	給	老	人	幼	兒	孕	婦
舞	做	事	要	勤	勞	以	為	稚	童	愛	為
動	環	情	不	奮	作	及	花	園	快	護	辛
作	保	護	環	境	人	人	有	責	樂	小	苦
幼	吾	幼	以	及	人	之	幼	小	園	動	的
北	風	呼	呼	吹	有	老	完	朋	地	物	爸
門	口	誰	敲	門	責	任	成	友	一	封	媽
國	同	學	跌	倒	我	會	扶	他	起	來	捎
小	孩	不	攀	折	花	草	樹	木	來	信	背

品格把脈：你能看出在這個單元中，出現了哪些與品格相關的人物

與行為嗎？

單元
及時雨宋江

| 品格
關懷	人物	行為

| 品格
關懷	人物	行為

🖐 **品格麥克風**：請把你曾經關懷過別人的行為說出來。

我關懷＿＿＿＿＿，＿＿＿＿＿時我會＿＿＿＿＿＿＿＿＿＿＿＿。

二、祕技指南──5W1H 分析法

🖐 「5W1H 分析法」是一種思考方法，也是一種創造技法，對選定的
主題從六個方面提出問題進行思考，可使思考的內容深化、科學化

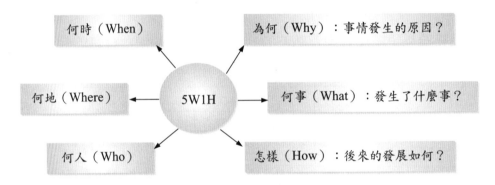

🖐 閱讀完本單元，請用 5W1H 法進行分析

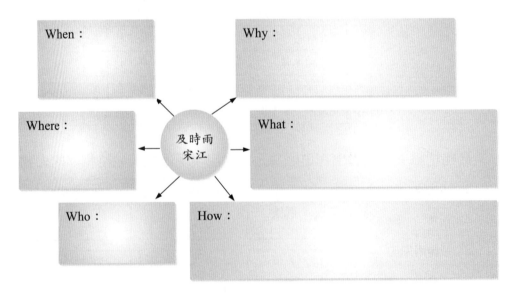

三、修練升級

請利用上頁的分析圖寫出至少 200 字內容。

1. 以 Why 做為第一段主要內容，

2. What 做為第二段主要內容，

3. How 做為第三段主要內容，

4. 並將 When、Where、Who 等項目融入三段內容中。

5. 最後加上第四段寫出自己的心得感想。

新 版 及 時 雨 宋 江

★學生作品檔請見光碟:\中年級-水滸傳\3061.jpeg、3062.jpeg、3063.jpeg

★課程簡報檔請見光碟:\中年級-水滸傳\3064.pps

水滸傳──責任教學活動流程【第25回至第28回武松打虎】

活動名稱	主要教學內涵	器材	時間
水滸群英會	利用各式各樣介紹水滸傳的圖片和影片，引起學生想了解武松的長相與為人處事方式的動機，進而引導小朋友想要閱讀的興趣。	簡報檔 電腦 喇叭 武松相關影片或圖像 投影機	10分
水滸挖挖哇	1. 針對責任的意涵及故事人物的行為再做澄清與討論。 　⑴什麼是責任？請用一句話來說明。（品格麥克風） 　⑵教師發問：你曾經表現出哪一種負責任的行為？ 2. 介紹故事情節──引導學生閱讀「第25回至第28回」並請學生發表第25回招文袋至第28回快活林之故事情節；且找出故事情節中，有「責任」表現的品格行為。 3. 責任品格行為：武松答應人家的事都盡力完成。例如： 　⑴完成哥哥的死因調查。 　⑵幫施恩討回快活林的酒店。	簡報檔 電腦 投影機 學習單 p. 184	30分
品格快活林	分別以相聲、天津快板相聲及兒童劇等方式描述武松。 看完書和影片介紹之後，你對武松這個人的觀察和感覺是如何？ 1. 請你做動作來表達你對他的形容？ 2. 請你用聲音來表達你對他的形容？ 3. 請你做動作及聲音來表達你對他的形容？ 4. 請加上道具來表達你對他的形容？ 5. 利用學習單p. 184，來整理一下你的感受。	武松相關影片 學習單 電腦 投影機	15分
梁山攻略技	利用學習單p. 184-185進行五感寫作法的練習。 五感寫作法──請利用五種感受方法來描述武松。 1. （看）到了什麼？ 2. （聽）到了什麼？ 3. （感覺）到什麼？ 4. （想）到了什麼？ 5. （做）了些什麼？	學習單	25分

五感運思法

梁山攻略技

取自水滸傳之武松打虎

____年____班____號 姓名：_____

一、品格戰力評估

✎ **品格賓果**：請用賓果遊戲的方式，圈選出直排或橫排中，有「責任」品格的句子共三句。加油！

老	師	上	課	中	完	全	要	自	主	開	放
樹	梢	完	業	學	成	部	現	開	動	來	別
大	樹	實	進	生	爸	是	堅	心	拿	動	的
家	人	驗	步	上	爸	櫻	強	心	聯	去	不
愛	惜	課	堂	課	或	花	信	的	絡	的	同
惜	福	之	人	時	長	久	心	完	簿	過	和
見	面	後	按	長	輩	的	安	排	交	去	玩
上	課	桌	子	要	交	叉	排	列	給	我	的
告	桌	面	孫	手	辦	理	的	隊	父	是	方
示	椅	清	滿	機	的	想	方	歡	母	靜	式
牌	晾	乾	堂	關	想	式	迎	簽	不	有	有
乾	乾	淨	淨	的	情	法	是	式	名	下	關

✎ **品格把脈**：你能看出在這個單元中，出現了哪些與品格相關的人物與行為嗎？

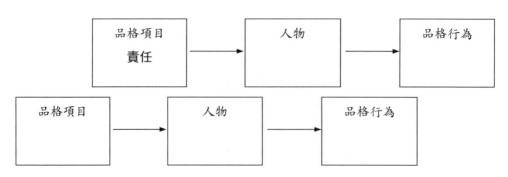

📝 **品格麥克風：**

你認為自己的責任是＿＿＿＿＿＿＿＿＿＿＿＿＿＿＿＿＿＿＿＿＿＿＿。

二、祕技指南

　　小朋友，請再一次利用「五感寫作法」的「看、聽、感、想、做」的感受力，利用文句來完成對武松這個人的描述。

1. （看）到了什麼？

＿＿＿＿＿＿＿＿＿＿＿＿＿＿＿＿＿＿＿＿＿＿＿＿＿＿＿＿＿＿。

＿＿＿＿＿＿＿＿＿＿＿＿＿＿＿＿＿＿＿＿＿＿＿＿＿＿＿＿＿＿＿

2. （聽）到了什麼？

＿＿＿＿＿＿＿＿＿＿＿＿＿＿＿＿＿＿＿＿＿＿＿＿＿＿＿＿＿＿。

＿＿＿＿＿＿＿＿＿＿＿＿＿＿＿＿＿＿＿＿＿＿＿＿＿＿＿＿＿＿＿

3. （感覺）到什麼？

＿＿＿＿＿＿＿＿＿＿＿＿＿＿＿＿＿＿＿＿＿＿＿＿＿＿＿＿＿＿。

＿＿＿＿＿＿＿＿＿＿＿＿＿＿＿＿＿＿＿＿＿＿＿＿＿＿＿＿＿＿＿

4. （想）到了什麼？

＿＿＿＿＿＿＿＿＿＿＿＿＿＿＿＿＿＿＿＿＿＿＿＿＿＿＿＿＿＿。

＿＿＿＿＿＿＿＿＿＿＿＿＿＿＿＿＿＿＿＿＿＿＿＿＿＿＿＿＿＿＿

5. （做）了些什麼事？

_____ 。

三、修練升級

　　把你從書中看到的武松、看見同學所表演的武松或影片中所演出的武松，綜合一下，利用祕技指南的五感寫作祕技所整理出的資料，把武松這個人的外表、個性、為人及發生的種種事情……等，用一段文章來描寫出來。

_____
_____
_____
_____
_____
_____
_____
_____
_____
_____
_____

★學生作品檔請見光碟:\中年級-水滸傳\3071.jpeg、3072.jpeg、3073.jpeg

★課程簡報檔請見光碟:\中年級-水滸傳\3074.pps

水滸傳——孝順教學活動流程【第 31 回黑旋風李逵】

活動名稱	主要教學內涵	器材	時間
水滸群英會	利用簡報介紹李逵的相關資料，使學生更了解李逵的個性、特點及故事等。	簡報檔 電腦、喇叭 投影機	40 分
水滸挖挖哇	1. 針對孝順的意涵及故事人物的行為，再做澄清與討論。 2. 介紹故事情節——黑旋風李逵、潯陽樓題詩、千慮一失、大鬧刑場、惡霸殷天錫、高唐州會戰（東方出版社水滸傳第 208 頁至 258 頁）。 3. 找出故事情節中孝順的品格行為。 　(1)宋江極為孝順，銘記父親所說的話，絕不加入梁山泊裡強盜的行列。 　(2)梁山上也收留了一些英雄們的親屬。因此李逵也想要把母親接到山上來，以便照顧。	水滸傳	
品格快活林	**活動一：觀賞（生產過程）影片，網址：**http://tw.youtube.com/watch? y=ImBMkF5WtWU 1. 教師提問： 　(1)看完影片後有何想法？ 　(2)當你看到媽媽在照顧剛出生的小 baby 時有什麼感覺？如果你是媽媽，你會不會覺得辛苦？ **活動二：我懷孕了** 1. 教師說明今天要做的活動是模擬媽媽懷孕的情況。 2. 請同學將充滿氣的氣球塞進衣服裡，模擬懷孕狀況。 3. 提醒同學氣球就等同嬰兒，做任何動作都要像真的懷孕一樣，不可隨意碰撞、嬉鬧。 4. 教師帶領學生，在教室走動、起立、坐下、蹲下撿東西、穿脫鞋子（綁鞋帶）和衣服等日常動作。 5. 教師帶領學生到教室外爬樓梯、模擬上廁所、洗手等動作。 6. 回到教室，拿掉氣球。 **教師歸納：** 1. 父母將我們平安地生下，並且給我們最好的照顧，這是一件很辛苦的事。我們應該要懷著感恩的心情來孝順父母。 2. 父母對我們無私的奉獻、照顧，當他們年老的時候，身為子女的我們，更應該好好孝順他們。	電腦 投影機	40 分
梁山攻略技	利用學習單練習寫作	學習單 p. 189-190	

迷宮探險

梁山攻略技

取自水滸傳之黑旋風李逵

＿＿＿年＿＿＿班＿＿＿號　姓名：＿＿＿＿＿＿＿＿

一、 品格戰力評估

📖 **品格賓果**：請用賓果遊戲的方式，圈選出有「孝順」品格的句子，共七句，加油！

不	讓	家	人	擔	心	注	言	踏	常	歲	適
與	傷	來	時	路	勝	意	出	必	常	月	當
父	摩	害	大	火	不	父	必	鐵	幫	身	的
母	拳	肥	自	車	驕	母	行	鞋	家	體	時
親	插	水	萬	己	敗	身	多	無	人	別	候
怒	掌	不	丈	天	不	體	言	覓	的	來	給
目	天	落	高	避	餒	之	必	處	忙	無	予
相	地	外	樓	免	星	心	自	得	減	樣	父
向	順	期	自	頂	垂	裡	己	來	輕	冰	母
衣	昌	人	平	撞	平	的	敗	全	其	山	安
千	白	田	地	父	野	感	永	不	負	一	慰
種	車	跳	起	母	闊	受	遠	廢	擔	角	棉

✎ **品格把脈**：你能看出在這個單元中，出現了哪些與品格相關的人物

與行為嗎？

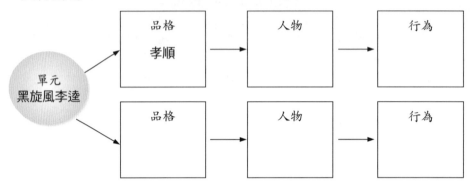

✎ **品格麥克風：**

我孝順父母的方式是＿＿＿＿＿＿＿＿＿＿＿＿＿＿＿＿＿＿＿＿＿。

二、祕技指南──迷宮探險

李逵要前往刑場解救被綑綁的宋江與戴宗，圖中有四個入口，哪一個入口才是正確的路徑呢？請用筆把這條路徑畫出來。

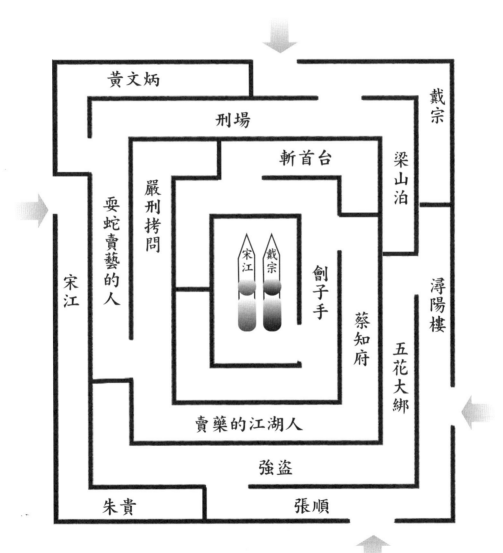

三、修練升級

✎ 請利用上頁迷宮路徑中的各種元素寫成一篇故事

黑旋風李逵

_____

_____

_____

_____

_____

_____

_____

_____

_____

_____

_____

_____

_____

_____

_____

_____

_____

_____

★學生作品檔請見光碟:\中年級-水滸傳\3081.jpeg、3082.jpeg、3083.jpeg

★課程簡報檔請見光碟:\中年級-水滸傳\3084.pps

水滸傳──合作教學活動流程【第33、34回千慮一失、大鬧刑場】

活動名稱	主要教學內涵	器材	時間
水滸群英會	利用簡報檔相關資料介紹吳用，讓學生了解吳用的生平與其在水滸傳中的角色，讓學生更了解其個性及影響力。	簡報檔 電腦 喇叭 投影機	10分
水滸挖挖哇	1. 透過簡報檔中問題的引導與討論，將第33回的故事情節略做整理與回顧。 2. 針對此回合的人物──吳用和晁蓋等人的行為表現出哪些品格行為進行討論。 3. 找出故事中符合「合作」品格行為的情節。 　(1)吳用想計，舊友製造假信和偽印，戴宗送信，眾人合力完成一封假信以為營救宋江之用。 　(2)宋江和戴宗在刑場正要被處決時，幸好被李逵、晁蓋等人合力營救。 4. 針對合作的意涵及故事人物的行為再做澄清與討論。 　(1)什麼是合作？請用一句話來說明。 　(2)教師發問：你曾經表現出哪一種合作的行為？ 　(3)你覺得誰做到了合作的行為？ 5. 完成學習單 p. 192-193。	簡報檔 學習單 電腦 投影機	30分
品格快活林	**分組遊戲──支援前線** 1. 教師解說遊戲規則。 2. 教師說出所需物品數量。 3. 請各組合作拼湊尋找，由最早交齊物品的那組獲勝。 4. 請各組將所蒐集的物品幫一位同學做造型，最有創意的那組獲勝。 5. 檢討「支援前線」遊戲過程中各組的表現。 6. 請學生想想有哪些方法能使自己和團體進步。 7. 教師總結：教師提示學童，能使團體和自己進步的方法是不斷的努力，並且透過競爭和合作，使自己和團體更加進步。		20分
梁山攻略技	利用學習單 p. 194-195，進行曼陀羅法的練習。	學習單	20分

曼陀羅法

梁山攻略技

取自水滸傳之千慮一失、大鬧刑場

＿＿年＿＿班＿＿號 姓名：＿＿＿＿＿＿＿＿

一、品格戰力評估

📖 **品格賓果**：請用賓果遊戲的方式，圈選有「合作」品格的句子，共有六句，加油！

小	媽	蟻	合	力	把	食	物	搬	回	窩	裡
和	同	學	一	起	完	成	打	掃	工	作	面
常	說	請	謝	謝	對	不	起	不	生	氣	和
常	走	路	靠	右	邊	走	不	遲	到	三	別
幫	參	加	拔	河	比	賽	得	到	冠	軍	人
媽	加	油	節	約	能	源	少	不	了	合	合
媽	百	加	油	每	天	早	睡	早	起	力	力
搥	米	油	求	學	不	進	則	退	健	保	完
背	得	頂	每	天	定	時	作	運	動	衛	成
乖	第	呱	按	時	教	功	課	健	身	國	一
寶	一	呱	主	動	向	師	長	問	好	家	件
寶	名	進	行	兩	人	三	腳	遊	戲	好	事

品格把脈：你能看出在這個單元中，出現了哪些與品格相關的人物
與行為嗎？

品格麥克風：

我和＿＿＿＿＿＿＿＿一起合作，把＿＿＿＿＿＿＿＿＿＿＿＿＿＿＿＿＿＿

＿＿＿＿＿＿＿＿＿＿＿＿＿＿＿＿＿＿＿＿＿＿＿＿＿＿＿＿＿＿＿＿。

二、祕技指南──曼陀羅

　　小朋友，在這個章回中，吳用等人發揮了智慧與勇氣去營救宋江和戴宗，讓梁山泊又多了兩位英雄好漢，故事內容驚險刺激，節奏緊湊明快，你能將故事內容重點再整理一次嗎？請你依照下面九宮格的順序回答問題，就能完整的說出故事大意，並在最後一格呼應第一格為循環策略，這就是之前曾練習過的「曼陀羅」法。現在我們就用「曼陀羅」的方法看看你對「千慮一失、大鬧刑場」故事的了解有多少吧！

1. 吳用等人知道宋江被蔡知府囚禁的事情之後，想出了什麼好辦法？ ⇨	2. 戴宗帶著假信交回後，有沒有被發現？ ⇨	3. 蔡知府如何發現信是假的？ ⇩
8. 故事的結局是如何呢？ ⇧	**千慮一失、大鬧刑場**	4. 宋江和戴宗如何被處置？ ⇩
7. 他們如何處置黃文炳呢？ ⇦	6. 搭救的過程順利嗎？ ⇦	5. 宋江和戴宗被處刑時，有人來搭救他們嗎？

　　小朋友，你完成了嗎？運用這個方法，你就能很快的將文章或故事重點整理出來，試試看，它一定可以成為你的好幫手！

三、修練升級

　　小朋友，你覺得吳用的計謀如何呢？你有沒有更好的計謀來營救宋江和戴宗呢？現在就請你試著改寫信的內容，用你的智慧救出宋江和戴宗，也可以增加一些自己的創意情節，讓故事更有趣喔！

　　　　　　　題目：＿＿＿＿＿＿＿＿＿＿＿＿＿＿＿＿＿＿

★學生作品檔請見光碟:\中年級-水滸傳\3091.jpeg、3092.jpeg、3093.jpeg
★課程簡報檔請見光碟:\中年級-水滸傳\3094.pps

水滸傳——耐心教學活動流程【第35回惡霸殷天錫】

活動名稱	主要教學內涵	器材	時間
水滸群英會	利用簡報介紹「惡霸殷天錫」的故事經過：先提示學生此節故事中出現的人物（配合簡報檔），再請學生說說看此節故事發生的經過，以加深學生對故事發展的印象。	投影機 電腦	10分
水滸挖挖哇	1. 請學生發表在「惡霸殷天錫」故事中，出現哪些品格行為？ 2. 請學生找出故事中具有「耐心」的品格行為與人物： 　⑴柴進先處理完叔叔的後事，再到衙府控告殷天錫。 　⑵李逵不聽柴進規勸，將殷天錫打死。 3. 對耐心的意涵進行討論與澄清： 　⑴你曾經耐心地完成哪些事？ 　⑵什麼樣的行為是具有耐心？ 4. 完成學習單p. 197-198。	投影機 電腦 學習單	30分
品格快活林	**活動一：　翻滾吧！我的耐心！** 1. 說明「翻滾吧！男孩」是一部記錄宜蘭公正國小一、二年級小朋友辛苦練習體操的電影。 2. 播放紀錄片「翻滾吧！男孩」重要片段（約十分鐘） 3. 討論與澄清： 　⑴你覺得小小體操選手們，皆具備什麼品格才能在比賽中脫穎而出？ 　⑵你是否也曾因為經過反覆練習而完成了什麼樣的任務或工作？ **活動二：耐心大挑戰（大家來找碴）** 1. 由簡報連結至日本網站。 2. 以分組方式進行，由各組推派一位挑戰者進行比賽。 3. 比賽進行中，同組組員可給予挑戰者幫忙與提示。 4. 以在最短時間內找出所有錯誤的組別為優勝。 5 澄清與討論：想要找出圖片中的錯誤，除了細心之外，還需具有什麼樣的品格？	投影機 電腦	25分
梁山攻略技	以簡報與學習單p. 199-200，進行心智繪圖法的寫作練習。	投影機 電腦	15分

心智繪圖法

梁山攻略技

取自水滸傳之惡霸殷天錫

____年____班____號 姓名：_____

一、品格戰力評估

📖 **品格賓果**：請用賓果遊戲的方式，圈選出有「耐心」品格的句子，
共有六句，加油！

平	心	靜	氣	地	回	答	長	輩	的	問	題
心	急	如	焚	急	忙	忙	地	吃	午	餐	目
即	使	失	敗	為	行	的	險	危	出	做	不
任	意	破	壞	學	校	的	公	共	物	品	會
如	慢	慢	的	看	完	一	本	厚	書	完	寫
果	然	不	與	事	家	做	忙	幫	動	主	也
能	與	他	人	協	力	完	成	任	務	導	不
不	撒	謊	說	錯	認	於	勇	事	錯	做	急
上	課	說	話	前	我	會	先	舉	手	暴	躁
學	題	習	學	數	妹	妹	導	教	的	覆	反
過	馬	路	時	靜	心	等	候	交	通	號	誌
一	步	一	步	的	完	成	困	難	的	作	業

品格把脈：你能看出在這個單元中，出現了哪些與品格相關的人物與行為嗎？

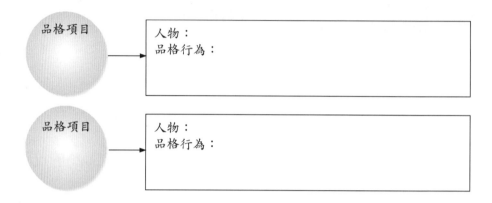

品格項目

人物：
品格行為：

品格項目

人物：
品格行為：

品格麥克風：

我願意以後更有耐心的_____

二、祕技指南——心智繪圖法

　　小朋友，還記得我們先前修練的「心智繪圖法」嗎？在惡霸殷天錫這節故事中，殷天錫無惡不作，是眾人撻伐的人物。現在我們要對殷天錫進行一項「品格改造大作戰」，將惡霸殷天錫改變為一位人見人愛的大好人。在「好人殷天錫」故事發展中，你希望會出現哪些人物呢？將你所想到的人物寫在下圖的 1 號方塊中，再將與 1 號方塊中人物相關的人、事、物填入 2 號方塊中。（方塊可以自行增加喔！）

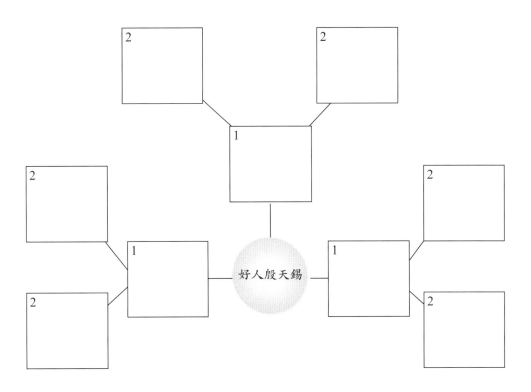

三、修練升級

　　小朋友，有沒有發現上圖以「好人殷天錫」為中心，可向外延伸發展出三大主軸，每一條主軸都可以再發展成一個小故事。現在請你試試看，將上圖三大主軸的人物、事件和地點的關鍵字加以描述與擴充，寫出一篇「好人殷天錫」的故事。

改造品格大作戰之好人殷天錫

　　

★學生作品檔請見光碟:\中年級-水滸傳\3101.jpeg、3102.jpeg、3103.jpeg

★課程簡報檔請見光碟:\中年級-水滸傳\3104.pps

教師群的行動與感動

想不到我們這個充滿理想抱負又必須兼顧現實考驗的團隊，竟能撐到現在，實在令我們自己太意外了！儘管一路走來，有人上車，有人下車，但車上的人總不忘打起精神，彼此惕勵；而車外的人，也總會適時的給予掌聲，相互打氣。是什麼力量讓我們撐到現在？因為大家都認為這件事很重要，因為大家都知道這樣做是值得的，儘管它必須花費許多精力與時間，在有人必須下車休息時，總有人願意繼續接棒。先來聽聽一位美麗的生力軍，她有些什麼感受吧！

緊張又害怕的第一次

雖然已經在工作坊中當了半個學期的「觀察員」，但第一次進行古典文學的教學活動還是有點緊張，怕活動帶得不好、怕學生沒反應、怕學生興趣缺缺……。也許是因為經過上學期「三國演義」的洗禮，學生們對於古典文學的閱讀並不陌生。由於這次的人物品格的討論，是採取「開放式」的探討，因此和學生討論「水滸傳」中的品格與人物時，學生總能說出比我預先所想還多的品格項目，學生細膩的心思與觀察力令我驚訝！

閱讀的魅力

小說的情節總是能讓人愛不釋手的看下去，中國古典文學更是有這樣魅力。尤其《水滸傳》中的人物個個性格鮮明，讓許多學生一拿到書就不停的翻閱，有些孩子更是主動地到圖書館找尋不同版本的《水滸傳》，甚至連上其他正課時，也有孩子偷偷地將《水滸傳》藏在課本後面，雖然沒

有認真上課不是件好事，但我想他已經慢慢中了「閱讀」的毒而無法自拔……。

品格加上戲劇，效果加倍

在教學活動「誠實不NG」中，我設計了四個狀況題讓學生即興演出，在狀況題中我只給故事大綱，演員的對話、肢體動作、道具皆由學生自行發揮創意。起初有點擔心學生會木訥地站在台上不知所措，但經過這一次的即興演出，我深深覺得本班很有表演的天分。台下的觀眾更是集中所有注意力找出劇中「不誠實」的行為，甚至有些演員說話聲音太小聲，學生也能聽出演員的對話，而大聲的喊出「NG！」並指出不誠實的行為，可見他們多麼專注地觀賞台上的演出。其中有一個非常簡單的狀況題是：「小丸子在考試時偷看隔壁同學的答案」，原以為學生拿到這樣的故事大綱可能草草演個兩分鐘就結束了，沒想到實際演出時，學生不但加入「土地公」這個正義使者的角色，讓土地公時時出現在小丸子的身邊，提醒她不可以做不誠實的事，並將教室中的掃把當做土地公的拐杖，真是創意十足！

如上，在這次的教學設計中，我們在課程中設計許多品格體驗活動，讓孩子能在輕鬆活潑的課程中去領略品格的意涵。這樣活潑熱鬧的上課方式是否會模糊轉移了「閱讀」的焦點？在團隊聚會中，也曾引起一番激辯。

「品格？閱讀？語文？」哪一項重要？

在工作坊的研究剛開始以及過程中，曾經有好幾次討論到：「我們到底該把重點放在哪裡？是品格？閱讀？還是語文？」哪一項重要？其實每一項對孩子來說都重要。但重點是，我們能花多少時間來作教學？如果想在有限的時間內三者都兼顧，勢必無法深耕；如果我們想要著重其中一項，勢必排擠其他兩者。畢竟在現行課程中，我們能利用的時間並不充裕。也

因為如此，在好幾次的討論當中，大家似乎未能有明確的共識。乍看之下似乎兩難，但我們總相信，事情總會有兩全其美的方法。

「魚」與「熊掌」，都想兼得？

　　研究做到了第三年，已數不清有多少次挑燈夜戰，每每總引來老公狐疑的眼神：「現在的老師都像你這麼累嗎？」儘管在每次研習中，大家有說有笑，但說不辛苦是騙人的，如果不是同事間彼此的激勵與心中持抱著「教學研究」與「課程革新」的使命感，我們老早被大盤洗掉了（股市用語）。這一路走來，如果真有留下些什麼痕跡，除了這幾本心血結晶──「書」之外，自己可以確信對「課程與教學」的掌握功力又加深了幾分。此外，「分享」給其他教育先進參考，也是當初會集結出書的重要原因。「分享」的動機很單純，但如果細加考慮，層面牽涉之廣，甚至會影響我們在設計課程時的一個活動或學習單上的一句話，例如圖片的版權、例句的使用和學習單的字體……等，想來真是工程浩大。試想，當我們辛辛苦苦將我們的成果分享出去時，老師們也覺得內容精彩，但他們會不會因為沒有足夠的時間而猶豫？會不會因為大量的學習單而卻步？學生會不會因為重複的填寫而反感？如果因為這些原因，讓我們的東西就像是藝術品一般被拿來擺著好看，又能發揮多少功效？

　　這些想法讓我們在開始討論整個課程架構時，就決定大膽的嘗試用多元的方式來整合「品格、閱讀和語文」這三個元素。原則上一週只上一節課，讓老師負擔得起而覺得可行；學習單重質不重量，減輕師生的負擔；教學活動多元而活潑，讓學生覺得有趣而積極參與，學生也展現了積極的參與熱忱及學習態度。我們的想法是試著提供一些不同的方式來吸引孩子閱讀，讓他們發現閱讀的樂趣，並進而主動去閱讀（故事本身的確是個好媒介）。在故事教學的活動中，除了討論與澄清之外，我們讓孩子藉由不同的活動來體驗品格，讓孩子去「感受」品格，而不再只是個「解釋名詞」

或「故事人物」。最後我們從故事章節中節錄一些詞句或橋段讓孩子分別作了不同主題的引導式寫作練習，除了提升孩子的語文能力，也再次讓孩子體會與欣賞古典文學中各種文辭之美與寫作技巧。

踏出成功的第一步

　　或許這些設計會讓人不免擔心，整個教學熱鬧有餘，卻欠缺了些深刻的反思而讓教學流於浮面。畢竟，這是我們一個新的嘗試，我們不敢確定這樣的方式是不是最好，但它的確能讓孩子們「喜歡」這本書、這堂課，願意拿起書本自己去閱讀，並享受閱讀，因為我們希望他讀的不只是這一本而已！我們不敢確定的是，如果閱讀這本書必須伴隨著許多的學習單，孩子是不是還會「喜歡」這本書？

　　但就如同先前所提，我們的重點到底應該擺在哪裡？這些設計是兼顧必須囊括三個主題，與教學時間有限之下所做的妥協，應有許多可以改進的空間。或者是我們應該依照學生不同的能力與需求，來調整各個主題所占的比例？諸多的考量也隨著研究的結束漸漸有了結論——只要孩子能愛上閱讀，在我們的教學之後能主動拿起書本，浸淫於書香文字之美，領略出故事人物之妙，語文和品格定能在孩子智慧的苗圃中繼續生根茁壯，我想這應該就是我們所最樂見的吧！

　　就這樣，孩子們和古典文學有了美麗的邂逅，雖談不上一見鍾情，但我們想心生好感應該是有的，希望孩子們和古典文學的戀情就此展開……在課程進行中，想不到發生了另一段意外的插曲……

拍片經驗談

　　原本只是一群伙伴利用課餘時間聚在一起腦力激盪，單純的想為孩子們再多做些什麼，從沒想過我們居然上鏡頭了！

當我們一聽說有導演和攝影師要到學校來拍我們上課的情形，心裡的忐忑不安和孩子們的躍躍欲試形成強烈的對比（這些孩子真可謂初生之犢不畏虎）！擔心自己講話結巴，擔心孩子們在攝影機前怯場，擔心哪個寶貝突然說出驚人之語，擔心自己上鏡頭不夠美……，那時心裡有千萬個問號和驚嘆號！

令人緊張的時刻終究逃不掉，看到導演和攝影師滿心歡喜的來到，雖然我們強顏歡笑，仍難掩心中的焦慮，深怕他倆在拍攝結束後就笑不出來了。所幸孩子們的表現一如往常踴躍發言，孩子們大概沒想到身為老師的我們心中卻仍抱著僥倖的心態，「搞不好導演會把我們的鏡頭刪得只剩一小段？」

片子完成，謎底揭曉，沒想到我們都成了男女主角。「那是我嗎？那真的是我嗎？」大家心中不免疑惑著，感覺鏡頭中的自己有點熟悉，又有點陌生。雖然導演一直誇讚我們，稍稍撫慰了焦慮不安的心靈，但是有些伙伴還是做了重大的決定——「保養品該換牌子了……」哈哈！

儘管在拍片過程中，心情有如坐雲霄飛車般翻騰起落，但也欣見團隊努力的歷程在拍攝整理後，成為一個完整的紀錄。希望我們這顆閱讀的種子得以飄散到各地著地發芽，也希望藉此能引發其他教育先進的創意火花，讓這些種子生根茁壯，培養出有閱讀力、品格力和創造力的一代。

故事說到這裡，暫時到一段落，劇情或許不甚精彩，主角也不是什麼俊男美女，但故事中的人物純真善良，默默付出，他們希望終有一天，他們的努力能結出最美的果子。希望有一天，也能換你來說說你們的故事……

品格實果解答

一百零八個妖魔——禮貌

見	到	你	真	高	興	班	長	喊	口	令	吧
到	別	人	家	做	客	會	守	規	矩	旗	聽
長	輩	給	我	教	訓	時	不	頂	嘴	努	到
輩	魚	排	隊	不	爭	先	恐	後	我	力	國
主	人	照	顧	客	人	舉	帥	仕	將	把	歌
動	一	動	真	快	樂	手	不	開	門	窗	立
打	噴	嚏	掩	口	鼻	後	說	電	打	戶	正
招	財	貓	很	可	愛	發	罵	燈	開	擦	站
呼	源	總	統	府	發	言	人	是	誰	乾	好
朋	廣	是	保	持	乾	淨	的	儀	容	淨	靜
引	進	優	良	新	產	品	粗	若	有	所	思
伴	侶	公	共	場	所	說	話	不	喧	嘩	語

怒打黑金剛——信賴

台	灣	社	會	對	於	家	庭	要	重	視	孩
北	部	的	天	氣	人	人	感	受	異	力	子
市	中	心	的	環	境	對	人	重	要	保	做
的	天	真	活	潑	的	我	是	學	生	健	錯
同	學	相	信	我	說	的	與	所	做	的	事
學	習	的	態	度	大	約	是	好	的	重	情
受	人	的	拜	託	一	定	要	酬	勞	要	能
教	人	的	技	巧	家	都	學	習	的	性	向
育	要	認	真	的	人	會	習	一	天	是	爸
條	永	遠	巧	妙	的	履	好	心	經	受	媽
件	久	高	雄	之	行	行	方	一	地	認	認
好	的	禮	貌	行	為	的	法	意	義	同	錯

豹子頭林沖──公平正義

關	心	遭	不	公	平	對	待	的	人	或	事
理	事	思	而	如	所	食	網	置	舟	惡	月
友	務	而	之	學	利	為	重	求	行	乃	亮
拒	絕	不	好	的	誘	為	事	劍	智	不	向
畢	幫	行	在	行	樂	天	人	情	公	慧	惡
信	忙	助	於	舟	意	一	人	金	準	勢	力
人	類	衡	量	美	好	社	會	的	標	準	低
乃	為	人	標	準	人	言	嘉	公	信	開	頭
為	樂	他	春	備	之	為	年	平	反	端	人
下	之	憂	而	初	憂	重	華	性	練	正	月
伸	出	援	手	幫	助	需	要	幫	助	的	明
後	天	下	之	樂	而	樂	舉	杯	邀	明	月

小旋風柴進──尊重

不	可	威	脅	別	人	做	不	想	做	的	事
不	要	亂	翻	別	人	的	書	包	我	達	事
可	能	對	別	人	為	不	我	有	會	到	在
以	誠	待	人	說	我	管	會	禮	讓	別	人
和	實	在	的	話	我	天	關	貌	座	人	為
長	的	遠	書	時	為	氣	心	又	給	的	不
輩	回	方	包	我	人	好	別	孝	老	的	要
頂	答	的	裡	不	人	壞	人	順	弱	要	亂
嘴	問	朋	的	隨	時	照	顧	老	婦	求	丟
撒	題	友	學	便	常	常	道	歉	孺	弱	垃
嬌	解	親	用	插	考	試	時	不	小	弊	圾
時	決	戚	品	嘴	慮	上	學	不	作	遲	到

楊志賣刀——誠實

撞	與	常	案	事	家	做	忙	幫	會	我	不
到	同	說	答	情	庭	碟	媽	是	會	會	拿
同	學	謝	的	禮	幸	光	的	媽	犯	主	取
學	合	謝	人	物	福	版	生	掃	錯	動	不
我	作	請	別	動	美	盜	活	地	能	告	是
會	完	對	看	小	滿	用	緊	洗	勇	訴	我
說	成	不	偷	負	氣	使	張	碗	於	老	的
對	同	學	不	欺	騙	不	說	謊	反	闖	東
不	作	起	我	反	悔	我	喜	歡	省	找	西
做	錯	事	時	能	勇	敢	地	承	認	錯	誤
起	業	事	試	拿	取	他	人	的	金	錢	會
這	次	的	考	試	不	會	寫	還	是	會	慢

及時雨宋江——關懷

先	舉	手	後	發	言	尊	重	說	話	的	人
隨	手	捐	發	票	救	老	殘	窮	困	貧	病
風	之	谷	退	三	步	吾	害	小	難	窮	了
飛	勞	底	讓	座	給	老	人	幼	兒	孕	婦
舞	做	事	要	勤	勞	以	為	稚	童	愛	為
動	環	情	不	奮	作	及	花	園	快	護	辛
作	保	護	環	境	人	人	有	責	樂	小	苦
幼	吾	幼	以	及	人	之	幼	小	園	動	的
北	風	呼	呼	吹	有	老	完	朋	地	物	爸
門	口	誰	敲	門	責	任	成	友	一	封	媽
國	同	學	跌	倒	我	會	扶	他	起	來	揹
小	孩	不	攀	折	花	草	樹	木	來	信	背

武松打虎——責任

老	師	上	課	中	完	全	要	自	主	開	放
樹	梢	完	業	學	成	部	現	開	動	來	別
大	樹	實	進	生	爸	是	心	心	動	動	的
家	人	驗	步	上	爸	櫻	堅	拿	聯	去	不
愛	惜	課	堂	課	或	花	強	心	絡	的	同
惜	福	之	人	時	長	久	信	完	簿	過	和
見	面	後	按	長	輩	的	心	排	交	去	玩
上	課	桌	子	要	交	叉	安	列	給	我	的
告	桌	面	孫	手	辦	理	排	隊	父	是	方
示	椅	清	滿	機	的	想	的	方	母	靜	式
牌	晾	乾	堂	關	事	想	方	歡	簽	不	有
乾	乾	淨	淨	的	情	法	式	迎	名	下	關

黑旋風李逵——孝順

不	讓	家	人	擔	心	注	言	踏	常	歲	適
與	傷	來	時	路	勝	意	出	破	常	月	當
父	摩	害	大	火	不	父	必	鐵	幫	身	的
母	拳	肥	自	車	驕	母	行	鞋	家	體	時
親	插	水	萬	己	敗	身	多	無	人	別	候
怒	掌	不	丈	天	不	體	言	覓	的	來	給
目	天	落	高	避	餒	不	必	處	忙	無	予
相	地	外	樓	免	星	及	自	得	減	樣	父
向	順	期	自	頂	垂	心	得	來	輕	冰	母
衣	昌	人	平	撞	平	裡	來	全	其	山	安
千	白	田	地	父	野	的	敗	不	負	一	慰
種	車	跳	起	母	閣	感	永	費	擔	角	棉

千慮一失、大鬧刑場──合作

小	媽	蟻	合	力	把	食	物	搬	回	窩	裡
和	同	學	一	起	完	成	打	掃	工	作	面
常	說	請	謝	謝	對	不	起	不	生	氣	和
常	走	路	靠	右	邊	走	不	遲	到	三	別
幫	參	加	拔	河	比	賽	得	到	冠	軍	人
媽	加	油	節	約	能	源	少	不	了	合	合
媽	百	加	油	每	天	早	睡	早	起	力	力
揹	米	油	求	學	不	進	則	退	健	保	完
背	得	頂	每	天	定	時	作	運	動	衛	成
乘	第	呱	按	時	教	功	課	健	身	國	一
寶	一	呱	主	動	向	師	長	問	好	家	件
寶	名	進	行	兩	人	三	腳	遊	戲	好	事

惡霸殷天錫──耐心

平	心	靜	氣	地	回	答	長	輩	的	問	題
心	急	如	焚	急	忙	忙	地	吃	午	餐	目
即	使	失	敗	為	行	的	險	危	出	做	不
任	意	破	壞	學	校	的	公	共	物	品	會
如	慢	慢	的	看	完	一	本	厚	書	完	寫
果	然	不	與	事	家	做	忙	幫	動	主	也
能	與	他	人	協	力	完	成	任	務	導	不
不	撒	謊	說	錯	認	於	勇	事	錯	做	急
上	課	說	話	前	我	會	先	舉	手	暴	躁
學	題	習	學	數	妹	妹	導	教	的	覆	反
過	馬	路	時	靜	心	等	候	交	通	號	誌
一	步	一	步	的	完	成	困	難	的	作	業

水滸傳

設計及教學群：萬榮輝、吳曉蓉、陳杼鈴、陳鈺媼、鄭伊妏

壹、理念說明

　　水滸傳故事裡，充滿幻想、趣味，適合進行創意教學與閱讀活動，也富有品格教育的意義。因此，我們透過以水滸傳的故事內容與學生現今生活之間的辯證作為品格教學的內容，期盼學生能從故事中認識品格、從生活中培養與實踐好品格；此外，更希冀藉由本書多元的人性表現與豐富詞彙，培養學生語文的基本能力……包含人物的描寫與詞語應用，讓兒童不但可以領略到古典文學的魅力，也能涵養現代必備的好品格，以及兒童語文創作能力的提升。

貳、課程架構

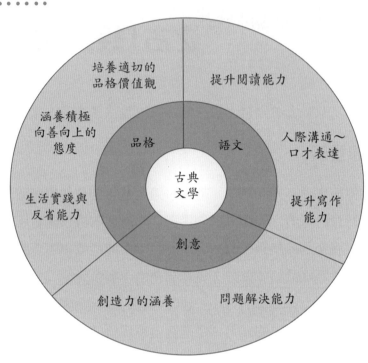

參、教學架構

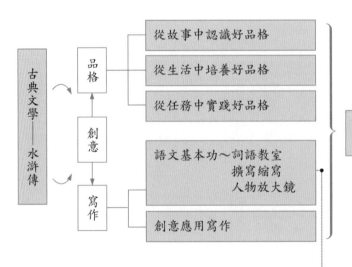

師生學習加油站～擴寫知識百寶箱

一、擴寫是目前作文考試的新題型。

二、擴寫就是把一段文字或一篇短文，擴充為一篇較長的文章。

三、擴寫不只是把文章變長而已，更重要的是要把原來省略的地方，比如是藏起的意思或是隱含的意義加以補充說明。

四、擴寫的原則

　㈠**不能改變原來的體裁（如記敘文不能改成論說文）。**

　例 背著行李是一件苦差事（記敘文）

　1.（×）行李是旅行的好夥伴，是個甜蜜的負擔。……寫成一種讚美行李的體裁了，應該就「為什麼背著行李會成為一件苦差事？」來擴寫才正確。

　2.（○）頂著炎熱的夏日，背著沉重的行李長途跋涉，實在是件苦差事。

　㈡**不要加上自己的感想，基本架構不能改變。**

　例 背著行李是一件苦差事。

　1.（×）行李不要背，就能打遍天下無敵手。…… 改變原來的意思了。

　2.（○）背著沉重的行李長途跋涉，實在是件苦差事。

　㈢**不能偏離主題，中心思想要把握住。**

　例 背著行李長途跋涉，是一件苦差事。（請注意這句話的主題是：長途跋涉）

　1.（×）他背著行李走過許多地方，終於到達目的地，這真是一件苦差事。

　2.（○）他背著沉重的行李，頂著炎炎夏日長途跋涉，實在是件苦差事。

師生學習加油站～縮寫知識百寶箱

一、縮寫的練習可以讓我們說話時會講重點、寫作時文筆更精鍊。

二、縮寫就是把一篇長而複雜的文章，壓縮為一篇「一語道破」與「小而美」的短文。

三、文章縮寫的練習可以提升「抓重點」的能力，更可以增加閱讀的速度。

四、縮寫的原則

(一)**不能改變原來的體裁（如記敘文不能縮成論說文）。**

例 頂著炎熱的夏日，背著沉重的行李長途跋涉，一步步往目的地前進，實在是件苦差事。（記敘文）

1.（×）行李是旅行的好夥伴，沒有它就無法到達目的地。……寫成一種「行李」的重要性的論說體裁了。

2.（○）背著行李，在炎熱的夏日長途跋涉實是一件苦差事。

(二)**基本架構不能改變，還是要有頭有尾。**

例 頂著炎熱的夏日，背著沉重的行李長途跋涉，一步步往目的地前進，實在是件苦差事。

1.（×）他背著行李走在炎熱的夏日裡。……有開頭卻沒有結尾

2.（○）背著沉重的行李，在炎熱的夏日裡長途跋涉，實在是件苦差事。

(三)**不能偏離主題，中心思想要把握住。**

例 頂著炎熱的夏日，背著沉重的行李長途跋涉，一步步往目的地前進，實在是件苦差事。（請注意這句話的主題是：長途跋涉）

1.（×）他背著行李走過許多地方，終於到達目的地，這真是一件苦差事。

2.（○）背著行李長途跋涉，是一件苦差事。

肆、教學期程

週次	章回	篇名	十大品格									
			尊重	責任	信賴	公平正義	誠實	關懷	禮貌	孝順	耐心	合作
第二週	第1回	一百零八個妖魔		p.12				p.9				
	第2回	高太尉							p.20			
	第3回	九紋龍							p.22	p.21		
	第4回	少華山				p.28						
	第5回	魯提轄				p.37	p.45	p.37				
第三週	第6回	五台山			p.49							
	第7回	怒打黑金剛										
	第8回	桃花村				p.58						
	第9回	大相國寺					p.67					
	第10回	豹子頭林沖										
第四週	第11回	白虎節堂				p.75~76; 82						
	第12回	野豬林				p.85~87		p.85~87				
	第13回	小旋風柴進	p.94~95					p.91	p.93			
	第14回	風雪山神廟				p.95~96		p.97				
	第15回	湖畔題詩				p.107~108	p.103					
第五週	第16回	梁山泊										
	第17回	楊志賣刀		p.122	p.122				p.119			
	第18回	北斗七星										p.124~128
	第19回	智取生辰綱										p.136
	第20回	二龍山		p.137								p.140~141
第六週	第21回	及時雨宋江			p.143							
	第22回	石碣村										p.149
	第23回	君子、小人			p.153						p.152	
	第24回	黃金一百兩	p.161									
	第25回	招文袋				p.168					p.166	

週次	章回	篇名	十大品格									
			尊重	責任	信賴	公平正義	誠實	關懷	禮貌	孝順	耐心	合作
第七週	第26回	武松打虎			p.179							
	第27回	淫婦潘金蓮				p.186		p.181				
	第28回	快活林		p.189								
	第29回	飛雲浦			p.198							
	第30回	血濺鴛鴦樓									p.200	
第八週	第31回	黑旋風李逵								p.209	p.215	
	第32回	潯陽樓題詩		p.221								p.224
	第33回	千慮一失				p.228						
	第34回	大鬧刑場				p.239			p.239			p.235
	第35回	惡霸殷天錫						p.241	p.243	p.241		
	第36回	高唐州會戰							p.250	p.252		p.254
第九週	第37回	連環馬、鉤鐮槍	p.269~270			p.260						p.262
	第38回	晁蓋陣亡									p.270	
	第39回	天奎星、地煞星			p.280	p.281						p.281
	第40回	高太尉被俘										p.291
	第41回	下梁山、征遼國		p.300		p.298		p.294				

註：表格內的頁碼請參閱東方出版社出版之《水滸傳》（二版）

1・關懷

1-1 從故事中認識「關懷」

📖 小朋友，請你先預讀本回後，回答下面問題

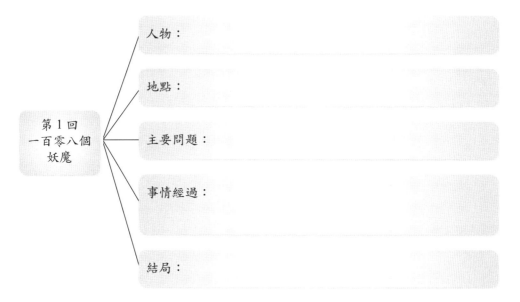

第1回
一百零八個
妖魔

人物：

地點：

主要問題：

事情經過：

結局：

📖 問題討論

第1回　一百零八個妖魔

北宋仁宗在位時，流行著可怕的瘟疫，死亡的人數眾多。皇帝認為百姓受苦是因為自己失德失行，所以就下令特赦罪犯、減輕人民賦稅，還命寺院廟宇舉行法會祈禱。

什麼是關懷？

- 關懷的目的是什麼？
- 如果大家彼此冷漠，這個社會將變成怎樣？
- 在學校有哪些事需要付出你的關懷？
- 在家裡有哪些事需要全家人彼此關懷、體貼？

📖 我知道「關懷」就是……

1・關懷

1-2 從生活中培養「關懷」

📖 小組活動：每組 4-6 人異質性分組，利用電腦課或班級讀報時間

　　小朋友，請從報章或網路上找一篇有關於現代人付出「關懷」的報導文章，並將它黏貼於壁報紙上，再依據老師所提供的問題做討論後，將各組的答案記錄下來。

項次	問題與討論	結論
1	文章裡是什麼樣的事件或情況？	
2	這樣做，對大家有什麼好處（或壞處）？	
3	如果上面的主角冷漠（或溫暖、熱心）的話，結果又會如何演變？	
4	我們覺得要付出關懷，在班上要做到： 我們覺得要付出關懷，在家裡要做到：	

📖 作品發表與行為檢核

1. 依照分組，輪流上台發表各組所討論之壁報紙內容。
2. 師生針對上面小組活動表格內的第四項內容，歸納整理學生可以於日常生活實踐的檢核表，並將之貼於聯絡簿中，以為本週學生之「關懷」品格功課之一，其格式如下：

日期	在班上，我有做到……	在家裡，我有做到……
月　日星期一	□主動協助弱勢的同學 □	□父母感冒時，關心他們的狀況 □
月　日星期二		
月　日星期三		
月　日星期四		
月　日星期五		
月　日星期六		
月　日星期日		

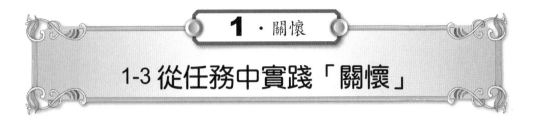

1 · 關懷

1-3 從任務中實踐「關懷」

大聲公～經驗反省活動

讓每位學生輪流到講台，大聲說出下面問題的想法：

1. 在「關懷」這一項的品格表現，我們班有哪些人或行為表現不錯？
2. 我覺得自己在「關懷」這一項的品格表現，哪些是表現不錯的？

「關懷」之星

師生在上面活動後，共同討論本週在「關懷」方面表現最優的學生，製作及頒發獎狀給予鼓勵，並將其獎狀張貼於教室的榮譽欄內。

關懷之星

當選人

○年○班　○○○　小朋友，近日表現優異，無論是在家或在學校，皆能表現出關懷之美德，其優良行為獲得全班的讚賞及肯定，特此頒發獎狀，以茲鼓勵！

○○國小
○年○班導師○○○

1·關懷
1-4 語文基本功

📖 詞語教室

請將詞語連接到適當的詞語解釋。

猖獗 ●   ● 因畏懼威勢而屈服。

煽惑 ●   ● 煽動鼓惑。

懾服 ●   ● 比喻狂妄放肆。

凌空 ●   ● 祈求解除災禍、疾病的祭祀。

禳 ●   ● 騰越到天空中。

📖 尋找詞語的家

請將適合的詞語填入下列空格中。

| 震耳欲聲 | 三番五次 | 目瞪口呆 | 空無一物 | 駭人聽聞 |

1. 媽祖遶境活動時，鞭炮聲此起彼落，（　　　　　　　）。

2. 南海大海嘯的悲慘狀況，（　　　　　　　），聞者莫不掩面痛哭。

3. 這個墓塚早年被盜，裡面（　　　　　　　），留給後人無限感傷。

4. 聽了這個消息，頓時五雷轟頂，（　　　　　　　）。

5. 為了達到目的，他（　　　　　　　）登門拜訪，纏得人心煩，只好應了他的請求。

「關懷」名言

請任選一句名言來寫一段話。

- 選用的名言：＿＿＿＿＿＿＿＿＿＿＿＿＿＿＿
- ＿＿＿＿＿＿＿＿＿＿＿＿＿＿＿＿＿＿＿＿＿

＿＿＿＿＿＿＿＿＿＿＿＿＿＿＿＿＿＿＿＿＿

＿＿＿＿＿＿＿＿＿＿＿＿＿＿＿＿＿＿＿＿＿

➜悲天憫人　　　　➜人飢己飢，人溺己溺

1 · 關懷

1-5 引導式擴寫練習

> ……地球暖化……

1. 想一想，這時候周圍的景色是如何？

_____

_____

2. 想一想，這時候會不會發生什麼事？

_____

_____

_____

3. 想一想，這時會不會碰上一些人？發生一些互動（如緊張、溫馨、感人……）？

_____

_____

_____

4. 想一想，這時會有哪些心理活動？害怕？孤獨？還是勇往直前、毫不畏懼？

_____

_____

_____

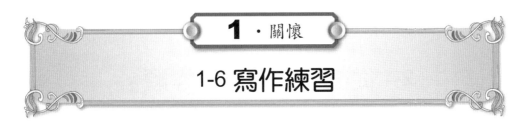

1・關懷

1-6 寫作練習

📖 **創意寫作修改與增強階段**

　　小朋友，請你重新閱讀上頁的擴寫練習，並修改成通順的短文，然後謄寫在下面的格子中。你會發現，原來你也是位文情並茂的小作家，加油！

題目：

★學生作品檔請見光碟:\高年級-水滸傳\4011.jpeg

2・孝順

2-1 從故事中認識「孝順」

📖 小朋友，請你先預讀本回後，回答下面問題

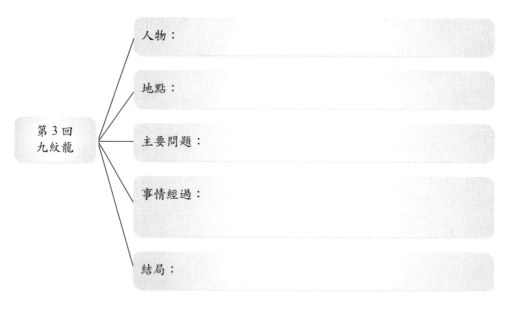

第 3 回
九紋龍

人物：

地點：

主要問題：

事情經過：

結局：

📖 問題討論

第 3 回　九紋龍

　　高俅蒙受徽宗皇帝的提拔，升任為殿帥府的太尉，他為了誇耀自己的威風，便在到府上任之日，召集所有的文武百官點名。此時，有一個開封府八十萬禁軍的武士教師王進，因為早已於半個月前請假在家休養，所以沒有來參拜，因而得罪了高俅。

　　為躲避高俅的威脅，王進決定帶著年老的母親投奔到延安府去。

什麼是孝順？

● 王進是要對誰盡孝道？

● 為什麼他必須這麼做？

● 王進這樣做會產生什麼結果？

● 如果是你，你會怎麼做？為什麼？

● 現代生活中，還有哪些人也是我們應該要孝順的對象？

我知道「孝順」就是……

2 · 孝順

2-2 從生活中培養「孝順」

📖 **小組活動：每組 4-6 人異質性分組，利用電腦課或班級讀報時間**

　　小朋友，請從報章或網路上找一篇有關於現代人「孝順」的報導文章，並將它黏貼於壁報紙上，再依據老師所提供的問題做討論後，將各組的答案記錄下來。

項次	問題與討論	結論
1	文章裡是什麼樣的事件或情況？	
2	這樣做，對大家有什麼好處（或壞處）？	
3	如果上面的主角不孝順（或孝順）的話，結果又會如何演變？	
4	我們覺得孝順要做到：	

📖 **作品發表與行為檢核**

1. 依照分組輪流上台，發表各組所討論之壁報紙內容。

2. 師生針對上面小組活動表格內的第四項內容，歸納整理學生可以於日常生活實踐的檢核表，並將之貼於聯絡簿中，以為本週學生之「孝順」品格功課之一，其格式如下：

日期	對於孝順，我有做到……
月　日星期一	☐ 幫父母捶背 ☐ 幫忙做家事
月　日星期二	
月　日星期三	
月　日星期四	
月　日星期五	
月　日星期六	
月　日星期日	

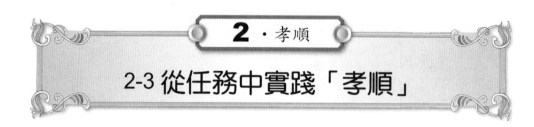

2·孝順

2-3 從任務中實踐「孝順」

📖 大聲公～經驗反省活動

讓每位學生輪流到講台，大聲說出下面問題的想法：

> 我覺得自己在「孝順」方面，表現最好的是……

📖 「孝順」之星

師生在上面活動後，共同討論本週在「孝順」方面表現最優的學生，製作及頒發獎狀給予鼓勵，並將其獎狀張貼於教室的榮譽欄內。

孝順之星

當選人

○年○班 ○○○ 小朋友，
平時不但按時完成功課，還會
為父母親分憂解勞，這種「勤
奮向學、體恤父母」的態度，
足以作為同學的孝行典範。

○○國小
○年○班導師○○○

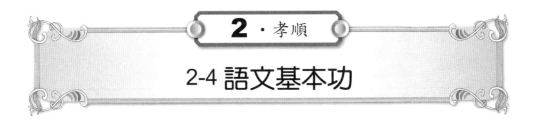

2·孝順

2-4 語文基本功

📖 語詞教室～牛刀小試

請在下面灰色空格裡填上正確的字，讓上下左右的句子意思完整。

			有					
官			眼		手			
			不					
任			識		老	馬		
三	羊	開						
把			山	窮	水			手
火					火			
							人	情
					容			深

📖 請完成下面語詞填空，並把對的意思連起來

血（　　）剛 ●	● 形容年輕人精力旺盛，易於衝動。
井底（　　） ●	● 假借公事為名，圖報一己的私仇。
公報（　　）仇 ●	● 比喻多種武藝或技能。
十八般（　　） ●	● 比喻見識淺薄的人。

📖 「孝順」名言

請任選一句名言來寫一段話。

● 選用的名言：＿＿＿＿＿＿＿＿＿＿＿＿＿＿＿＿＿＿＿＿＿

● ＿＿＿＿＿＿＿＿＿＿＿＿＿＿＿＿＿＿＿＿＿＿＿＿＿＿＿

＿＿＿＿＿＿＿＿＿＿＿＿＿＿＿＿＿＿＿＿＿＿＿＿＿＿＿

＿＿＿＿＿＿＿＿＿＿＿＿＿＿＿＿＿＿＿＿＿＿＿＿＿＿＿

➡百善孝為先

➡樹欲靜而風不止，子欲養而親不待

2・孝順
2-5 引導式擴寫練習

📖 創意寫作探索階段

　　小朋友，請你配合下面的圖和問題的引導，以 ⃞刪除⃞、⃞畫箭頭插入⃞ 的方式，在下面句子中適合的地方將句子擴寫成一篇語意通順的小短文，主題必須與「孝順」有關，不夠書寫時，可用便利貼紙浮貼在紙上，繼續完成。

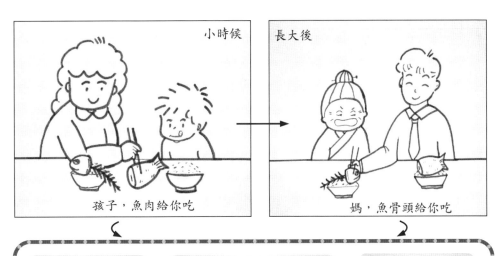

請再加入「事」的擴寫～想一想，這時候會不會發生了什麼事？

請再加入「人」的擴寫～可不可替他們加入一些人物，讓內容更有可看性（如緊張、溫馨、感人……）

請再加入「事」的擴寫～想一想，這時候會不會發生了什麼事？

　　……媽媽擔心自己的小孩吃不飽、營養不夠，留下魚骨頭自己吃，而把魚肉夾給孩子吃，……

2 · 孝順

2-6 寫作練習

📖 創意寫作修改與增強階段

　　小朋友，請你將上頁的草稿重新閱讀，並修改成通順的短文，然後謄寫在下面的格子中。你將發現，原來你也是位小作家，加油！

題目：

_____

_____

_____

_____

_____

_____

_____

_____

_____

_____

_____

_____

3 · 公平正義

3-1 從故事中認識「公平正義」

 小朋友，請你先預讀本回後，回答下面問題

人物、地點

結 局

主 要 問 題

事 情 經 過

 問題討論

第8回　桃花村

「老漢有個獨生女，今年十九歲。在這桃花山附近住著一群強盜，到處胡作非為，連官兵也束手無策。這群強盜中的一個頭目竟看上我的女兒，強行要入贅，而且今晚就要來了，這件事讓老漢心裡非常煩惱。」魯智深說：「這件事情就交給我來辦吧！」「多謝您的好意，不過可得小心，如果弄巧成拙了，可會要我的老命。」「不用擔心，這一切事情都交給我處理吧！」

1. 你覺得上述短文，符合哪一項品格呢？（請將框框裡最適合的答案畫上斜線或上色）

   誠實　公平正義　耐心
   禮貌　合作

2.【　　　　　】就是用無形的量尺來衡量事務的合理性。

3 · 公平正義

3-2 從生活中培養「公平正義」

📖 小組活動

1. 自從這學期丁丁當上風紀股長後，對同學說話便頤指氣使，每次都用命令式的口氣講話，有時稍微不順他的意，他就會恐嚇同學說：「小心一點！不然我就把你登記下來。」小朋友，你覺得丁丁這種行為好嗎？為什麼？（全班討論）

2. 請你用自己的話來解釋「公平」或「正義」。（兩者挑選一項寫即可）
   例：「公平」就是媽媽買給哥哥的東西，我也要有一份。
   　　「正義」就是當大頭受委屈時，不敢告訴老師，我幫他跟老師講。
   　　「　　　」就是＿＿＿＿＿＿＿＿＿＿＿＿＿＿＿＿＿＿＿。

3. 想想看：「平等＝公平嗎？」
   小喵在班上的成績總是前三名，不過都是從後面倒數過來的，她的個性很好，也很努力學習，唯一的遺憾就是在課業上似乎有學習障礙。老師在班上對她的要求都會比較寬鬆，太難的數學不用寫，考試還可以open books（打開書本）。小朋友，你們覺得老師這麼做公平嗎？不是應該所有人都寫一樣的功課，完成同樣的工作嗎？

4. 生活中的公平正義：
   日常生活中有哪些事情跟公平正義有關？如果將眼界拓展到世界，國際間有哪些事物是與公平正義有關的？

5. 公平過頭了會變成……，正義過頭了會變成……，說說看你的想法吧！

📖 行為檢核

　　認識了「公平正義」這個品格後，請檢視自己本週是否做到「公平正義」呢？如果有，請在以下表格中的□打 ✔，並將檢核表貼在聯絡簿上。

- - - - - - - - - ✂ - ✂ - - - - - - - -

自己檢核	父母檢核	老師檢核
□看到同學被欺負時，我會挺身而出報告老師。（本週沒看到同學被欺負♡）	□在家裡，兄弟姐妹間爭吵時，我能挺身處理或告訴父母。（本週兄弟姐妹間沒有吵架♡）	□看到同學被欺負時，我會挺身而出報告老師。（本週沒看到同學被欺負♡）
□看完國語日報後我有把它依照日期整齊的擺放好。	□在家裡吃完東西後，我會幫忙收拾與整理。	□看完國語日報後我有把它依照日期整齊的擺放好。
□同學在課業上有不懂之處請教我，我很樂意幫助他。（本週沒有我幫得上忙的事♡）	□兄弟姐妹在課業上有不懂的請教我，我能竭盡所能的告訴他們。（他們的課業沒有不懂之處♡）	□同學在課業上有不懂之處請教我，我很樂意幫助他。（本週沒有我幫得上忙的事♡）
□比賽時我能服從裁判。（本週我沒有參加比賽♡）	□在家我能聽從父母的建議。	□比賽時我能服從裁判。（本週我沒有參加比賽♡）

3 · 公平正義

3-3 從任務中實踐「公平正義」

📖 大聲公～經驗反省活動

讓每位學生輪流到講台，大聲說出下面問題的想法：

1. 我們班在「公平正義」方面，哪些是表現不錯的？
2. 我覺得自己在「公平正義」方面，哪些是表現不錯的？

📖 「公平正義」之星

師生在上面活動後，共同討論並選出本週在「公平正義」方面表現最優的學生，製作及頒發獎狀給予鼓勵，並將其獎狀張貼於教室的榮譽欄內。

公平正義之星

當選人

○年○班　○○○　小朋友，
近日表現優異，無論是在家或
在學校，皆能表現出公平正義
之美德，其優良行為獲得全班
的讚賞及肯定，特此頒發獎
狀，以茲鼓勵！

○○國小
○年○班導師○○○

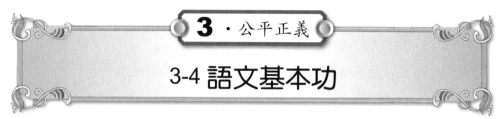

3·公平正義

3-4 語文基本功

　　〈魯智深大鬧桃花村〉是《水滸傳》的名篇之一，讀完本篇後，來進行小測驗，看你是否了解文章的涵義。

📖 解釋對對碰

請將下面格子中適合的語詞填入解釋後方的（　　　）中。

捋虎鬚	幔帳	長老	韁繩	戒刀	弄巧成拙
入贅	款待	莊院	行裝	禪杖	客棧
落草	喧譁	敘談	初更	自有道理	

1. 出門時所攜帶的行李。（　　　　　　　　）

2. 寺院的住持和尚。（　　　　　　　　）

3. 僧侶用具。截竹成杖，以綿裹其一端。（　　　　　　　　）
　　（禪坐有昏睡者，則用杖輕觸其身，使其警惕。）

4. 舊時僧人所佩的刀。（　　　　　　　）

5. 舊時供人暫時休息、住宿的旅店。（　　　　　　　）

6. 有廣闊庭院的住宅。（　　　　　　）

7. 殷勤接待。（　　　　　　）

8. 大聲說話、叫喊、笑鬧。（　　　　　　　）

9. 帳幕。（　　　　　　）

10. 拔老虎的鬍子。比喻做冒險的事。（　　　　　　　）

11. 稱晚上八時至十時。（　　　　　　）

12. 男子結婚後，住進女家，成為女家的成員，子女亦從母姓。
（　　　　　　）

13. 本想取巧，卻反而敗事。有枉費心機的意思。（　　　　　　　）

14. 心中已有安排或辦法。（　　　　　　）

15. 拴住牲口的繩子，可以控制牲口的進退。（　　　　　　）

16. 交談。（　　　　　　）

17. 淪落草野為盜匪。（　　　　　　）

「公平正義」名言

請任選一句名言或成語來寫一段話。

- 選用的名言（成語）：_____
- _____
  _____
  _____

➜一視同仁　　➜公道自在人心　　➜見義勇為

3-5 引導式擴寫練習

創意寫作探索階段

小朋友,請你依照鑰匙提示給你的引導,寫出合適的句子。

在旅途中,經過一個地方叫桃花村,那兒山明水秀,風景絕佳。

範例

 看到什麼?

例:樹上盛開著嬌豔欲滴的花朵,有些淘氣的花兒,禁不起風的誘惑,紛紛落地嬉戲。

換你試試看:

_____

_____

 聽到什麼?

例:數隻知更鳥在樹上發出悅耳的鳥鳴聲,好像在演奏一篇動人的樂章。

換你試試看:

_____

_____

🔑 聞到什麼？

例：混著泥土的青草味夾雜在空氣中，聞起來令人覺得神清氣爽。

換你試試看：

_____

_____

🔑 感覺到什麼？

例：涼爽的微風拂過臉龐，讓人能忘卻心頭的煩憂。

換你試試看：

_____

_____

🔑 可以使用哪些語詞來形容風景？

例：依山傍水、綠水青山、世外桃源、湖光山色、人間仙境……等。

換你試試看：

_____

_____

3・公平正義

3-6 擴寫加強練習

📖 創意寫作修改與增強階段

　　小朋友，請你將上一頁的句子合併成一篇語意通順的小短文，然後寫在下面的格子中。你將發現，原來你也是位小作家，加油！

題目：

_____

_____

_____

_____

_____

_____

_____

_____

_____

_____

_____

_____

4 · 誠實

4-1 從故事中認識「誠實」

小朋友，請你先預讀本回後，回答下面問題

第 15 回
湖畔題詩

- 人物：

- 地點：

- 主要問題：

- 事情經過：

- 結局：

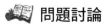 **問題討論**

第 15 回　湖畔題詩

林沖在草料場殺死三個官人，而且草料場也全被燒光，於是林沖決定出面自首。

但是小旋風柴進卻勸阻林沖，並幫助林沖逃出官府追捕。

什麼是誠實？

- 林沖殺死人，決意去官府自首，你認為他的決定是對或錯？為什麼？

- 柴進阻止林沖自首，甚至幫助林沖脫逃，你認為柴進的行為對或錯？為什麼？

- 上網查查看，從現代人法律的觀點來看，林沖誠實面對自己所犯的錯誤，前去自首，與負罪潛逃，在法律上有不同的懲處嗎？

- 想一想，什麼是「誠實」？哪些行為是「誠實」的表現？

- 找一找，有哪些成語能描述「誠實」的行為？並用你找到的成語造一個句子。

我知道「誠實」就是……

★學生作品檔請見光碟:\高年級-水滸傳\4041.jpeg

4・誠實

4-2 從生活中培養「誠實」

📖 **小組活動：每組 4-6 人異質性分組，利用電腦課或班級讀報時間**

　　小朋友，請從報章或網路上找一篇有關現代人「誠實」的報導文章，並將它黏貼於壁報紙上，再依據老師所提供的問題做討論後，將各組的答案記錄下來。

項次	問題與討論	結論
1	文章裡是什麼樣的事件或情況？	
2	這樣做，對大家有什麼好處（或壞處）？	
3	如果上面的主角不誠實（或誠實）的話，結果又會如何演變？	
4	我們覺得誠實要做到：	

作品發表與行為檢核

1. 依照分組，輪流上台發表各組所討論之壁報紙內容。

2. 師生針對上面小組活動表格內的第四項內容，歸納整理學生可以於日常
   生活實踐的檢核表，並將之貼於聯絡簿中，以為本週學生之「誠實」品
   格功課之一，其格式如下：

日期	在班上，我有做到……	在家裡，我有做到……
月 　日星期一	□老師改錯分數時，主動告知。 □	□在學校犯錯時，回家會誠實以告。 □
月 　日星期二		
月 　日星期三		
月 　日星期四		
月 　日星期五		
月 　日星期六		
月 　日星期日		

4·誠實

4-3 從任務中實踐「誠實」

大聲公～經驗反省活動

讓每位學生輪流到講台，大聲說出下面問題的想法：

1. 在「誠實」這一項的品格表現，我們班有哪些人或行為表現不錯？
2. 我覺得自己在「誠實」這一項的品格表現，哪些是表現不錯的？

「誠實」之星

師生在上面活動後，共同討論本週在「誠實」方面表現最優的學生，製作及頒發獎狀給予鼓勵，並將其獎狀張貼於教室的榮譽欄內。

誠實之星

當選人

○年○班 ○○○ 小朋友，近日表現優異，無論是在家或在學校，皆能表現出誠實之美德，其優良行為獲得全班的讚賞及肯定，特此頒發獎狀，以茲鼓勵！

○○國小
○年○班導師○○○

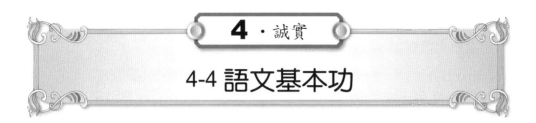

4 · 誠實
4-4 語文基本功

📖 語詞教室

選出適當的語詞填入（　　　）中。

緝捕	庇護	蒙受	形勢	險峻	關照
嚴密	關卡	安然	撢掉	徬徨	悲戚
徘徊	賜教	掩飾	計謀	耳目	謹慎

1. 面臨是否繼續升學的問題，他左右為難，十分（　　　　　　）。
2. 范文程一旁見洪承疇（　　　　　　）衣袖上的灰塵，心裡便知洪大人尋死念頭早已經沒有了。
3. 對於做奸犯科的壞人，警方撒下天羅地網，準備（　　　　　　）他們，讓他們接受法律的制裁。
4. 敵我兩軍對陣，目前（　　　　　　）不利我方，所以更要冷靜應對，不可躁進。
5. 人生在世，難免會遇到（　　　　　　），只要不畏困難，力爭上游，終究會雨過天青。
6. 看她一人獨自在夕陽下（　　　　　　），是不是有什麼心事？
7. 錦衣衛是明朝皇帝的（　　　　　　），目的是為了偵測百姓和官員。
8. 為了使病重的母親寬心，他不敢露出（　　　　　　）的神色。

9. 民主政治裡，執政當局如果不能（　　　　　）其子民，老百姓可以用選票來唾棄它。

10. 玉山山勢（　　　　　），要攀上頂峰，需要費一番功夫。

11. 對於應敵的策略，想必你已成竹在胸，何妨（　　　　　）一二呢？

12. 這裡是軍事要地，需要（　　　　　）戒備，以防敵人滲入。

13. （　　　　　）別人恩惠，自然要湧泉相報。

14. 異鄉求學，幸而有李伯伯處處（　　　　　），才不至於感到孤單寂寞。

15. 劉備臨終時，因知道諸葛亮行事（　　　　　），所以將後主劉禪託付給他。

16. 為了出奇不意，攻敵不備，事先需要有完善的（　　　　　）。

17. 他騎車摔了一跤，幸好頭上戴了安全帽，才能（　　　　　）無事。

18. 當他知道這次選舉的結果不盡如人意時，毫不（　　　　　）內心的失望，當場就掉下眼淚。

「誠實」成語

請任選一句成語來寫一段話。

- 選用的成語：＿＿＿＿＿＿＿＿＿＿＿
- ＿＿＿＿＿＿＿＿＿＿＿＿＿＿＿＿
＿＿＿＿＿＿＿＿＿＿＿＿＿＿＿＿
＿＿＿＿＿＿＿＿＿＿＿＿＿＿＿＿

➥童叟無欺　　　➥抱誠守真

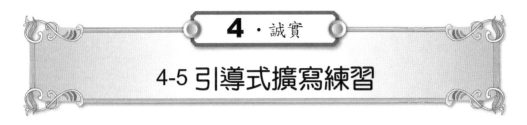

創意寫作

> ……他徬徨在這大雪天氣裡，心裡充滿了孤寂和悲戚……

1. 想一想，在大雪的天氣裡，周圍的景色應該是如何？

---

2. 想一想，為什麼他會徬徨？可能發生了什麼事？

---

3. 想一想，這時候，他有可能碰上什麼人？或是發生了怎樣的故事情節？結局如何？

---

4. 想一想，為了反應孤寂和悲戚的心情，臉上會有什麼表情？或者肢體上會有哪些動作呢？

4 · 誠實

4-6 寫作練習

創意寫作修改與增強階段

小朋友，請你將上面的擴寫練習重新閱讀，並修改成通順的短文，然後謄寫在下面的格子中，加油！

> 題目：
>
> _____
>
> _____
>
> _____
>
> _____
>
> _____
>
> _____
>
> _____
>
> _____
>
> _____
>
> _____
>
> _____

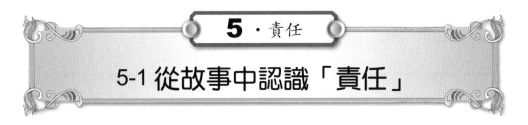

5 · 責任

5-1 從故事中認識「責任」

📖 小朋友，請你先預讀本回後，回答下面問題

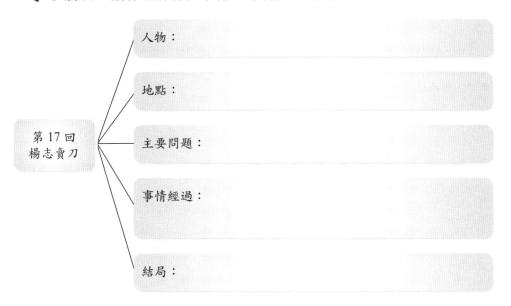

第 17 回
楊志賣刀

人物：

地點：

主要問題：

事情經過：

結局：

📖 問題討論

第 17 回　楊志賣刀

楊志因為盤纏用盡，苦無謀生之路，只好變賣祖傳刀口，卻沒想到遇到無賴牛二，更因無心之過而殺了牛二。自己誠實的自首，讓大家同情，也終得梁中書的信任，擔任生辰綱的護衛。

什麼是責任？

● 責任的目的是什麼？

● 在學校，你該盡到的責任有哪些？

● 在家庭中，每個人的責任有哪些？

● 在社會中，大家該盡到的責任有哪些？

● 如果大家不負責任，情況會變得如何？

📖 我知道「責任」就是……

★學生作品檔請見光碟:\高年級-水滸傳\4051.jpeg

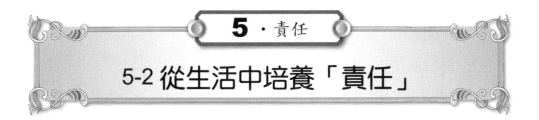

5-2 從生活中培養「責任」

📖 **小組活動：每組 4-6 人異質性分組，利用電腦課或班級讀報時間**

　　小朋友，請從報章或網路上找一篇有關於現代人「責任」的報導文章，並將它黏貼於壁報紙上，再依據老師所提供的問題做討論後，將各組的答案記錄下來。

項次	問題與討論	結論
1	文章裡是什麼樣的事件或情況？	
2	這樣做，對大家有什麼好處（或壞處）？	
3	如果上面的主角不負責任（或負責任）的話，結果又會如何演變？	
4	我們覺得負責任，在班上要做到： 我們覺得負責任，在家裡要做到：	

作品發表與行為檢核

1. 依照分組，輪流上台發表各組所討論之壁報紙內容。

2. 師生針對上面小組活動表格內的第四項內容，歸納整理學生可以於日常生活實踐的檢核表，並將之貼於聯絡簿中，以為本週學生之「責任」品格功課之一，其格式如下：

日期	在班上，我有做到……	在家裡，我有做到……
月　　日星期一	□我會遵守班級公約。 □作業能準時繳交。 □我會認真打掃工作。 □上課時我會專心聽講。 □上課時能準時進教室。	□我會主動把作業寫完。 □我會自動自發的看書。 □我會自己洗餐盤。 □我會專心傾聽爸媽說的話。 □我會幫忙做家事。
月　　日星期二		
月　　日星期三		
月　　日星期四		
月　　日星期五		
月　　日星期六		
月　　日星期日		

5・責任

5-3 從任務中實踐「責任」

一日組長大挑戰～經驗反省活動

讓每位學生輪流擔任一日組長，並分配一日組長該完成的工作。最後，再請學生一同分享下面的問題：

1. 當一日組長時，發現我們班在「責任」方面，有哪些行為表現不錯？
2. 我覺得自己在擔任「一日組長」方面，哪些是表現不錯的？有盡到什麼責任？

「責任」之星

師生在上面活動後，共同討論本週在「責任」方面表現最優的學生，製作及頒發獎狀給予鼓勵，並將其獎狀張貼於教室的榮譽欄內。

責任之星

當選人

○年○班 ○○○ 小朋友，平時不僅認真完成作業，班上的事務、打掃環境工作亦能盡心負責，其優異行為成為全班的學習的楷模。

○○國小
○年○班導師○○○

5 · 責任

5-4 語文基本功

　　本項品格所閱讀的文章與 6.禮貌相同，「語文基本功」內容請參考 267 頁。

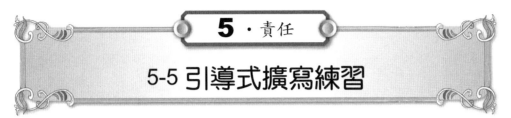

5・責任

5-5 引導式擴寫練習

　　本項品格所閱讀的文章與 6.禮貌相同，「引導式擴寫練習」內容請參考 268-269 頁。

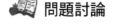 問題討論

第 17 回　楊志賣刀

　　楊志變賣祖傳刀口，遇到無賴牛二。牛二想刁難楊志，竟要求他那刀殺人來試刀，楊志不肯。牛二未經楊志同意便搶奪他的刀，讓楊志覺得沒禮貌。

　　二人爭執之下，楊志因無心之過而殺了牛二……。

什麼是禮貌？

- 禮貌的目的是什麼？
- 在學校，學生該有的禮貌行為有哪些？
- 在公共場合中，大家該有的禮貌行為有哪些？
- 如果大家失去該有的禮貌，社會會變得如何？
- 我們要如何維持這些「禮貌行為」？

📖 我知道「禮貌」就是……

6 · 禮貌

6-2 從生活中培養「禮貌」

📖 **小組活動：每組 4-6 人異質性分組，利用電腦課或班級讀報時間**

　　小朋友，請從報章或網路上找一篇有關於現代人「禮貌」的報導文章，並將它黏貼於壁報紙上，再依據老師所提供的問題做討論後，將各組的答案記錄下來。

項次	問題與討論	結論
1	文章裡是什麼樣的事件或情況？	
2	這樣做，對大家有什麼好處（或壞處）？	
3	如果上面的主角不禮貌（或禮貌）的話，結果又會如何演變？	
4	我們覺得禮貌，在班上要做到： 我們覺得禮貌，在家裡要做到：	

📖 **作品發表與行為檢核**

1. 依照分組，輪流上台發表各組所討論之壁報紙內容。

2. 師生針對上面小組活動表格內的第四項內容，歸納整理學生可以於日常生活實踐的檢核表，並將之貼於聯絡簿中，以為本週學生之「禮貌」品格功課之一，其格式如下：

日期	在班上，我有做到……	在家裡，我有做到……
月　日星期一	□看到師長會打招呼問候。 □依照學校規定時間，穿著制服及體育服。 □上課會舉手發言。 □當別人在發表時，能專心傾聽。 □會遵守規則排隊。	□家人在忙碌時，不去吵鬧、打擾。 □不會在家裡大聲喧譁、吵鬧。 □客人來訪時，會主動打招呼。 □做任何事時，懂得說「請、謝謝、對不起」。
月　日星期二		
月　日星期三		
月　日星期四		
月　日星期五		
月　日星期六		
月　日星期日		

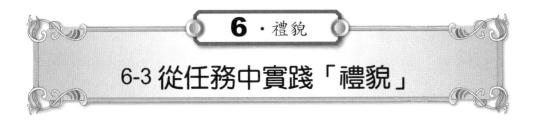

6・禮貌

6-3 從任務中實踐「禮貌」

📖 角色演出～經驗反省活動

　　將班上分成四組，給予學生與「禮貌」相關的情境問題，再讓各組上台演出，透過表演告訴大家感想。最後，再讓大家一同針對「禮貌」方面做探討。

📖 情境問題

1. 大家在購買電影票。此時，有一位先生突然插隊，後面的人看到⋯⋯

2. 當大家在搭乘捷運時，遇到了一個在車上大聲喧譁、吃食物的人⋯⋯

3. 有一位小姐帶著自家的小狗到附近的公園散步，結果小狗大便了⋯⋯

4. 大家正在餐廳用餐之時，有一位先生正拿起菸要點燃⋯⋯

📖 「禮貌」之星

　　師生在上面活動後，共同討論本週在「禮貌」方面表現最優的學生，製作及頒發獎狀給予鼓勵，並將其獎狀張貼於教室的榮譽欄內。

禮貌之星

當選人

○年○班　　○○○　小朋友，平時不僅對師長同學謙虛有禮，也能遵守活動的任何規則。其優異行為成為全班的學習楷模。

○○國小
○年○班導師○○○

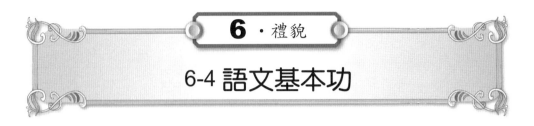

6・禮貌

6-4 語文基本功

詞語教室

請將詞語連接到適當的詞語解釋。

生辰綱 ●   ● 估量事情的輕重和多寡。

酌量 ●   ● 形容酒醉不省人事的樣子。

酩酊大醉 ●   ● 護送生日禮物而組成的隊伍。

畏罪潛逃 ●   ● 走路不穩的樣子。

踉蹌 ●   ● 金錢。

分文 ●   ● 因畏懼罪行而祕密逃走。

尋找詞語的家

請將與語詞「相近」的詞圈起來。

1. 貪得無厭

分文不取	得寸進尺
適可而止	得隴望蜀

2. 繁華

熱鬧	蕭條
喜愛	荒涼

3. 憎恨

憤恨	熱愛
友好	惱恨

成語小百科

貪得無厭

解釋：貪求而不滿足。
例句：他已經有高額的薪水，
　　　還嫌太少，真是貪得無厭！

造句 _____

★學生作品檔請見光碟:\高年級-水滸傳\4061.jpg、4062.jpg

6 · 禮貌

6-5 引導式擴寫練習

📖 創意寫作探索階段

　　小朋友，請你配合下面三個問題的引導，以插入的方式在下面句子中適合的地方，將句子擴寫成一篇語意通順的小短文。不夠書寫時，可用便利貼浮貼在紙上，繼續完成。

我訂的題目是：＿＿＿＿＿＿＿＿＿＿

請再加入「景」的擴寫～想一想，這時候周圍的景色是如何？

請再加入「人」的擴寫～可不可替他們加入一些人物，讓內容更有可看性（如緊張、溫馨、感人……）

請再加入「事」的擴寫～想一想，這時候會不會發生了什麼事？

　　……百思之下，不得不將一口祖傳的寶刀拿出賣掉，好做旅費，到別處另謀出路。……

創意寫作修改與增強階段

　　小朋友，請你將上面的草稿重新閱讀，並修改成通順的短文，然後謄寫在下面的格子中。你將發現，原來你也是位小作家，加油！

題目：

_____

_____

_____

_____

_____

_____

_____

_____

_____

_____

_____

_____

_____

_____

_____

_____

_____

★學生作品檔請見光碟:\高年級-水滸傳\4063.jpg、4064.jpg

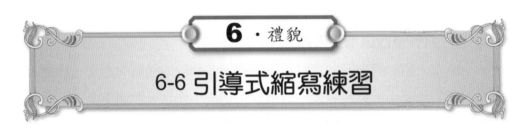

6‧禮貌

6-6 引導式縮寫練習

創意寫作探索階段

　　小朋友，請你以 刪除 、 畫箭頭插入 的方式，將下面的短文縮寫成約一百個字左右，而且意思不變的小短文。

> 　　楊志返回客店，心裡悶悶不樂，而且因為把所有的錢都給那貪得無饜、心狠手辣的高太尉買了禮物，本以為能夠藉此恢復原有的職位，卻沒想到高太尉嫌棄禮物份量不夠，不想為他辦事。所以楊志身上分文也沒有了。百思之下，不得不將一口祖傳的寶刀拿出賣掉，好做旅費，到別處去另謀出路。

創意寫作修改與增強階段

　　小朋友，請你將上面的草稿重新閱讀，並修改成通順的短文，然後重新書寫在下面的格子中。你將發現，原來你也是位小作家，加油！

★學生作品檔請見光碟:\高年級-水滸傳\4065.jpg

7 · 合作

7-1 從故事中認識「合作」

📖 **小朋友，請你先預讀本回後，回答下面問題**

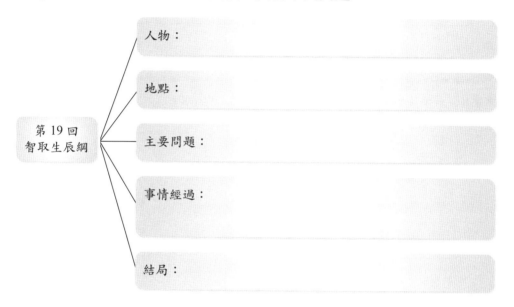

第 19 回
智取生辰綱

人物：

地點：

主要問題：

事情經過：

結局：

📖 **問題討論**

第 19 回　智取生辰綱

晁蓋、吳用、劉唐……等七人，在黃泥岡處利用天衣無縫的合作過程，將楊志要送到京城的壽禮——萬貫錢的金銀珠寶運走，並將它用來救濟天下受苦難的善良百姓。

什麼是合作？

● 合作的目的是什麼？

● 如果合作是要來欺負別人呢？

● 在學校有哪些事，是需要老師和同學一起合作的？

● 在家裡有哪些事，是需要全家人一起合作的？

我知道「合作」就是……

★學生作品檔請見光碟:\高年級-水滸傳\4071.jpg、4072.jpg

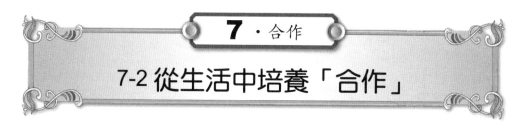

7-2 從生活中培養「合作」

📖 **小組活動：每組 4-6 人異質性分組，利用電腦課或班級讀報時間**

　　小朋友，請從報章或網路上找一篇有關於現代人「合作」的報導文章，並將它黏貼於壁報紙上，再依據老師所提供的問題做討論後，將各組的答案記錄下來。

項次	問題與討論	結論
1	文章裡是什麼樣的事件或情況？	
2	這樣做，對大家有什麼好處（或壞處）？	
3	如果上面的主角不合作（或合作）的話，結果又會如何演變？	
4	我們覺得合作，在班上要做到： 我們覺得合作，在家裡要做到：	

※你們更可以發揮合作的精神，為這張壁報紙裝飾美麗的畫面。

📖 **作品發表與行為檢核**

1. 依照分組，輪流上台發表各組所討論之壁報紙內容。

2. 師生針對上面小組活動表格內的第四項內容，歸納整理學生可以於日常生活實踐的檢核表，並將之貼於聯絡簿中，以為本週學生之「合作」品格功課之一，其格式如下：

日期	在班上，我有做到……	在家裡，我有做到……
月　日 星期一	☐和同學一起完成掃地工作 ☐	☐和父母一起做家事 ☐
月　日 星期二		
月　日 星期三		
月　日 星期四		
月　日 星期五		
月　日 星期六		
月　日 星期日		

7 · 合作

7-3 從任務中實踐「合作」

📖 大聲公～經驗反省活動

讓每位學生輪流到講台，大聲說出下面問題的想法：

㈠我們班在「合作」方面，哪些表現不錯？

㈡我覺得自己在「合作」方面，哪些表現不錯？

📖 「合作」之星

師生在上面活動後，共同討論本週在「合作」方面表現最優的學生，製作及頒發獎狀給予鼓勵，並將其獎狀張貼於教室的榮譽欄內。

合作之星

當選人

○年○班　○○○　小朋友，從開學以來進步很多，與同學合作完成外掃區域的工作，在家裡會和弟弟一起幫忙做家事，其優異的行為獲得全班的讚賞和肯定。

○○國小
○年○班導師○○○

語詞教室

請完成下面的語詞填空,並把對的意思連起來。

(   )力盡 ●   ● 顯露出原來的樣貌。

(   )小道 ●   ● 力量都使完了,累得不得了。

(   )原形 ●   ● 比喻曲折而極窄的路。

(   )之力 ●   ● 過分的欺負人。

欺人(   ) ●   ● 做起事來很容易,不必費力。

尋找語詞的家

請選詞填寫短文。

| 一輪紅日 | 偏僻崎嶇 | 長途跋涉 | 攢錢 | 活受罪 |

　　朱家三兄弟為了(   )完成與父親一同環遊世界的夢想,在夏日炎炎的季節,頂著(   ),挨家挨戶推銷自家生產的產品,他們的足跡遍及都市與(   )的鄉間小道,(   )非常艱苦,簡直是(   )。但朱家三兄弟努力合作的精神,終於在今年暑假踏上夢想的旅程。

「合作」名言

請任選一句名言來寫一段話。

- 選用的名言：＿＿＿＿＿＿＿＿＿＿＿＿＿＿＿＿＿＿＿＿＿＿

- ＿＿＿＿＿＿＿＿＿＿＿＿＿＿＿＿＿＿＿＿＿＿＿＿＿＿＿＿＿＿

＿＿＿＿＿＿＿＿＿＿＿＿＿＿＿＿＿＿＿＿＿＿＿＿＿＿＿＿＿＿＿＿

＿＿＿＿＿＿＿＿＿＿＿＿＿＿＿＿＿＿＿＿＿＿＿＿＿＿＿＿＿＿＿＿

◆兄弟齊心，其利斷金　　　◆三個臭皮匠，勝過一個諸葛亮

7·合作

7-5 引導式擴寫練習

📖 創意寫作探索階段

　　小朋友，請你配合下面三個問題的引導，以插入內容的方式在下面句子中適合的地方，將句子擴寫成一篇語意通順的小短文。不夠書寫時，可用便利貼浮貼在紙上，繼續完成。

　　我訂的題目是：＿＿＿＿＿＿＿　　　（要與合作有關喔！）

請再加入「景」的擴寫～想一想，這時候周圍的景色是如何？	請再加入「人」的擴寫～可不可替他們加入一些人物，讓內容更有可看性（如緊張、溫馨、感人……）	請再加入「事」的擴寫～想一想，這時候會不會發生了什麼事？

　　……經過十五日的長途跋涉，士兵們已經疲倦的無法忍耐……

★學生作品檔請見光碟:\高年級-水滸傳\4073.jpg

7 · 合作

7-6 擴寫加強練習

創意寫作修改與增強階段

　　小朋友，請你將上面的草稿重新閱讀，並修改成通順的短文，然後謄寫在下面的格子中。你將發現，原來你也是位小作家，加油！

題目：

★學生作品檔請見光碟:\高年級-水滸傳\4074.jpg、4075.jpg

8・耐心
8-1 從故事中認識「耐心」

📖 小朋友，請你先預讀本回後，回答下面問題

人物、地點

結 局

主 要 問 題

事 情 經 過

📖 問題討論

第 25 回　招文袋

閻婆母女偷看宋江的招文袋，沒想到竟發現晁蓋寫給宋江的親筆信，於是兩人使計逼宋江交出信中提及的黃金百兩，沒想到宋江在情急之下，誤殺了閻婆女兒。犯下大錯後，宋江連夜投奔到小旋風柴進那兒。

什麼是耐心？

● 耐心是為了什麼？

● 耐心與期望（希望）有關係嗎？

● 在學校有哪些事，你會需要耐心？

● 在家裡有哪些事，你會需要耐心？

我知道「耐心」就是……

8 · 耐心

8-2 從生活中培養「耐心」

 小組活動

　　小朋友，請從報章或網路上找一篇有關於現代人「耐心」的報導文章，並將它黏貼於壁報紙上，再依據老師所提供的問題進行討論，將各組的答案記錄下來，並上台報告。

項次	問題與討論	結論
1	文章的標題是？	
2	文章的大意是？	
3	哪一句話（或哪一段話）讓你覺得本篇文章跟「耐心」有關。	
4	如果文章中的主角沒耐心（或有耐心）的話，結果會如何改變？	
5	如果你是故事中的主角，你會跟他（們）一樣有耐心嗎？	有耐心（　　　　）票；沒有耐心（　　　　）票

行為檢核

認識了「耐心」這個品格後，請檢視自己本週是否做到「有耐心」？如果有，請在以下表格中的□打 ✔，並將檢核表貼在聯絡簿上。

- - - - - - - - - - - ✂ - ✂ - - - - - - - - - - -

自己檢核	父母檢核	老師檢核
□訂正作業時認真訂正。（不會為了想快點下課就隨便訂正）。（本週作業沒錯誤要訂正♡）	□在家裡能耐著性子做好爸爸、媽媽要求的事情。	□訂正作業時認真訂正。（不會為了想快點下課就隨便訂正）。（本週作業沒錯誤要訂正♡）
□打掃時認真打掃。（不會為了想快點跟同學玩就亂掃一通）	□做錯事能虛心受教，並持之以恆的改正缺失。	□做錯事能虛心受教，並持之以恆的改正缺失。
□有誤解或爭執時，先釐清對錯，而不是大吼大叫怒罵對方。（本週沒與人吵架♡）	□陪父母外出時，不吵吵鬧鬧，要父母快點帶你回家。（本週沒有外出♡）	□打掃時認真打掃。（不會為了想快點跟同學玩就亂掃一通）
□同學有問題時請教我，我會不厭其煩的指導他。（本週沒有人請教我♡）	□與父母外出辦事時，能靜待父母處理完事情，不在一旁大吵大鬧。（本週未與父母外出♡）	□上課或討論時想舉手發言，等前一個同學講完了，我再舉手。（上課發言再踴躍些♡）

8・耐心

8-3 從任務中實踐「耐心」

📖 大聲公～經驗反省活動

讓每位學生輪流到講台，大聲說出下面問題的想法：

1. 我們班在「耐心」方面，哪些表現不錯？
2. 我覺得自己在「耐心」方面，哪些表現不錯？

📖 「耐心」之星

師生在上面活動後，共同討論本週在「耐心」方面表現最優的學生，製作及頒發獎狀給予鼓勵，並將其獎狀張貼於教室的榮譽欄內。

耐心之星

當選人

○年○班　○○○　小朋友，
近日表現優異，無論是在家或
在學校，皆能表現出耐心之美
德，其優良行為獲得全班的讚
賞及肯定，特此頒發獎狀，以
茲鼓勵！

○○國小
　○年○班導師○○○

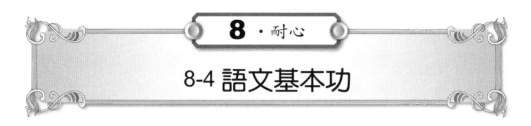

8 · 耐心

8-4 語文基本功

📖 練習分辨「對話方式」和「描述方式」的句子，並注意「標點符號」的使用

（對話方式）宋江說：「喂，請你醒一下，你看見 我 的招文袋沒有？」

（描述方式）宋江請閻婆的女兒醒一下，問她是否看見 他 的招文袋。

（對話方式）閻婆的女兒說：「怎麼？ 我 睡得正好呢！你來打擾 我 做什麼？」

（描述方式）閻婆的女兒問宋江為什麼來打擾她。

（對話方式）宋江說：「（　　）發現（　　）的招文袋不見了，請問你是否有看見（　　）的招文袋？」

（描述方式）宋江發現他的招文袋不見了，詢問閻婆的女兒是否看見他的招文袋。

（對話方式）閻婆的女兒說：「我看到你喝醉了，招文袋掉在地上，就幫你撿起來了。」

（描述方式）閻婆的女兒說，（　　）看到宋江喝醉了，招文袋掉在地上，就幫他撿起來了。

（對話方式）_____

（描述方式）宋江發現招文袋裡面空空的，詢問閻婆的女兒是否看到裡面放的一封信。

📖 改錯字

（　　　）閻婆母女知道這封信是明聞天下的晁蓋親筆寫的信，不禁大吃一驚。

（　　　）她們母女不但不反省自己，還一股惱的拚命罵宋江。

（　　　）宋江一睡就是四、五個鍾頭，到了半夜才醒過來。

（　　　）這時，他才發現那招文袋已不異而飛了。

（　　　）今天能見到您的光臨，真是萬分榮興。

📖 一字多音

第一個（　　　）寫注音；第二個（　　　　　）寫造詞。

1. 著：
（　　　）（　　　　　）
（　　　）（　　　　　）
（　　　）（　　　　　）
（　　　）（　　　　　）

2. 當：
（　　　）（　　　　　）
（　　　）（　　　　　）

3. 禁：
（　　　）（　　　　　）
（　　　）（　　　　　）

4. 相：
（　　　）（　　　　　）
（　　　）（　　　　　）

5. 看：
（　　　）（　　　　　）
（　　　）（　　　　　）

「耐心」名言

請任選一句名言或成語來寫一段話。

- 選用的名言（成語）：_____
- _____
_____
_____

➥耐心可以克服萬難　　　➥耐心是一門等待的藝術

➥持之以恆

8 · 耐心

8-5 引導式擴寫練習

📖 創意寫作探索階段

小朋友，請你依照鑰匙提示給你的引導，寫出合適的句子。

> 「宋江殺人了！救命啊！」宋江一聽到喊叫，立刻拔出刀子，往她身上砍了幾刀。

範例

 看到什麼？

例：無視於閻婆女兒的呼救，桌上蠟燭依舊燃燒著，從旁滴出來的蠟油，就像不斷流失的血。

換你試試看：

_____

_____

 聽到什麼？

例：「宋江殺人了！救命啊！快來人呀！趕快來救我呀！」

換你試試看：

_____

_____

🔑 聞到什麼？

例：一股血腥味撲鼻而來，看著手上沾滿血的刀子，宋江才留意到自己殺
　　人了。

換你試試看：

_____

_____

🔑 感覺到什麼？

例：黏溼的感覺在手心，仔細一看，宋江的手上沾滿了閻婆女兒的血。

換你試試看：

_____

_____

🔑 宋江的反應是什麼？

例：知道自己犯下大錯後，宋江急忙的衝出房門外。

換你試試看：

_____

_____

8-6 擴寫加強練習

📖 **創意寫作修改與增強階段**

　　小朋友，請你將上一頁的句子合併成一篇語意通順的小短文，然後謄寫在下面的格子中，你將發現，原來你也是位小作家，加油！

> 題目：
>
> _____
>
> _____
>
> _____
>
> _____
>
> _____
>
> _____
>
> _____
>
> _____
>
> _____
>
> _____
>
> _____
>
> _____
>
> _____

9 · 信賴

9-1 從故事中認識「信賴」

📖 小朋友，請你先預讀本回後，回答下面問題

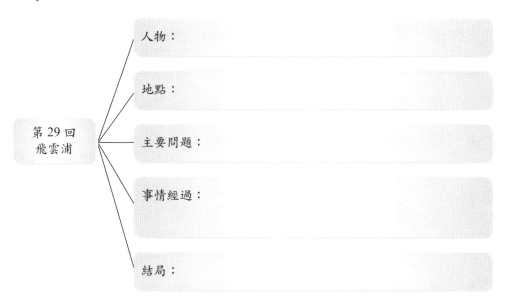

第 29 回
飛雲浦

人物：

地點：

主要問題：

事情經過：

結局：

📖 問題討論

第 29 回　飛雲浦

　　施恩相信武松的清白，絕對不會在張都監家裡偷取任何物品，於是千方百計的想救出武松，其中有位官吏──葉孔目，他也深信武松是個頂天立地的英雄好漢，堅決主張把這宗案件再次審理。

什麼是信賴？
● 如果你和同學之間缺乏信賴會怎樣？
● 如果你和老師之間缺乏信賴會怎樣？
● 如果你和家人之間缺乏信賴會怎樣？
● 人與人相處為什麼要有信賴呢？

我知道「信賴」就是……

9 · 信賴

9-2 從生活中培養「信賴」

📖 小組活動

第一階段：「我相信你」大考驗

　　各小組排成一列（每組4～6人異質性分組），由一人（睜開眼睛）站在隊伍的最前頭，配合老師事先設定好的路線，負責引導隊伍前進，其餘隊員閉著眼睛，把手搭在前面人的肩上，在黑暗中走路，試著在看不到的情況下，相信前方的人。

第二階段：走入「信賴」的生活

　　小朋友，在「我相信你」大考驗活動後，請你思考下面的問題，並將自己的想法寫在下表中。

項次	問題與討論	結論
1	閉著眼睛一直往前走的你，有沒有偷偷睜開眼睛，為什麼？	
2	你最信任誰的帶領？為什麼？	
3	班上哪一位同學最值得你的信賴？為什麼？	
4	你覺得在班上，怎樣的行為可以建立同學之間、老師和學生之間的信賴？	
5	你覺得在家裡，怎樣的行為可以建立家人之間的信賴？	

大聲公～經驗反省活動

讓每位學生輪流說出上頁「走入『信賴』的生活」學習單中第四、五個問題的想法。

行為檢核

師生針對上面學生表示個人對班級和家裡應該做到的信賴行為，共同討論可以達成的行為，從中挑選出每天二項行為指標，整理如下的生活實踐檢核表，並將之貼於聯絡簿中，以為本週學生之「信賴」品格功課之一：

日期	在班上，我有做到……	在家裡，我有做到……
月　日星期一	☐ ☐	☐ ☐
月　日星期二		
月　日星期三		
月　日星期四		
月　日星期五		
月　日星期六		
月　日星期日		

「信賴」之星

師生在上面活動後，共同討論本週在「信賴」方面表現最優的學生，製作及頒發獎狀給予鼓勵，並將其獎狀張貼於教室的榮譽欄內。

信賴之星

當選人

○年○班　○○○　小朋友，平時盡力完成老師和爸媽交代的事項，答應同學的事也按時完成，這種「認真負責，受同學和老師、父母信賴」的態度，足以作為同學的楷模。

○○國小
○年○班導師○○○

9 · 信賴

9-4 語文基本功

詞語教室

把左列詞語和正確的解釋連起來：

咬緊牙關 ●　　　　　● 比喻關係密切，總是在一起。

結拜兄弟 ●　　　　　● 受到賞識和重用的恩情。

知遇之恩 ●　　　　　● 因感情親密而結義的兄弟。

寸步不離 ●　　　　　● 泛指適宜辦事的好日子。

黃道吉日 ●　　　　　● 比喻忍受痛苦而堅持到底，或意志堅定不移。

尋找詞語的家

請為下面的句子選出正確的詞語。

| 寸步不離 | 奉命行事 | 咬緊牙關 | 交頭接耳 | 結拜兄弟 |

1. 他（　　　　　　　），再苦的日子都要撐過去。

2. 我們是（　　　　　　　），一定要互相支援。

3. 高俅自此遭際端王，每日跟著，（　　　　　　　）。

4. 王小明一直表示，自己只是（　　　　　　　），會造成這麼大的錯誤
   並不是他的錯。

5. 在考試正式開始後，不許東張西望，更不可（　　　　　　　）。

📖 「信賴」名言

請以信賴名言來寫一段話。

- 選用的名言：＿＿＿＿＿＿＿＿＿＿＿＿＿＿＿＿＿＿＿＿＿＿＿
- ＿＿＿＿＿＿＿＿＿＿＿＿＿＿＿＿＿＿＿＿＿＿＿＿＿＿＿＿＿
  ＿＿＿＿＿＿＿＿＿＿＿＿＿＿＿＿＿＿＿＿＿＿＿＿＿＿＿＿＿
  ＿＿＿＿＿＿＿＿＿＿＿＿＿＿＿＿＿＿＿＿＿＿＿＿＿＿＿＿＿

➡真正的朋友會解決你的困擾。

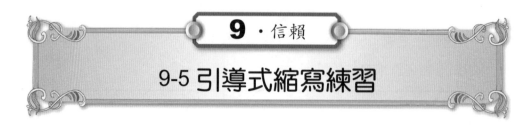

9·信賴
9-5 引導式縮寫練習

📖 創意寫作探索階段

小朋友，請你以 刪除 、 畫箭頭插入 的方式，將下面的短文縮寫成約一百個字左右且意思不變的小短文。

　　話說，帶著醉意的武松根本就不聽那酒店主人的好心勸告，一路踉蹌地走到山下。此時，已經日落西山，但是武松酒勁正發竟想睡覺。於是，他就在路旁一塊大石頭上躺下，剛閉上眼睛，一陣狂風隨著雷鳴的巨大吼聲，跳出一隻大老虎來。武松嚇得出一身冷汗來，醉意全消，頭腦也變得清醒，連忙抓起身邊的木棍，準備和那隻大老虎搏鬥。

　　武松低下身子，對準老虎的臉跳過去，兩手抓住牠的頭，用腳猛踢牠的眼睛，握緊拳頭往老虎的頭上猛打了一陣，那隻老虎自眼睛、耳朵、鼻子和嘴巴裡，冒出不少的鮮血，終於因受傷過重而死去了。

📖 創意寫作修改與增強階段

小朋友，請你將上面的草稿重新閱讀，並修改成通順的短文，然後重新書寫在下面的格子中。你將發現，原來你也是位小作家，加油！

9 · 信賴

9-6 走入水滸傳～創意寫作

　　請發揮你豐富的想像力，創造一趟奇妙的旅程。如果你能走進水滸傳，你預期會遇見誰呢？如果你想遇見武松，你可以安排自己和武松在景陽岡相遇，和武松一起制伏老虎，題目便可訂為「與武松打虎」或「誤闖景陽岡」……。當然，如果你想遇見高太尉和林沖，破壞高太尉陷害林沖的計謀，幫助林沖脫困，也可以安排自己和他們相遇，題目便可訂為「夜闖白虎節堂」或「破解高俅的計謀」……。請以「走進水滸傳」為主題，寫下你的奇妙之旅。題目自訂。

　　現在就請你配合下面的引導，一步步完成走入水滸傳的傳奇……

一、故事人物重新定位：武松、高太尉、林沖……自選喜歡的人物

人物姓名	人物的個性

二、劇情發展：以箭頭配合文字呈現

→　　　　　→　　　　　↓

←

三、編寫劇情

　　※題目：＿＿＿＿＿＿＿＿＿＿＿＿＿＿＿＿＿＿＿＿＿＿＿（自訂）

　　※劇情內容

＿＿＿＿＿＿＿＿＿＿＿＿＿＿＿＿＿＿＿＿＿＿＿＿＿＿＿＿＿

＿＿＿＿＿＿＿＿＿＿＿＿＿＿＿＿＿＿＿＿＿＿＿＿＿＿＿＿＿

＿＿＿＿＿＿＿＿＿＿＿＿＿＿＿＿＿＿＿＿＿＿＿＿＿＿＿＿＿

＿＿＿＿＿＿＿＿＿＿＿＿＿＿＿＿＿＿＿＿＿＿＿＿＿＿＿＿＿

＿＿＿＿＿＿＿＿＿＿＿＿＿＿＿＿＿＿＿＿＿＿＿＿＿＿＿＿＿

＿＿＿＿＿＿＿＿＿＿＿＿＿＿＿＿＿＿＿＿＿＿＿＿＿＿＿＿＿

＿＿＿＿＿＿＿＿＿＿＿＿＿＿＿＿＿＿＿＿＿＿＿＿＿＿＿＿＿

＿＿＿＿＿＿＿＿＿＿＿＿＿＿＿＿＿＿＿＿＿＿＿＿＿＿＿＿＿

＿＿＿＿＿＿＿＿＿＿＿＿＿＿＿＿＿＿＿＿＿＿＿＿＿＿＿＿＿

＿＿＿＿＿＿＿＿＿＿＿＿＿＿＿＿＿＿＿＿＿＿＿＿＿＿＿＿＿

＿＿＿＿＿＿＿＿＿＿＿＿＿＿＿＿＿＿＿＿＿＿＿＿＿＿＿＿＿

四、爸媽的評語及評分

※請以優等：90 分以上，甲等：80～89 分，乙等：70～79 分，丙等：
　60～69 分的方式給貴子弟評量

五、老師的評語及評分

10 · 尊重

10-1 從故事中認識「尊重」

 小朋友，請你先預讀本回後，回答下面問題

人物、地點

結　局

主要問題

事情經過

 問題討論

第 37 回　連環馬、鈎鐮槍

梁山泊軍最擅長的就是水戰，沒想到官兵中了計，被誘入水中，過半的士兵被淹死，大將也被俘虜到梁山泊。沒想到在梁山泊裡，宋江卻禮遇招待被抓來的官兵大將，並向他們表明梁山泊裡的人並不想叛國造反，只是大家被逼得走投無路，才會聚集到梁山泊來。後來官兵主將竟被宋江等人的誠意及義氣感動，加入了梁山泊的陣容裡。

1. 你覺得上述短文，符合哪一項品格呢？（請將最適合的答案在框框裡畫上斜線或上色）

關懷　公平正義　耐心
尊重　合作

2.【　　　　】就是不因為對方的失敗而看不起他。

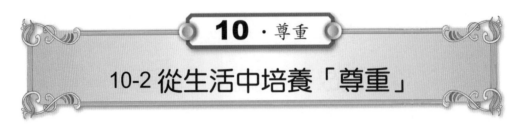

10・尊重

10-2 從生活中培養「尊重」

小組活動

小朋友，請從報章或網路上找一篇有關「尊重」的報導文章，並將它黏貼於壁報紙上，再依據老師所提供的問題進行討論，完成後將答案記錄下來，並上台報告。

項次	問題與討論	結論
1	文章的標題是？	
2	文章的大意是？	
3	哪一句話（或哪一段話）讓你覺得本篇文章跟「尊重」有關。	
4	如果文章中的主角不尊重（或有尊重）的話，結果會如何改變？	
5	如果你是故事中的主角，你會跟他（們）一樣做到尊重嗎？	有尊重（　　　）票 不尊重（　　　）票

📖 行為檢核

認識了「尊重」這個品格後，請檢視自己本週是否做到「尊重」？如果有，請在以下表格中的□打✔，並將檢核表貼在聯絡簿上。

- - - - - - - - - - - ✂ - ✂ - - - - - - - - - -

自己檢核	父母檢核	老師檢核
□跟同學借東西時，我會先詢問同學的意見。（本週沒向同學借東西♡）	□做錯事被父母責罵時，我能不擺臭臉、不頂嘴。（本週沒被父母罵♡）	□做錯事被老師責罵時，我能不擺臭臉、不頂嘴。（本週沒被老師罵♡）
□上課發言時，我會舉手。（本週沒發言♡）	□吃飯時，我能等大家一起開動，而不是菜一上桌就立刻夾。（本週沒和父母一起吃飯♡）	□上課發言時，我會舉手。（本週沒發言，要再踴躍些♡）
□在進入教室時，我會喊「報告」；離開時，會說報告完畢。	□我不會在家裡跑來跑去、大聲嬉鬧。	□在進入教室時，我會喊「報告」；離開時，會說報告完畢。
□看完國語日報後，我會收好。（本週沒讀報♡）	□在進父母房間前，我能先敲門。	□看完國語日報後，我會收好。（本週沒讀報，閱讀要再主動些♡）
□午休時間一到，我能立刻趴在桌上準備午睡。	□使用家人的東西前，我會先詢問過他們的意見。	□使用老師的東西前，我會先詢問過老師的意見。（本週沒有用老師的東西♡）
□上課時間經過別班時，我能保持安靜。	□家裡如果有零食或點心，我會留一些給家人吃，不會一個人全部吃完。	□老師讓我們自修時，我能保持安靜。
□我能不在走廊上奔跑。	□我不侵犯家人的隱私。（日記、抽屜等）	□我能不在教室大聲嬉鬧、追逐。

10 · 尊重

10-3 從任務中實踐「尊重」

大聲公～經驗反省活動

讓每位學生輪流到講台，大聲說出下面問題的想法：

1. 我們班在「尊重」方面，哪些表現得不錯？
2. 我覺得自己在「尊重」方面，哪些表現得不錯？

「尊重」之星

師生在上面活動後，共同討論本週在「尊重」方面表現最優的學生，製作及頒發獎狀給予鼓勵，並將其獎狀張貼於教室的榮譽欄內。

尊重之星

當選人

○年○班　○○○　小朋友，近日表現優異，無論是在家或在學校，皆能表現出尊重之美德，其優良行為獲得全班的讚賞及肯定，特此頒發獎狀，以茲鼓勵！

○○國小
○年○班導師○○○

10 · 尊重
10-4 語文基本功

📖 詞語教室

請將框框內適合的詞語填入（　　）中。

陰森森	想法	熱呼呼	補剿	意識	威風凜凜
布置	放下	休戰	膽敢	對峙	敲鑼打鼓

1. 古井底下（　　　　　）的寒氣逼人，並且出現青色的鬼火，十分嚇人。

2. 柴進就躺在那堆死人的骨頭上，因為好幾天沒有吃喝，已經失去了（　　　　　）。

3. 皇帝立刻降下聖旨，委任高太尉選將調兵，前去（　　　　　），並囑咐不能留下禍根。

4. 兩位將軍率領了一萬軍馬，（　　　　　）的出了京城，向梁山泊出發。

5. 不料梁山泊大軍才剛（　　　　　）好陣勢，敵軍便已經抵達了。

6. 隔日早晨，兩軍（　　　　　）時，雙方都（　　　　　），聲震天地。

7. 可惡的賊人，吃了一次敗仗後，（　　　　　）再來挑戰！

一字多音

第一個（　　）寫注音；第二個（　　）寫造詞

1. 處：< （　　）（　　　　　）
          （　　）（　　　　　）

2. 調：< （　　）（　　　　　）
          （　　）（　　　　　）

3. 稱：< （　　）（　　　　　）
          （　　）（　　　　　）

4. 難：< （　　）（　　　　　）
          （　　）（　　　　　）

5. 將：< （　　）（　　　　　）
          （　　）（　　　　　）

6. 騎：< （　　）（　　　　　）
          （　　）（　　　　　）

「尊重」名言

請任選一句名言或成語來寫一段話。

- 選用的名言（成語）：_____
- _____
  _____
  _____

➜己所不欲，勿施於人　　　➜人生來不單單只為自己

➜敬老尊賢　　　➜尊師重道

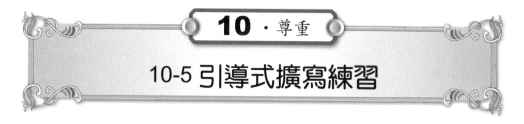

10 · 尊重

10-5 引導式擴寫練習

📖 創意寫作探索階段

小朋友，請你依照鑰匙提示給你的引導，寫出合適的句子。

> 李逵沿著繩索爬下那古井裡救人，底下⋯⋯。

範例

 看到什麼？

例：底下淨是一堆白骨，周圍還不時冒出青色的鬼火。

換你試試看：

_____

_____

 聽到什麼？

例：陰風颼颼的灌進井裡，不時發出嗚嗚的聲音。

換你試試看：

_____

_____

🗝 聞到什麼？

例：空氣中充斥著酸味與腐臭味。

換你試試看：

🗝 感覺到什麼？

例：冰冷的牆壁，混著溼溼黏黏的液體，摸起來讓人起雞皮疙瘩。

換你試試看：

🗝 內心的感覺是什麼？

例：寒氣逼人，似乎有什麼東西就隱藏在背後，這更加深了李逵內心的惶
　　恐與不安。

換你試試看：

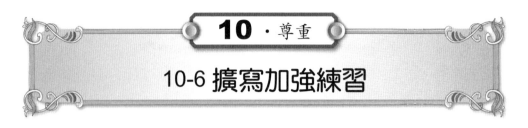

10．尊重

10-6 擴寫加強練習

創意寫作修改與增強階段

　　小朋友，請你將上一頁的句子合併成一篇語意通順的小短文，然後謄寫在下面的格子中。你將發現，原來你也是位小作家，加油！

題目：

_____

_____

_____

_____

_____

_____

_____

_____

_____

_____

11 · 水滸人物放大鏡

11-1 魯智深

姓名：（　　　　　）

　　小朋友，在《水滸傳》中，作者利用人物外表、行為的摹寫，將人物性格刻劃得淋漓盡致，而魯智深便是串連整個故事的其中一人。現在，就請你將書本中有關魯智深的外貌、個性、行為的敘述寫出來。

提示：1.在〈魯提轄〉、〈五台山〉、〈桃花村〉、〈大相國寺〉中，可見對魯智深的深入描寫。

　　　2.可以使用詞語、句子做記錄。

外貌：（範例）上穿一領鸚哥綠紵絲戰袍；腰繫一條文武雙股鴉青縧；足穿一雙鷹爪皮四縫乾黃靴；生得面圓耳大，鼻直口方，腮邊一部貉腮鬍鬚。

_____

_____

性格：（範例）見義勇為、嫉惡如仇、不守紀律。

_____

_____

行為特質：（範例）「你們真的不開嗎？好，我要放把火，把相國寺燒個精光，這樣看你們還開不開。」

_____

_____

_____

📖 **我有話要說**

　　剛才已經一起認識魯智深的人物描寫後，現在依據「校園霸凌」事件，請用魯智深的口吻，寫出他會說的話以及會做的事。

案例：校園霸凌	
學校有一個欺負弱小的六年級大哥哥「阿豪」，今天他看到瘦弱的小廷，又毆打了他，並要求他交「保護費」。此時，魯智深正看到這一幕……	
他會說什麼話？ （請用 30～40 字）	
他會做什麼事？ （請用 60～70 字）	
請問他所做的行為合理嗎？為什麼？	

★學生作品檔請見光碟:\高年級-水滸傳\4111.jpeg

11・水滸人物放大鏡

11-2 林沖

姓名：（　　　　　）

　　《水滸傳》深刻的反應出我國古代的社會思想，特別是在人物的撰寫上，運用寫實筆法，精湛的描繪出各個角色的性格。讀完《水滸傳》後，請發揮想像力，在你心中勾勒出主角的模樣與個性，並完成下面的練習。

📖 **出場人物：豹子頭林沖**

外貌：（範例）林沖生得豹頭環眼，燕頷虎鬚，身長八尺，人稱「豹子頭」。他擅長使「林家槍法」，還有一枝「有萬夫不當之勇」的丈八蛇矛。

換你試試看：_____

_____

_____

性格：（範例）正義凜然、光明磊落、敢作敢當。

換你試試看：_____

_____

_____

性格：（範例）（找出書中符合林沖性格的句子）

　　那潔白的雪地上，被三個惡徒的鮮血染紅。不管理由如何，林沖是一個光明正大的人，雖然火不是他放的，但那三人的確是他殺的，於是他決定向官府自首。

換你試試看：_____

_____

_____

我有話要說

姓名：（　　　　　　）

　　認識完豪氣干雲的林沖後，接下來請你發揮創意。如果林沖不小心搭乘時光機來到現代，發生了以下事件他會做何反應？他會如何處理？

【案例】

　　一個陰雨綿綿的下午，準基正準備從公司下班回家，經過廣民陸橋時，恰巧聽到一陣急促的煞車聲及震耳欲聾的碰撞聲，接著他看到一輛摩托車翻倒，一名女性倒在車子的旁邊。不久，一輛黑色轎車迅速的從旁駛過，人命關天，好心的準基決定趕快送這名昏迷中的女性去醫院。沒想到，這名女性的親人一到醫院，看到準基便一口咬定人是準基撞的，無論他怎麼解釋，憤怒的家屬一句話也聽不進去……。

1. 如果林沖知道了這件事情，他會怎麼幫準基說話？
　 （請用 30～40 個字）

_____

_____

_____

_____

2. 你覺得林沖會做什麼事情來幫助準基？請用 60～70 個字寫下來。（如果他有能力可以把其他水滸英雄也喚來現代）

_____

_____

_____

_____

3. 你覺得林沖為準基做的事情合理嗎？為什麼？

_____

_____

_____

_____

11 · 水滸人物放大鏡

11-3 柴進

姓名：（　　　　　　）

《水滸傳》深刻的反應出我國古代的社會思想，特別是在人物的撰寫上，運用寫實筆法，精湛的描繪出各個角色的性格。讀完《水滸傳》後，請發揮想像力，在你心中勾勒出主角的模樣與個性，並完成下面的練習。

出場人物：小旋風柴進

外貌：（範例）柴進生得龍眉鳳眼，皓齒朱脣，真是一位英雄的相貌。

換你試試看：＿＿＿＿＿＿＿＿＿＿＿＿＿＿＿＿＿

＿＿＿＿＿＿＿＿＿＿＿＿＿＿＿＿＿＿＿＿＿＿＿＿＿

＿＿＿＿＿＿＿＿＿＿＿＿＿＿＿＿＿＿＿＿＿＿＿＿＿

性格：（範例）柴進待客和氣，仗義疏財，以王族身分幫助許多梁山泊好漢，他喜愛交結天下英雄，慷慨熱心。

換你試試看：＿＿＿＿＿＿＿＿＿＿＿＿＿＿＿＿＿

＿＿＿＿＿＿＿＿＿＿＿＿＿＿＿＿＿＿＿＿＿＿＿＿＿

＿＿＿＿＿＿＿＿＿＿＿＿＿＿＿＿＿＿＿＿＿＿＿＿＿

性格：（範例）（找出書中符合柴進性格的句子）

　　柴進是個做事謹慎的人，為了讓林沖順利到梁山泊，經過幾番考慮後，他終於想出一個好計謀。

換你試試看：＿＿＿＿＿＿＿＿＿＿＿＿＿＿＿＿＿＿＿

＿＿＿＿＿＿＿＿＿＿＿＿＿＿＿＿＿＿＿＿＿＿＿＿＿＿＿

＿＿＿＿＿＿＿＿＿＿＿＿＿＿＿＿＿＿＿＿＿＿＿＿＿＿＿

我有話要說

姓名：（　　　　　　）

　　認識完樂善好施的柴進後，接下來請你發揮創意。如果柴進不小心掉進時光隧道裡，誤闖入了封神演義的故事中，發生了以下事件他會做何反應？他會如何處理？

【案例】

　　有一天，哪吒要去東海的九灣河沐浴，結果把他師父送他的寶物「乾坤圈」放在水中玩耍，導致整個龍宮像地震般晃來晃去，結果龍王派三太子出來查看，沒想到哪吒竟打死三太子，還拔他的龍鬚，剝他的龍皮。這可不得了，把龍王氣得半死。哪吒知道自己闖禍了，於是趕緊躲起來，在躲的時候，遇到了從宋朝來的柴進……。

1. 你覺得知道整件事的柴進會跟哪吒說什麼話？（或給他什麼建議？）
　 （請用 30～40 個字）

_____

_____

_____

2. 你覺得柴進會做什麼事情來幫助哪吒？請用 60～70 個字寫下來。（如果他有能力可以把其他水滸英雄也喚來現代）

_____

_____

_____

3. 你覺得柴進為哪吒做的事情合理嗎？為什麼？

_____

_____

_____

_____

11 · 水滸人物放大鏡

11-4 吳用

　　小朋友，在《水滸傳》中，作者利用人物外表、行為的摹寫，將人物性格刻劃得淋漓盡致，而吳用則是故事中著名的「智多星」。現在，就請你將書本中有關吳用的外貌、個性、行為的敘述寫出來。

提示：1.在〈北斗七星〉、〈智取生辰綱〉、〈千慮一失〉中，可見對吳用的智慧做深入描寫。

　　　2.可以使用詞語、句子做記錄。

外貌：（範例）生得眉清目秀，面白鬚長，穿著是一身秀才打扮。

_____

_____

性格：（範例）冷靜沉穩、見機行事、深謀遠慮、行事果斷決絕。

_____

_____

行為特質：（範例）正在逃難的晁蓋，詢問機智的吳用該如何是好。

　　　　　此時，吳用便說：「這還用問嗎？三十六計走為上策。」

_____

_____

我有話要說

　　剛才已經一起認識吳用的人物描寫後，現在依據「機車借騎」事件，請用吳用的口吻，寫出他會說的話以及會做的事。

事件：機車借騎

　　志申剛考上機車駕照，家人擔心發生危險，便禁止他騎車，於是志申向「死黨」小遠借車。

　　「小遠，你的機車能不能借給我幾天？」

　　「你家不是有機車嗎？」

　　「爸媽不准我騎，他們怕我會有危險，可是我好想騎車兜風一下。」

　　「好吧！我借你。可是你自己要小心，出問題別找我喔！」

　　「放心吧！我騎車，你放心！」

　　兩天後，志申果然準時歸還機車。不過，不久後，小遠卻收到一張罰單和照片。原來，他的機車因為超速行駛被拍了照。小遠仔細查看時間，正好是志申借用機車的期間。此時，兩人正為了罰單爭吵不休，而在旁的吳用剛好聽到……。

你想，吳用認為誰對誰錯呢？為什麼？ （請用 30-40 字寫出來）	
吳用會用什麼方式、行為來處理這件事情？ （請用 60-70 字寫出來）	
請問，以現代人的觀點來看，吳用所做的行為合理嗎？為什麼？	

★學生作品檔請見光碟:\高年級-水滸傳\4112.jpeg

小朋友，在《水滸傳》中，出現了許多人物，這麼大量的人物出現，就必須各有各的特色，這樣讀起來才會豐富有趣。描寫人物時，可以從服飾、動作、語言和面貌特徵等方面做具體的描繪，這樣就可以使人物鮮活起來，彷彿從書中走出來讓人看見一樣。

武松是《水滸傳》中一個家喻戶曉的人物，作者在書中有好幾個章回特別以武松為主角，敘寫了專屬於武松的故事。現在請你根據書中的敘述，介紹一下打虎英雄武松吧！

提示：在〈武松打虎〉、〈淫婦潘金蓮〉、〈快活林〉、〈飛雲浦〉、〈血濺鴛鴦樓〉中，可見武松的身影喔！

外貌：（範例）身長八尺，相貌堂堂，渾身上下有千百斤氣力。

_____

_____

性格：（範例）性格直爽、正大光明。

_____

_____

行為特質：（範例）武松殺人到衙門自首，被縣衙發配到孟州。按照規定，初到的罪犯，必須打一百下殺威棒。如果賄賂官員，可以免受棒打之苦，武松不肯賄賂，卻受到周全招待，於是請求面見獄官，弄清楚緣由，並知恩圖報，替施恩討回快活林酒店。

_____

_____

我有話要說

　　剛才已經認識了武松這號人物，想想看：如果武松活在現代，看見社會上飆車少年的胡作非為，你認為武松會如何反應？

事件：飆車族月夜逞凶	
一群大學生相約在中秋節到河濱綠地烤肉，大家正開心的時候，突然有一群飆車的青少年騎車呼嘯而來。這些大學生抬頭看了一眼，想不到，這一瞧，竟惹惱了飆車族。於是飆車族從機車上取出機車大鎖，打算逞凶鬥狠，教訓這些大學生。此時，武松恰好路過，目睹了飆車族的惡行……	
面對飆車族的惡行，武松心裡會怎麼想？ （用 30～50 個字寫出來）	
面對飆車族的惡行，武松會做什麼事？ （用 30～50 個字寫出來）	
從現代人的觀點來看，武松的行為合理嗎？為什麼？	

我的自畫像

　　透過對武松的解構，我們發現描寫人物時，可以從人物的各種特徵進行具體的描述，例如一個人的動作、語言、心理狀態、服裝、容貌，都能顯示出一個人的性格。現在，我們就嘗試以自己的面貌為主寫一篇文章，題目自訂，字數在二百字以上。

　　對著鏡子觀察自己：有沒有一頭濃密的頭髮？紮著兩條辮子、還是如同鳥窩一般散亂不整齊？有沒有一雙大而圓的眼睛？高挺的鼻子？小巧的嘴巴？把你的樣子畫下來。

我是＿＿年＿＿班＿＿號　姓名：＿＿＿＿＿

題目：

_____

_____

_____

_____

_____

_____

_____

_____

_____

_____

_____

_____

_____

_____

_____

_____

_____

用水滸傳來教導高年級學童是否會太暴力？

在閱讀完《水滸傳》後，我們心底不禁浮現出這個疑問。這本書適合五年級學童閱讀嗎？高年級學生血氣方剛的，會不會只學到了書中的打打殺殺？事實證明，只要教師陪著兒童閱讀，帶領學生探討書中的劇情，《水滸傳》並不是一本「暴力」的書。

在上《水滸傳》之前，我們跟學生說，老師終於可以用《水滸傳》上課，是因為你們「長大」了！因為高年級的思考會比中低年級來得成熟，也比較能判斷打打殺殺背後隱含的義氣與真理，所以「恭喜」你們可以閱讀《水滸傳》了！

教學素材很重要

我們找了一套《水滸傳》大陸劇作為補充素材播放給學生看，但學生的反應卻出乎意料外的冷淡，我們發現問題的本身不在於素材選擇的好壞，而是教師最終以何種方式呈現。一般大陸劇多根據「史實」來開拍，既沒有帥哥美女，也沒有搞笑情節，未經過篩選，一片看完，難怪學生會覺得索然無味，就連身為導師的我們也看得呵欠連連。若能依照該週的教學進度，並配合其中的精采片段呈現，相信學生會看得更津津有味；幾段名篇的片段，如〈魯智深大鬧桃花村〉、〈武松打虎〉……也更能引起學生的注意。

希望學生學到什麼

看完一本書就能熟讀《水滸傳》嗎？我們並沒有那麼崇高的理想。《水滸傳》裡的幾篇名篇曾是高中課本的教材，其中有關《水滸傳》的介紹與認識也是大考中語文科目常出現的考題。我們希望學生對《水滸傳》能有充足的先備知識，當他們未來接觸到《水滸傳》時，能有初步印象，而不是一頭霧水，搞不清楚《水滸傳》的內容是什麼。在學習《水滸傳》時，能認識各名篇中隱藏的品格，並藉由品格討論，提升學生的品格涵養；在練習學習單時，藉由基本的語文訓練，提高學生作文能力與興趣，是我們希望達到的目標。

困難與挑戰

課都上不完了，有那麼多時間教嗎？在時間的壓縮下，的確造成教師很大的負擔。高年級的學科內容比以往艱深，拿來上主科的時間都不夠了，哪還有時間上《水滸傳》？所以我們多利用導師時間、綜合活動、彈性節數課來進行《水滸傳》教學，並利用中午吃飯時間播放《水滸傳》DVD。一次在上語文補充教材時，選擇題裡出現了「武松打虎」選項，班上小朋友多知道這個典故與由來，當下我們覺得，一切辛苦都值得了。雖然這些工作造成額外的教學負擔，但看到小朋友在語文上的進步，與對品格認識的深層體悟，我們相信大家的努力是值得肯定的。

高年級

紅樓夢

紅樓夢之古「經」今用

設計及教學群：萬榮輝、吳曉蓉、陳杼鈴、陳鈺媼、鄭伊妏

壹、理念說明

　　《紅樓夢》是一部小說，更是一部充滿了魅力的文學作品，不管是在人物形象上，或是在藝術特色及在世界文學史上都具有一定的地位。《紅樓夢》故事裡，不只描寫了一個封建貴族家庭從繁華到沒落，甚至衰敗的三代生活，更大膽的控訴了封建貴族階級的種種虛偽、欺詐、貪婪、腐朽和罪惡等等。

　　而這樣的閱讀內容，除了充滿想像和富有品格教育的意義，也適合進行創意教學與寫作學習。因此，我們透過《紅樓夢》的故事內容與學生現今生活之間的辯證，作為品格教學的內容，期盼學生能從故事中認識品格、從生活中培養與實踐好品格。此外，更希望藉由本書多元的人性表現與豐富詞彙，培養學生語文的基本能力，讓兒童不但可以領略到古典文學的魅力及提升兒童語文創作能力，更能涵養現代必備的好品格。

貳、課程架構

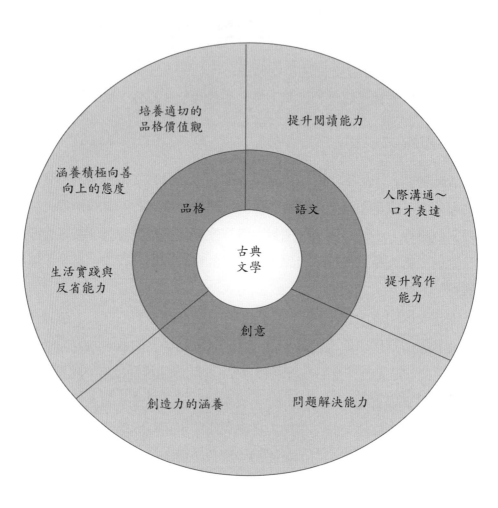

參、教學架構

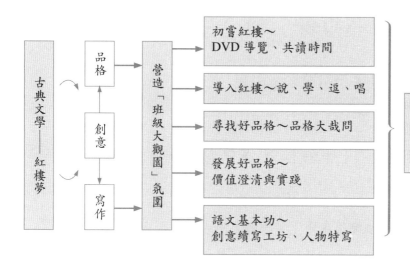

肆、教學期程

時間安排	篇名	品格發展	人物特寫練習
第一、二週	紅樓夢相關 DVD 導讀、師生共讀	十大品格核心複習	
第三、四週			
第五、六週	第 5 回 1.警幻仙子演紅樓夢	孝順、責任	賈寶玉
第七、八週	第 14 回 2.元妃省親	孝順、公平正義	
第九、十週	第 18 回 3.黛玉葬花	尊重、關懷	林黛玉
第十一、十二週	第 25 回 4.劉姥姥進大觀園	尊重、誠實、禮貌、關懷	劉姥姥
第十三、十四週	第 33 回 5.酸鳳姐借劍殺人	尊重、禮貌	王熙鳳
第十五、十六週	第 49 回 6.元妃薨逝	誠實、公平正義	
第十七、十八週	第 53 回 7.寶玉娶親	尊重、孝順、信任	薛寶釵
第十九、二十週	第 58 回 8.錦衣軍查抄寧榮府	孝順、責任、公平正義	

1 · 警幻仙子演紅樓夢

1-1 導入紅樓～說、學、逗、唱

一、播放「警幻仙子演紅樓夢」影集

（事先自行錄製或由學生課堂上直接表演）

〈警幻仙子演紅樓夢〉

【第一幕】

（寧國府花園內的梅花盛開，賈珍的妻子尤氏便到榮國府邀請眾人一道去賞花。於是榮、寧二府的家眷便一起到會芳園遊玩。沒走多久，寶玉便累了，賈母要下人帶寶玉去休息。）

秦氏（笑著說）：老祖宗放心，我們這兒有收拾好的屋子，儘管把寶
　　　二叔交給我吧！

賈母（看著寶玉）：你秦家嫂子很能幹，你就隨她去吧！

（秦氏帶著寶玉走到一間上房，寶玉嫌屋內盡是些八股教條的對聯，不肯入住，秦氏無奈只好把寶玉帶到自己的閨房。）

嬤嬤（急說道）：哪有叔叔睡在姪媳婦房間的事兒？恐怕不好。

秦氏（笑著對嬤嬤說）：哎呀！寶二叔才多大，不必忌諱那些有的沒
　　　的事兒。上個月我弟弟來，他的年齡和咱們寶二叔一樣，個子
　　　恐怕比二叔還高呢！所以沒什麼大不了的。

（寶玉一聽，起了興頭。）

寶玉：你弟弟，我怎麼沒見過？趕明兒帶來給我瞧一瞧！說不定，我
　　　們還能做個朋友呢！

眾人笑說：兩地相隔二、三十里路呢！哪能一時半刻帶到？您別說風

就是風，說雨就是雨，想見他，以後有的是機會。

（一行人走進秦氏房間，秦氏親手為寶玉展被子、挪枕頭，嬤嬤們服侍寶玉躺下，就都出去了，寶玉一閉上眼，就恍恍惚惚的睡著了！）

【第二幕】

（寶玉走在一個綠樹清溪、人煙罕至的地方。）

寶玉：這裡是哪裡？怎麼從來沒見過？（左右張望）不過這裡沒有夫子管教、沒有爹娘囉嗦，比我原先住的地方好多了！如果能住在這裡，一定很有趣！

（話才剛說完，從遠處走來一個美麗的女子。）

寶玉（立刻上前）：美麗的神仙姐姐呀！不知道你從何處來？要往何處去？這裡又是何處？能不能請你指點指點？

仙姑：我住在離恨天上，灌愁海中，是放春山遣香洞太虛幻境的警幻仙姑，我專管人世間男女的情感問題。今天和你在這裡相逢，是受到你的先祖託付，特來點化於你，你是否願意隨我一遊？

（寶玉一聽，雖然不甚明白，但有美麗的仙姑作陪，哪有不去的道理，趕緊點頭答應，隨仙姑前往。兩人一起走到「太虛幻境」，見到許多宮室廂房。）

寶玉：我可以進去走走瞧瞧嗎？

（受不住寶玉要求，警幻仙姑答應讓寶玉入內，寶玉走到貼有自己家鄉名字的櫥櫃前面。）

寶玉（指著櫥櫃上的字）：什麼是「金陵十二釵正冊」？

警幻：那是記錄金陵十二個頂尖女孩的簿冊。

寶玉：金陵是個大城市，怎麼可能只有十二個女孩？光是我家，上上下下的女孩就數不清了。

警幻（笑）：天下女子雖多，不是每個都出類拔萃，這個櫃子裡記錄

了最好的十二個，兩邊櫃子記錄了次要的，一般普普通通的女孩我們是不記的。

寶玉：原來如此。（隨手拿出簿冊）霽月難逢，彩雲易散。心比天高，身為下賤……

（警幻仙姑急抽出寶玉手中的書，怕寶玉看了書以後，天機洩漏，忙帶他到園中逛一逛。）

警幻：姐妹們，快出來迎接貴賓。

眾仙子：姐姐不是說要接絳珠妹妹來玩嗎？怎麼妹妹沒來，卻帶了個臭男生來汙染我們的清淨地呢？

（寶玉不好意思想退開，警幻仙子拉著寶玉的手。）

警幻：我本來是要去接絳珠妹妹的，不過到了寧國府，卻碰上寧國公和榮國公的靈魂，他們要我好好開導寶玉，希望寶玉能好好學習，以便日後繼承家業，所以我帶他來，讓他在這裡體會體會，或許可以讓他覺悟。

（警幻仙子請寶玉入席，備上美酒佳餚，並請仙女演出「紅樓夢」，寶玉聽了一曲又一曲，還是沒能看明白。警幻在一旁直嘆息。）

寶玉：我喝多了酒，頭很暈，大概是喝醉了！

警幻：好吧！我帶你去休息。

（警幻仙子帶寶玉到另一間房，房內有個美麗的女子，看似寶釵又像黛玉。）

警幻：寶玉呀！我受到你家先祖的託付，才會帶你到這裡來，你已經享受過美酒、美食，我再把我的妹妹可卿許配給你，希望你經歷過所有享樂的事物後，能明白玩樂之事不過爾爾，沒什麼值得留戀，還是把心思放在求取功名上，以便將來光耀門楣。

（警幻仙子退出房間，留下寶玉和可卿共度一晚。）

【第三幕】

（天亮後，寶玉和可卿攜手四處遊玩。竟然走到一個遍地荊棘、前有峽谷阻隔、後有狼虎追咬的地方，寶玉感到驚駭莫名。警幻仙子追來阻止寶玉往前。）

警幻（拉住寶玉）：你不能再往前走了，快回頭！

寶玉（不明所以）：這裡是什麼地方？怎麼如此奇怪？

警幻：這是「迷津」，前方峽谷，是個萬丈深淵，沒有橋可以過，如
　　　果掉下去，就萬劫不復了，白白浪費我對你的一番苦口婆心。

（突然，深谷中轟轟大響，冒出許多夜叉、餓鬼，要把寶玉拖入深谷，寶玉大喊，從夢中驚醒。）

二、閱讀「警幻仙子演紅樓夢」章回

三、教師介紹「警幻仙子演紅樓夢」在本書之閱讀重要性與詞意

㈠關於「警幻仙子演紅樓夢」（教師可參考下面敘述，轉化為適合班上教
　學的內容與程度）

　　　曹雪芹在〈賈寶玉神遊太虛境，警幻仙曲演紅樓夢〉一回中，實際架構了整部紅樓夢的故事大綱，將紅樓夢重要的故事情節與人物的發展、結局，做了交代與鋪陳，例如「終身誤」：

　　　　　都道是金玉良緣，俺祇念木石前盟。空對著山中高士晶瑩
　　　雪，終不忘室外先姝寂寞林。歎人間，美中不足今方信：縱然
　　　是舉案齊眉，到底意難平。

　　　這分明指出寶、釵、黛三人剪不斷、理還亂的三角關係，以及最後的結局，因此，讀完此章回，對整本紅樓夢的故事梗概，可以有更多的了解。

另外，透過賈蓉媳婦秦可卿的出場，襯托了寶玉的性格，例如因為不喜歡「世事洞明皆學問，人情練達即文章」的對聯，儘管居室華美，寶玉也不願進入，卻不顧禮教約束，選擇到姪媳婦秦可卿香甜襲人的房間休息，也難怪在太虛幻境中，參不透警幻仙子的安排，這樣環環相扣、首尾呼應的寫作技巧，正是紅樓夢最吸引讀者之處了。

（二）「警幻仙子演紅樓夢」之問題與討論

由以上敘述，教師可歸納出幾個重點，與學生進行問題與討論。

◎寶玉想小睡一下，秦可卿安排寶玉到自己房間休息，卻有一個嬤嬤反對，認為「哪有叔叔睡姪媳婦房間的道理！」嬤嬤的反對有理嗎？為什麼？

（參考答案：中國自古以來有嚴格的禮教規範，寶玉年紀雖輕，但和秦可卿的年齡差距不大，且輩分是可卿丈夫賈蓉的堂叔，在傳統男女授受不親以及家族規範上，管事的老嬤嬤自然覺得不妥。即使在現在，客人一般也不會登堂入室，睡在主人的臥室中。）

◎警幻仙子讓寶玉在太虛幻境中，享受美食、美酒和美人的歡愉，希望寶玉因此能有所覺悟。到底警幻仙子希望寶玉從美食、美酒和美人的歡愉中體會什麼？

（參考答案：美食、美酒和美人的歡愉是人生命中聲、色的享受，許多人會沉溺於此而不知上進，寶玉是賈家備受重視的男丁，所以家中長輩希望寶玉能努力用功，以繼承家業，因此警幻仙子安排了美食、美酒和美人的歡愉，希望寶玉明白這些享受不過如浮雲，轉眼就成空，只有努力上進，才是正途。）

◎賈府長輩希望寶玉努力讀書，以後進京趕考，好光耀門楣，但寶玉卻覺得求取功名是「祿蠹」，不肯在求取功名上努力，到底賈府長輩和寶玉誰是誰非呢？

（參考答案：這裡可讓學生簡略說明，詳細的討論可等到後面討論品格時再做釐清。）

四、學生進行「紅樓夢提問單」活動

警幻仙子演紅樓夢

當記者在進行採訪前，事先都會擬定好很多道題目。聰明的小朋友，在讀完紅樓夢後，假想你是一位小記者，找出書中你有疑問之處，並請進行小組討論，把它擬成問題。加油！看是哪個組別能擬出最多道題目。

與情節發展或劇情安排有關的問題

如：警幻仙子給寶玉美食、美酒與美女，是希望寶玉體會什麼道理？

與角色有關的問題（如：個性、態度、行為、人際關係……等）

如：寶玉遊太虛幻境的事，為什麼只告訴襲人？

有關語詞的問題

如：「假做真時真亦假，無為有處有還無」指的是什麼？

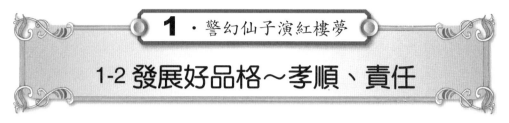

1‧警幻仙子演紅樓夢
1-2 發展好品格～孝順、責任

一、進行語詞教學

★課程簡報檔請見光碟\高年級-紅樓夢\5011.pps

㈠將學生提問單上的詩詞問題製作成長條，如：

世事洞明皆學問，人情練達即文章。

嫩寒鎖夢因春冷，芳氣襲人是酒香。

春夢隨雲散，飛花逐水流。寄言眾兒女，何必覓閒愁。

假做真時真亦假，無為有處有還無。

春恨秋悲皆自惹，花容月貌為誰妍？

霽月難逢，彩雲易散。心比天高，身為下賤。風流靈巧招人怨，壽夭多因誹謗生，多情公子空牽念。

根並荷花一莖香，平生遭遇實堪傷。自從兩地生枯木，致使香魂返故鄉。

可嘆停機德，誰憐詠絮才！玉帶林中掛，金簪雪裡埋。

註：這一回書中有許多詩詞，學生多半不解其意，所以在教學上便傾向解釋詩詞的意思，至於對應的人物或是故事內容，因為還未讀完紅樓夢，所以並未做連結。

㈡展示所有的長條，請學生分組根據原文句子，翻閱字典或上網查詢，寫出分配到的詩詞中語詞的注釋翻譯，如：世事洞明皆學問，人情練達即文章。

注釋：

1. 世事：世間的種種事情。

2. 洞明：洞察明白。

3. 人情練達：熟悉、通達人世間的各種情態。

4. 文章：德行事功、禮樂法度。

語譯：能明白事理，掌握世間種種事情，就是一種學問；能熟悉、通達人世間的各種情態，並恰當的處理事情，總結出來的規律就是文章。

㈢進行配對遊戲：請各組學生先上台發表分配到的語詞注釋（請學生事先寫在教師裁好的壁報紙上，以利張貼在黑板上），教師任意抽取一張語詞或注釋，請學生找出正確的配對。

二、進行品格價值澄清記者會

㈠分配飾演角色。

㈡依據提問單問題，請學生重現問題情境。（演出問題的橋段）

㈢請當事者回答相關問題，而記者和觀眾可針對當事者的回答隨時提問。

㈣請提問者評判對於當事者的回答滿意與否，決定是否結束話題。

進行品格價值澄清實例

㈠教師挑出紅樓夢中的人物（賈寶玉、警幻仙子、寧國公、榮國公、仙女若干名），每人分配一個角色。

㈡小鴻在提問單上問到：寧國公、榮國公希望警幻仙子開導寶玉，希望聰明又乖覺的寶玉能用功讀書，繼承賈家家業，為什麼寶玉不願意？請警幻仙子（小榕飾）、寧國公（小億飾）、榮國公（小緯飾）、賈寶玉（小閔飾）……等人演出此片段，還原現場情境。

㈢請寧國公（小億飾）、榮國公（小緯飾）回答提問單上的問題，為什麼要寶玉認真讀書，求取功名？

寧國公（小億飾）：為人父母長輩都希望子女能用功讀書，將來才能出人頭地，更何況賈家家大業大，需要繼承人繼續維持，所以把希望寄託在寶玉身上。

記者（老師飾）：所以你們認為寶玉應該聽話，求取功名？

榮國公（小緯飾）：沒錯！做子女的聽從父母長輩的話，本來就是應該
　　的，更何況要寶玉認真讀書是為寶玉好。

記者（老師飾）：所以從這裡看來，小朋友們覺得寶玉如果做到了長輩
　　的要求，從此以後認真讀書，然後進京趕考，求取功名，是具備了
　　怎樣的品格？

觀眾群（學生們飾）：孝順！

觀眾群（學生們飾）：責任！

記者（老師飾）：什麼是孝順？什麼是責任？

（請學生說明孝順和責任的定義）

記者（老師飾）：做到哪些行為才可以說是孝順？做到哪些行為才可以
　　說是負責任？

（請學生說明）

㈣小庭提問：賈寶玉最後並沒有聽長輩的話，是不孝又不負責任囉？

賈寶玉（小閔飾）：我有自己想要的生活方式，有自己的理想，我只是
　　追求自己的夢想罷了！說我不孝、沒責任感，好像有點過分……
　　（小閔不確定）

記者（老師飾）：寶玉可不可以追求自己的夢想？

觀眾群（學生們飾）：可以！

記者（老師飾）：但是寶玉的夢想和長輩的期望不同，該怎麼辦？

小鈺：放棄夢想，當個聽話的小孩。

小騰：勉強寶玉做他不喜歡做的事，寶玉一定不會快樂，書一定讀不
　　好，考功名也不會有希望啦！

記者（老師飾）：遇到類似的情況，子女要如何自處？

（請學生討論）

1 · 警幻仙子演紅樓夢

1-3 語文基本功～故事續寫

◎寧府花園內梅花盛開，賈珍的妻子尤氏來請榮國府眾人前去賞花⋯⋯⋯⋯。

【說明】

　　以上提供故事的開頭，請你發揮想像力，自由創作，續寫成完整的故事，字數在三百字左右。

【靈感補給站】

㈠這個故事一開頭，就告訴我們寧國府花園梅花盛開，所以眾人要前去賞花。想想看，賞花不會只有一個人，那麼會有哪些人參加？這些人在賞花的過程中，可能會發生哪些有趣的事？

㈡因為設計的人物不同，就會有不同的故事與情節衝突，所以請你針對出場人物的性格去鋪陳、想像故事的內容。

_____

_____

_____

_____

_____

_____

_____

_____

_____

我是_____年_____班_____號　姓名：_____

★學生作品檔請見光碟:\高年級-紅樓夢\5012.jpeg

1・警幻仙子演紅樓夢

1-4 語文基本功～人物特寫：賈寶玉

　　紅樓夢裡出場的人物很多，但作者曹雪芹卻能透過文字的描寫，讓每個人生動活潑起來，而且各具特性。現在就以書中的男主角「賈寶玉」為題，請你好好介紹一下「賈寶玉」。

語文基本功祕笈：**如何描寫人物？**		請配合書中的介紹，找出：**賈寶玉是……**
一、寫人物的外貌	描寫人物外形各方面的特徵。像是人物的年齡、身材、容貌、衣著、姿態、神情等的描寫。	
二、寫人物的行為	加上他的表情、動作和所說的話，就能讓人物顯得更加生動。	
三、寫人物的個性	像是人的反應快慢、樂觀文靜、活潑、耐心……的形容，這樣所要描寫的人物將令人有更深的印象。	
四、寫人物之間的關係	可以寫出主角和其他人物之間的互動，像是彼此之間相互信賴、猜忌、鬥智……的情形。	

📖 小朋友，經過上面的練習，請你以班上的小朋友為例，好好介紹一下吧！

請以班上同學為例：○○○是……	
一、寫人物的外貌	
二、寫人物的行為	
三、寫人物的個性	
四、寫人物之間的關係	

📖 將上表中各段落串連成一篇完整的文章，你可以發現，原來你也是一位小作家喔！

_____

_____

_____

_____

_____

_____

_____

_____

我是_____年_____班_____號 姓名：_____

2 · 元妃省親

2-1 導入紅樓～說、學、逗、唱

一、播放「元妃省親」數來寶影集

★學生示範檔請見光碟:\高年級-紅樓夢\5021.mpeg、5022.mpeg

（事先自行錄製或由學生課堂上直接表演）

··········元妃省親　數來寶··········

元妃省親

說紅樓，道紅樓，紅樓夢裡人物多，

各位看官請入座，且聽在下講透透。

元妃省親真隆重，豪華大轎送出宮，

皇宮生活像牢籠，一家團圓好感動。

拜見親人淚漣漣，一年難得見幾回，

彩蝶紛飛舞翩翩，聊完天遊大觀園。

美好時光易消逝，轉眼就要回皇室，

皇宮雖有人服侍，當平凡人才合適。

依依不捨淚漣漣，頻頻回頭上轎前，

百般無奈怎麼辦，期待明年再相見啊再相見。

二、閱讀「元妃省親」章回

三、教師介紹「元妃省親」在本書之閱讀重要性與詞意

㈠關於「元妃省親」（教師可參考下面敘述，轉化為適合班上教學的內容
　與程度）

大觀園是因為元妃省親才興建的，歷時一年多才完工，園內豪華氣派，金碧輝煌，連元妃看了都直搖頭說太奢侈、太浪費了，但可從其中窺見賈府當時握權掌勢，與元妃在宮中的身分地位有密不可分的關係。握有權勢一身的元春在宮中卻不開心，她寧願像個平凡人般可以與家人共享天倫之樂，但身為貴妃的她，卻像隻金絲雀般，被囚禁在皇宮做成的大牢中。

(二)「元妃省親」之問題與討論

由以上敘述，教師可歸納出幾個重點，與學生進行問題與討論。

★課程簡報檔請見光碟:\高年級-紅樓夢\5023.pps

◎住在宮中多年，元妃應該都是過著穿金戴銀、不愁吃穿的貴族生活，但她看到大觀園，還是不免向家人告誡不可太奢靡浪費，由此可見，元妃應該是個具有怎樣個性的人？

（參考答案：即使身處在與人勾心鬥角、權勢抗衡的皇宮中，元妃還是保有中國傳統婦女溫良恭謙、勤儉持家、德貌兼具的美德。）

◎元妃不適應宮中生活，什麼個性的人會比較適應皇宮中的生活？在紅樓夢裡，哪一個人最適合去皇宮過生活，且游刃有餘？

（參考答案：懂得操弄權勢，見風轉舵，善於攻心計的人適合待在皇宮。王熙鳳手腕靈活、心狠手辣、膽大心細，以古代重男輕女的社會眼光來看，一介女流可以掌管賈家上下大小事情，相信適應宮中生活一定難不倒鳳姐。）

◎元妃已經變成了貴妃，但她的心裡還是掛念著賈府一家上下，元妃具有怎樣的好品格？

（參考答案：孝順、關懷）

這裡可簡略帶過，不必深究，詳細品格討論可留在後頭。

◎賈家仗著元妃的勢力，得以享受榮華富貴，還蓋豪華大觀園，從哪一項品格可以來探討此事？

（參考答案：公平正義。）

這裡可簡略帶過，不必深究，詳細品格討論可留在後頭。

四、學生作品

紅樓夢　數來寶

紅樓夢

說紅樓，道紅樓，

紅樓夢裡人物多，

各位貴賓請入座，

請聽我們說透透。

女媧補天造石頭，

單剩一顆用不著，

幾世幾劫變化多，

它竟是在寶玉口。

寶玉聰明又機靈，

寶釵大方又美麗，

黛玉體弱又多病，

愛情糾葛分不清。

寶玉娶親大家騙，

娶親當天才發現，

黛玉已經上西天，

寶玉心中真抱歉。

宮裡傳來壞消息，

元妃病急無法醫，

賈母等人都悲泣，

自從元妃薨逝後，

賈家運勢往下滑呀往下滑！

五、學生進行「紅樓夢提問單」活動

〰️〰️ 元妃省親提問單 〰️〰️

當記者在進行採訪前，事先都會擬定好很多道題目。聰明的小朋友，在讀完紅樓夢後，假想你是一位小記者，找出書中你有疑問之處，並請進行小組討論，把它擬成問題。加油！看是哪個組別能擬出最多道題目。

與情節發展或劇情安排有關的問題

如：同時安排唱戲與誦經給元妃欣賞，一個熱鬧一個莊嚴，這兩件事不衝突嗎？

與角色有關的問題（與品格有關）

如：皇宮生活理應是衣食無缺，但為什麼元妃回家時見到親人還是會落淚？

有關語詞的問題

如：「入了空門」指的是什麼？

一、進行語詞教學

㈠將學生提問單上的語詞問題製作成撲克牌字卡。（語詞及解釋都做成撲克牌，如光碟\高年級-紅樓夢\5024.doc）

㈡展示所有的字卡，請學生根據原文句子，猜測應當配對的語詞解釋。

㈢進行字卡記憶遊戲。

二、進行品格價值澄清記者會

㈠分配飾演角色。

㈡依據提問單問題，請學生重現問題情境。（演出問題的橋段）

㈢請當事者回答相關問題，而記者和觀眾可針對當事者的回答隨時提問。

㈣請提問者評判對於當事者的回答滿意與否，決定是否結束話題。

📖 進行品格價值澄清實例

㈠教師挑出紅樓夢中的人物三十位，每人分配一個角色。

㈡小廷在提問單上問到：元妃在宮中應該是衣食無缺，生活無憂無慮，為什麼一看到親人會淚漣漣呢？請元妃（小良男扮女裝飾）、賈母（小娟飾）、賈政（小維飾）……等人演出此片段，還原現場情境。

㈢請當事者——元妃（小良飾）回答提問單上的問題，解釋為何拜見親人會淚漣漣？

元妃（小良飾）：皇宮生活雖然衣食無缺，可是我沒有知心朋友，大家都只會奉承我，我很想念你們，我想回家！哇～（假裝大哭的樣子）

記者（老師飾）：所以元妃您不喜歡宮中生活囉？

元妃（小良飾）：沒錯！大魚大肉我吃膩了！我想吃蚵仔麵線啦！哇～
　　　　（又假裝大哭）不過，除了吃之外，我還是很想念我的家人。

記者（老師飾）：所以從這裡看來，小朋友們覺得元妃應該是具有怎樣
　　　　好品格的人。

觀眾群（學生們飾）：孝順！

記者（老師飾）：什麼是孝順？

（以下開始進行品格探討）

㈣小蓉提問：賈家能興建大觀園，與元妃身在宮中有關係嗎？

賈政（小維飾）：當然啦！你以為為什麼我們能全家穿金戴銀的，還不
　　　　是靠我們家小春，她是「貴妃」耶！皇帝看了我都要喊我一聲岳父
　　　　呢！

元妃（小良飾）：（啜泣的樣子）爹，我想回家啦！我不要待在皇宮。

賈政（小維飾）：當然不行，你給我乖乖留在宮中，我們全家上下都要
　　　　靠你的……。

記者（老師飾）：賈府因為元春的關係，與朝政關係良好，並享有榮華
　　　　富貴，你們覺得這不符合哪項品格。

觀眾群（學生們飾）：公平正義。

記者（老師飾）：為什麼不符合公平正義？

（以下開始進行品格探討）

㈤記者（老師飾）：請問小蓉，對於賈政的回答，你是否滿意？還有疑問
　　　　嗎？

小蓉：可以，沒有疑問。

接著再進行下一個問題討論……

2 ・元妃省親

2-3 語文基本功～短文寫作（或續寫）

___年___班___號 姓名：_____

　　小朋友，本章回元妃省親在《紅樓夢》一書裡，可說是故事情節中最能讓人感傷和動容的地方之一，讀完後想必你有不少的感覺和看法吧！接下來，老師要提供你一個機會練習寫作——「文章續寫」。

　　文章續寫，最主要在培養學生具備組織、銜接、創意和想像的語文能力，一般從簡單到進階，可分為佳句延伸、文章接龍和故事續寫等三種學習方式。在本書中，我們將以佳句延伸、文章接龍為主要的練習方式。

📖 語文基本功祕笈：如何完成「佳句延伸」？

　　就是根據題目所提供的佳句做有意義的延伸，更可發揮創意與想像，設計生動逼人、變化起伏的情節發展。文章不用長，只要通順、前後能銜接即可，Go，練習去——

　　例子：

【一處處都鋪陳華麗，一樁樁都點綴新奇】

> 　　這個融合了巴洛克風格的建築，一處處都鋪陳華麗，一樁樁都點綴新奇。坐落在高樓林立的都市叢林中，更突顯出它的卓越與不凡，更襯托出它的尊榮與典雅，來往的行人，都忍不住在這個龐大的藝術品前駐足流連，讚嘆不已。

寫作練習

「元妃省親」中的佳句	佳句延伸練習
好一會兒，才隱隱聽見鼓樂聲……	
園中香煙裊繞，花影繽紛，處處燈光相映……	
女孩們歌動人，舞曼妙……	

★學生作品檔請見光碟:\高年級-紅樓夢\5025.jpeg

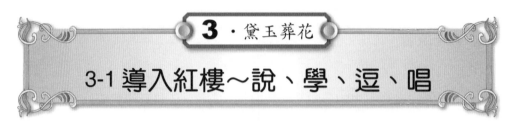

3·黛玉葬花

3-1導入紅樓～說、學、逗、唱

一、播放「黛玉葬花」相聲影集

★學生示範檔請見光碟:\高年級-紅樓夢\5031.mpeg

（事先自行錄製或由學生課堂上直接表演）

黛玉葬花　相聲稿

甲：（悲傷的唱法）好一朵美麗的茉莉花，好一朵美麗的茉莉花──

乙：怎麼！心情不好呀！

甲：花謝花飛飛滿天，紅消香斷有誰憐？

乙：ㄟ──，哪時候變得這麼有學問ㄜ，還會吟詩作詞呢！

甲：你懂什麼，我正在為這些凋落的茉莉花埋葬呢！

乙：埋葬!? 你幹嘛！生病了呀！

甲：去去去，別烏鴉嘴了，你看這些凋落的茉莉花好美呀！我正學林黛玉把花埋了。

乙：林黛玉！林黛玉是誰呀？我可是從來不帶玉的，通常只帶錢，不然信用卡也可以！

甲：你呀！真是孤陋寡聞喔！林黛玉可是中國古典文學名著《紅樓夢》裡的名人！

乙：名人？說來聽聽！

甲：聽我道來（拉長音調）

【黛玉葬花　順口溜】

什麼花？黛玉葬花最有名

絕妙詩詞細細嘗，處處感性又動人，

黛玉從小沒父母，幸好奶奶來收留，

黛玉寶玉玩一起，感情深厚沒人比，

一日黛玉找寶玉，可惜吃了閉門羹，

被拒門外心生忌，想起身世真飄零，

來到昔日葬花處，淚眼婆娑埋花去，

所有傷懷湧心頭，作出悽悽葬花詞：

花謝花飛飛滿天，紅消香斷有誰憐？

遊絲軟繫飄春榭，落絮輕沾撲繡簾？

（停頓一下，嘆口氣）

試看春殘花漸落，便是紅顏老死時；

一朝春盡紅顏老，花落人亡兩不知！——兩不知！

乙：嗯——真感人！我還滿同情林黛玉的，她還真是個多愁善感的富家小姐啊！

甲：就是說嘛！

乙：可是，這跟你在這邊掩埋茉莉花有什麼關係呢？

甲：什麼掩埋花朵？是老師要我們寫一篇有關花的作文，所以……

乙：所以，你在這兒學林黛玉「埋花找題材」？

甲：沒錯！

乙：別發呆了，老師正生氣的在找你呢！

甲：找我？找我做什麼？（緊張）

乙：老師問你的作文哪時候才要交！你還有時間在這兒窮瞎扯！（警告語氣）我看現在連林黛玉都救不了你了！

甲：我的媽呀！

二、閱讀「黛玉葬花」章回

三、教師介紹「黛玉葬花」在本書之閱讀重要性與詞意

★課程簡報檔請見光碟:\高年級-紅樓夢\5032.pps

㈠關於「黛玉葬花」（教師可參考下面敘述，轉化為適合班上教學的內容
與程度）

◎為什麼會有黛玉葬花詞的誕生？

最主要就是因為黛玉覺得賈寶玉對薛寶釵太好了，冷落了她，所以才會
吃味到去做葬花這件事。也因為如此，讓身體一向不是很好的她，覺得
自己的身世就和這些被吹落的鮮花是一樣的，自己的青春年華如同這些
花，被風一吹就掉下來了，不僅象徵了她生命的處境，更象徵了她的未
來。就是因為這樣的情感，讓她一個女孩子在看到花落的時候，能寫出
這麼優美的詞來。

◎為什麼要選「黛玉葬花」作為主要教學內容？

從上述「黛玉葬花詞」誕生的原因來看，我們可以了解林黛玉的人格特
質：焦慮、沒有安全感；本篇也最能顯露出林黛玉的個人特質，以及林
黛玉與賈寶玉、薛寶釵等三人之間的感情關係。而「黛玉葬花」這首詞
往往也多能引起讀者的共鳴。在品格議題方面，也有助於像尊重或關懷
等議題的融入學習。此外，在相關參考資料的搜尋及獲得上普遍性高，
都有助於師生的教與學，故選擇此章回作為《紅樓夢》這本書主要教學
內容之一。

㈡「黛玉葬花」白話文

貼心小話語：小朋友，請你在閱讀時配合想像當時的景象，會更有感
覺喔！

花兒枯萎了，隨著風飄滿天，它鮮豔的色彩逐漸褪去，香氣也消失
了，但又有誰對它感到同情哀憐呢？

在春天的樹木之間，懸掛著似斷似連的蜘蛛絲兒，此時，柳絮也隨著風吹來，沾滿了繡花的門簾。

閨房中的少女，正為這晚春的景色感到惋惜，心中滿懷的憂鬱惆悵，沒有地方可以寄託。

於是手拿著鋤花的鋤頭，撥開繡花的門簾，走到飄落了一地花兒的園裡，卻又不忍踏著花兒走過去？

似絲般的柳絮與像成串錢的榆樹果實，相互炫耀著自己的茂盛香氣，卻不管桃花飄落與李花紛飛。

等到明年大地春回，桃樹、李樹又將含苞吐放。可是在明年的閨房中，不知還有誰在？

新春三月的燕子叼來百花，築成花香散放的鳥巢。看看這屋樑間的燕子實在太無情了，不知糟蹋了多少鮮花啊！

明年百花盛開的時節，你（指燕子）還能叼花銜草築巢。可是，你無法料到屋裡主人可能早已死去，空空屋樑上舊巢也已損壞掉落。

※※※※※※※※※

一年三百六十個日子裡，像刀一樣的寒風，如劍般銳利的嚴霜，無情的摧殘著花枝。

明媚的春光，豔麗的花朵，又能夠綻放多久。一旦隨風飄落，就難再尋覓。

綻放的花朵容易看得到，一旦飄落就難再尋找。站在階梯前湧上滿懷愁思，愁煞了我這個葬花的人。

緊握著鋤花的鋤頭，我默默的灑下淚珠。將淚珠兒灑向空枝上，空枝上浸染了斑斑的血痕。

杜鵑在黃昏中默默無語的悲泣，我扛著花鋤忍痛歸去，並緊緊的關上重重的閨門。

屋裡冷清的燈光投射四壁，才要進入夢境。外頭清寒的春雨卻敲打著

窗櫺，我觸摸床上被褥，它依舊冷冷冰冰。

你也許會感到奇怪，是什麼事情讓我今天特別傷心？一半是對美好春光的憐惜，另一半卻是惱恨春天的短暫。

我為春天突然來臨而興奮，也為它匆匆離去而感到抑鬱。它總是悄悄的降臨人間，卻又一聲不響的離開。

※※※※※※※※

昨晚庭院外傳來一陣陣悲涼的歌聲，不知道是花兒的靈魂，還是那鳥兒的靈魂？

不管是花的靈魂，還是鳥的靈魂，都一樣的難以挽留。我問鳥兒，鳥兒默默無語；我問花兒，花兒也低頭含羞。

我衷心期盼現在就能夠生出一對翅膀，隨著那飄散的花兒，飛向那天地的盡頭。

即使飛到天地的盡頭，哪裡又有埋葬香花的香墳呢？

不如用這秀麗的錦袋，裝入你那嬌艷的屍骨（指掉落的香花）。再堆起一堆潔淨的泥土，埋葬你這瀟灑與美妙的花兒！

願你那潔淨的身體，能在生來與死去都不讓它沾染上一絲兒汙穢，而被拋棄在那汙濁的溝渠裡。

※※※※※※※※

花兒啊，今天你掉落死去，有我來把你收起來埋葬。但有誰知道我這個薄命的人，什麼時候會突然命喪呢？

今天我把落花埋葬，人們會笑我癡呆。等到我死去的時候，有誰幫我埋了呢？

不信請看那逐漸褪去的春色和正漸飄落的花兒。此時，也就是閨中少女面臨衰老死亡的時刻。

哎！一旦春天消逝，美人也即將老去。最終，花兒凋謝人也死去，卻都無人知道！

四、學生進行「紅樓夢提問單」活動

❦ 黛玉葬花提問單 ❦

　　當記者在進行採訪前，事先都會擬定好很多道題目。聰明的小朋友，在讀完紅樓夢後，假想你是一位小記者，找出書中你有疑問之處，並請把它擬成問題。

與情節發展或劇情安排有關的問題

如：為什麼黛玉只不過是被寶玉聽到她在吟哦《西廂記》中的唱詞，就不禁臉紅了呢？是吟哦唱詞很丟臉嗎？

與角色有關的問題（如：個性、態度、行為、人際關係……等）

如：寶釵聽到亭裡有人嘁嘁喳喳說話，就在亭外偷聽人家的對話，她這樣算不算侵犯他人隱私？

有關語詞的問題

如：什麼是「芒種節」？

★學生作品檔請見光碟:\高年級-紅樓夢\5033.jpeg

3．黛玉葬花

3-2 發展好品格～尊重、關懷

一、進行語詞教學

㈠將學生提問單上的語詞問題製作成撲克牌字卡。（語詞及解釋都做成撲克牌，如光碟\高年級-紅樓夢\5034.doc）

㈡展示所有的字卡，請學生根據原文句子，猜測應當配對的語詞解釋。

㈢進行字卡記憶遊戲。

二、進行品格價值澄清記者會

㈠分配飾演角色。

㈡依據提問單問題，請學生重現問題情境。（演出問題的橋段）

㈢請當事者回答相關問題，而記者和觀眾可針對當事者的回答隨時提問。

㈣請提問者評判對於當事者的回答滿意與否，決定是否結束話題。

📖 進行品格價值澄清實例

㈠教師挑出紅樓夢中的人物三十六位，每人分配一個角色。

㈡玉玲在提問單上問到：黛玉在睡覺，寶玉直接闖進她房間，這樣是不是很沒禮貌？請黛玉（小涵飾）、寶玉（小弘飾）演出此片段，還原現場情境。

㈢請當事者——寶玉（小弘飾）回答提問單上的問題，解釋為何沒敲門就闖入黛玉房間？這樣的行為是不是很沒禮貌？

　　寶玉（小弘飾）：我和黛玉感情很好，就像一家人一樣，所以沒敲門就進去，應該不會怎樣吧！

　　記者（老師飾）：請問大家，平常進父母房間時會敲門嗎？

觀眾群（學生們飾）：會！會先敲門再進去。

寶玉（小弘飾）：可是我都不會耶！父母也沒有怎樣。

觀眾群（學生們飾）：敲門是禮貌，應該要吧！

寶玉（小弘飾）：那闖入黛玉房間應該有點不禮貌吧！應該先敲門。

老師透過詢問，引導學生提問下一題問題或做結論。

㈣記者（老師飾）：請問玉玲，對於寶玉的回答，你是否滿意？還有疑問
嗎？

玉玲：可以，沒有疑問。

接著進行下一個問題討論……

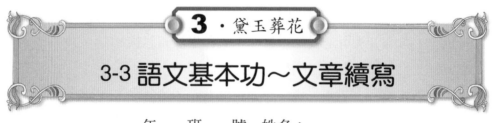

3-3 語文基本功～文章續寫

____年____班____號 姓名：_____

小朋友，本章回黛玉葬花在《紅樓夢》一書裡，可說是故事情節中最讓人感傷和動容的地方之一，讀完後想必你有不少的感覺和看法吧！接下來，老師要提供你一個寫作的練習——「文章續寫」，讓你也成為一位具有這樣能力的小作家。

文章續寫，最主要在培養學生具備組織、銜接、創意和想像的語文能力。一般從簡單到進階，可分為佳句延伸、文章接龍和故事續寫等三種學習方式。在本書中，我們將以佳句延伸、文章接龍為主要的練習方式。

語文基本功祕笈：如何完成「佳句延伸」？

就是根據題目所提供的佳句或自行尋找的佳句做有意義的延伸，更可發揮創意與想像，設計生動逼人、變化起伏的情節發展。文章不用長，只要通順、前後能銜接即可。Go，練習去——

例子：

【留得青山在，不怕沒材燒】

> 現代人工作壓力大，往往為了拚事業，疏忽了自己的健康。等到事業有成，卻也身體狀況百出，難有享受人生的機會。俗話說得好：「留得青山在，不怕沒材燒。」只要我們平時能多留意自己的身體、多運動，對事業金錢不要看得太重，人生才能過得有意義，享受真正的人生。

寫作練習

「黛玉葬花」中的佳句	佳句延伸練習
試看春殘花漸落，便是紅顏老死時。	

★學生作品檔請見光碟:\高年級-紅樓夢\5035.jpeg

3 · 黛玉葬花

3-4 語文基本功～人物特寫：林黛玉

紅樓夢裡最令人動容的即在裡面人物的描寫，也就是要寫出一篇好的文章，重點之一就在人物的描寫是否生動？因此，接下來老師就以本章回的主角「林黛玉」為題，提供給你這樣的練習，讓你好好介紹一下「林黛玉」。

語文基本功祕笈：如何描寫人物？		請配合本章回，找出：林黛玉是……
一、寫人物的外貌	描寫人物外形各方面的特徵。像是人物的年齡、身材、容貌、衣著、姿態、神情等的描寫。	
二、寫人物的行為	加上他的表情、動作和所說的話，就能讓人物顯得更加生動。	
三、寫人物的個性	像是人的反應快慢、樂觀文靜、活潑、耐心……的形容，這樣所要描寫的人物將令人有更深的印象。	
四、寫人物之間的關係	可以寫出主角和其他人物之間的互動，像是彼此之間相互信賴、猜忌、鬥智……的情形。	

小朋友，經過上面的練習，請你將上表中各段落串連成一篇完整的文章，你可以發現，原來你也是一位小作家喔！

＿＿＿＿＿＿＿＿＿＿＿＿＿＿＿＿＿＿＿＿＿＿＿＿＿＿＿＿＿＿

＿＿＿＿＿＿＿＿＿＿＿＿＿＿＿＿＿＿＿＿＿＿＿＿＿＿＿＿＿＿

＿＿＿＿＿＿＿＿＿＿＿＿＿＿＿＿＿＿＿＿＿＿＿＿＿＿＿＿＿＿

＿＿＿＿＿＿＿＿＿＿＿＿＿＿＿＿＿＿＿＿＿＿＿＿＿＿＿＿＿＿

＿＿＿＿＿＿＿＿＿＿＿＿＿＿＿＿＿＿＿＿＿＿＿＿＿＿＿＿＿＿

＿＿＿＿＿＿＿＿＿＿＿＿＿＿＿＿＿＿＿＿＿＿＿＿＿＿＿＿＿＿

＿＿＿＿＿＿＿＿＿＿＿＿＿＿＿＿＿＿＿＿＿＿＿＿＿＿＿＿＿＿

＿＿＿＿＿＿＿＿＿＿＿＿＿＿＿＿＿＿＿＿＿＿＿＿＿＿＿＿＿＿

＿＿＿＿＿＿＿＿＿＿＿＿＿＿＿＿＿＿＿＿＿＿＿＿＿＿＿＿＿＿

＿＿＿＿＿＿＿＿＿＿＿＿＿＿＿＿＿＿＿＿＿＿＿＿＿＿＿＿＿＿

＿＿＿＿＿＿＿＿＿＿＿＿＿＿＿＿＿＿＿＿＿＿＿＿＿＿＿＿＿＿

＿＿＿＿＿＿＿＿＿＿＿＿＿＿＿＿＿＿＿＿＿＿＿＿＿＿＿＿＿＿

＿＿＿＿＿＿＿＿＿＿＿＿＿＿＿＿＿＿＿＿＿＿＿＿＿＿＿＿＿＿

＿＿＿＿＿＿＿＿＿＿＿＿＿＿＿＿＿＿＿＿＿＿＿＿＿＿＿＿＿＿

＿＿＿＿＿＿＿＿＿＿＿＿＿＿＿＿＿＿＿＿＿＿＿＿＿＿＿＿＿＿

我是＿＿年＿＿班＿＿號　姓名：＿＿＿＿＿＿＿

★學生作品檔請見光碟:\高年級-紅樓夢\5036.jpeg、5037.jpeg

4・劉姥姥進大觀園

4-1 導入紅樓～說、學、逗、唱

一、播放「劉姥姥進大觀園」廣播劇（事先自行錄製）

★學生示範檔請見光碟:\高年級-紅樓夢\5041.mp3

（事先自行錄製或由學生課堂上直接表演）

劉姥姥進大觀園　廣播劇

旁白：上回來找鳳姐兒的劉姥姥又來了，她挑了兩擔又香又大的瓜果蔬菜來孝敬這些姑奶奶們。眼看天色黑了，鳳姐兒便讓劉姥姥留在府中過夜。劉姥姥見識廣，見到賈老太太，逗得她樂開懷，隔天便帶劉姥姥到府裡逛逛。當天天氣晴朗，丫頭送上滿滿菊花的盤子。老太太回頭看見劉姥姥，便笑著說……

賈老太太：過來選朵花戴吧！

旁白：此時，鳳姐兒拉過劉姥姥，笑著說……

鳳姐：來！就讓我替你打扮打扮唄！

旁白：鳳姐說著，便把盤子裡的花亂七八糟的插了她滿頭，而且拿胭脂在她臉上塗塗抹抹，用的滿臉都是。

鳳姐：（高聲說）唷！大夥瞧瞧，這劉姥姥有沒有變得更漂亮了呀？

老太太和大家笑得不得了。

劉姥姥：我是修來什麼福氣，今兒個居然變漂亮起來嚕！

眾人笑說：你還不把花全拔下來丟在鳳姐兒的臉上，她可把你打扮成老妖精啦！

劉姥姥：我老雖老，可我年輕的時候可是姑娘十八一朵花，就愛在臉

上做裝扮，今兒個索性就讓自己做個俏麗的老姑娘吧！

旁白：說著說著，大夥來到大觀園，劉姥姥看著這富麗堂皇的地方，
　　　竟然「哇！」的一聲，跪了下來。

劉姥姥：哇！這是神仙住的地方嗎？我是在作夢嗎？這裡根本就是一
　　　　幅畫嘛！如果有人可以照著園子畫一張畫，我可要拿回去給他
　　　　們瞧瞧，而且每天早晚三炷香膜拜呀！

旁白：大夥又被劉姥姥那番話逗得眉開眼笑。歇息一會兒，又帶劉姥
　　　姥到吃飯的秋爽齋，只見路旁一堆泥巴夾雜青苔。結果劉姥姥
　　　只顧著和別人說話，一不小心……

劉姥姥：唉喲！我的媽呀！我的屁股可要開花嚕！

旁白：劉姥姥果然撲通的滑了一跤。大家忙著拍手哈哈大笑。

賈老太太：（邊笑邊罵）呵呵～～～還不趕快幫忙扶起來，只知道顧
　　　　　著笑！扭到腰了沒？叫丫頭們幫你捶捶。

劉姥姥：我哪裡這麼嬌嫩呀？我的身體可是猛得像頭牛，就是需要這
　　　　樣摔一下動動身體呀！嘿咻～～～呼～～（表示身體硬朗的感
　　　　覺）

旁白：大夥終於走到飯桌旁，賈老太太邀請劉姥姥坐在她旁邊。劉姥
　　　姥入了座，鳳姐兒和僕人鴛鴦想要劉姥姥出糗，便把她的筷子
　　　換成一雙象牙又鑲金的筷子。

劉姥姥：奇怪！這筷子拿起來怎麼跟田裡頭的耙子一樣沉甸甸，嘿
　　　　咻～～～（呈現很重的感覺），這怎麼拿得起來夾菜勒？

眾人大笑。

旁白：此時一個丫頭端來兩碗菜，鳳姐挑了一碗鳥蛋放在劉姥姥面
　　　前。

賈老太太：劉姥姥，請！

劉姥姥：（高聲）老劉，老劉，食量大如牛；吃個母豬也不抬頭！

旁白：劉姥姥說完，便把自己裝得像頭牛似的，鼓起兩腮，兩眼直瞪
　　　著，一聲不響。大夥愈看愈覺得像極了，一起哈哈大笑起來。

此時，湘雲噴出茶來哈哈大笑；黛玉笑岔了氣，直叫「哎喲！笑死我
啦！」；寶玉直叫著「奶奶！她太好笑了！」賈老太太說著「哎喲！
我的心肝！」

劉姥姥：這裡的雞也奇怪了，怎麼淨生出這個小丁點的蛋，讓我來夾
　　　一個吃來看看。

大夥又笑了起來。

賈老太太：（邊笑邊說）這一定是鳳丫頭搞的鬼主意，別理她。

鳳姐兒：唷～～～～～這鳥蛋可是一顆一百塊呢！你快嚐嚐看呀！
　　　冷了可就不好吃啦！

劉姥姥：ㄜ～～哎唷！ㄜ～～～哎喲！怎麼又掉啦！怎麼這一百塊的
　　　東西，沒聽到它叮咚響一聲就這樣掉到地上，沒了。

賈老太太：（邊笑邊說）是誰把這筷子拿出來的？

旁白：丫頭們趕緊幫劉姥姥換上一雙鑲銀的筷子。

劉姥姥：哎喲～～～～去了個金子，又來了個銀子，怎麼也還是沒有
　　　我家那木棍兒用得順手。

鳳姐：這菜要是有毒，可剛好用銀筷子去試一試。

劉姥姥：這裡的菜要是有毒，我們那鄉下的菜不就都放砒霜啦！而且
　　　哪怕被毒死，我也要把它吃光光！

旁白：大夥就在劉姥姥鬧著天大笑話中，把這頓飯吃完了。飯後賈老
　　　太太便回房歇息，叫鳳姐兒帶大夥到處逛逛。此時，大夥來到
　　　之前元妃省親的牌樓下，劉姥姥立刻跪了下來磕頭，大夥笑彎
　　　了腰。

劉姥姥：笑什麼？這牌樓上的字我都認得，我們那裡廟宇最多，都是
　　　　長這個樣子呀！

劉姥姥：這個名字不是「玉皇寶殿」，玉皇大帝的廟嗎？

旁白：大家笑得拍手鼓掌起來，還要取笑她。劉姥姥卻肚子咕嚕咕嚕
　　　叫起來，她拿了兩張草紙硬是要在原地上廁所。大夥又是笑，
　　　又忙著跟她說：「這裡不可以呀！」

旁白：劉姥姥因為吃香的喝辣的，又多喝了幾碗茶，不免拉了肚子。
　　　蹲了老半天，等出來後發現沒人，一不小心迷了路，便順著一
　　　條石子路慢慢走出來，走呀走呀便走入了一個房間。一進門便
　　　看到一個姑娘面帶笑容對著劉姥姥。

劉姥姥：呵呵！姑娘原來跑到這裡了，也不找我過來！（空等幾秒
　　　　鐘）姑娘！姑娘！怎麼都不搭理我呀？你在笑也要理會理會我
　　　　呀！

旁白：劉姥姥走向前去，想拉拉這姑娘的手，誰知「框啷」一聲撞到
　　　牆壁上。

劉姥姥：哎喲！ㄟㄟ～～～原來是一幅畫呀！呵呵～～～我可真老眼
　　　　昏花呀！

旁白：劉姥姥只能掀開簾子往裡面走進去，只見一個老婆子走到她面
　　　前。但說也奇怪，這老婆子頭上插滿一堆花，臉也塗得花花綠
　　　綠的。

劉姥姥：ㄟㄟ～～～～莫非是親家母來了？唷～～～親家母，你也來
　　　　啦？我這幾天沒去找你，虧你也知道要來這裡找我呀！是哪位
　　　　姑娘帶你進來的呀？呵呵～～～我也覺得這院子有夠大的ㄏ
　　　　ㄡ～～～～～不過，親家母呀！瞧瞧你這頭，你是沒見過世面
　　　　呀？喜歡這些花也別把它們往你頭上亂插嘛！再瞧瞧你那麻花

臉，我這小巧可愛的臉蛋可要比你漂亮囉！呵呵～～～～你唷！ㄟˊ怎麼我做什麼動作你也學我做呀！

旁白：劉姥姥正覺得納悶呢！便伸手要去摸摸她的臉，她也伸出手來擋。這時，她才發現摸到的是冰冷冷的鏡子。

劉姥姥：ㄏさˋ～～～常聽說富貴人家有種穿衣鏡子，難道我跑到鏡子裡啦？哎呀！原來這是我自己！哈哈～～～原來這個肖婆是我自己呀！有夠阿花的！（台灣國語腔）

旁白：終於劉姥姥找到離開這房門的地方。到了晚上，劉姥姥帶著鳳姐兒為她準備的衣物、點心，衷心感謝的回鄉下去了。

二、閱讀「劉姥姥進大觀園」章回

三、教師介紹「劉姥姥進大觀園」在本書之閱讀重要性與詞意

㈠關於「劉姥姥進大觀園」（教師可參考下面敘述，轉化為適合班上教學的內容與程度）

◎為什麼要選「劉姥姥進大觀園」作為主要教學內容？

我們可以知道賈府的生活奢侈豪華，裡面的人個個養尊處優。所以在這篇故事中，透過一個身分地位相差懸殊的鄉下村婦——劉姥姥，帶領讀者一同去窺視大觀園中富麗堂皇的建築，也間接了解賈府精緻、奢華的飲食、衣著及生活。藉由劉姥姥這個甘草人物的角色，和賈府做各方面明顯的對比，讓學生更容易了解、認識賈府的生活。

另一方面，劉姥姥的真誠純樸、善解人意、開朗逗趣的個性，和大觀園中養尊處優的小姐、太太們的個性呈現天壤之別，有別於工於心計的王熙鳳、憂鬱沉默的林黛玉以及優柔寡斷的賈寶玉。雖然這個角色在故事中出現時間不多，但劉姥姥的個性十分鮮明，因此非常值得進行深入探討。

四、學生進行「紅樓夢提問單」活動

～～～ 劉姥姥進大觀園　提問單 ～～～

　　當記者在進行採訪前，事先都會擬定好很多道題目。聰明的小朋友，在讀完紅樓夢後，假想你是一位小記者，找出書中你有疑問之處，並請把它擬成問題。

與情節發展或劇情安排有關的問題

如：故事後半段為什麼要安排劉姥姥碰到鏡子？

與角色有關的問題（如：個性、態度、行為、人際關係……）

如：為什麼在故事中鳳姐兒三番兩次的捉弄劉姥姥，讓她出糗？

有關語詞的問題

如：「叉巴子」指的是什麼？

4・劉姥姥進大觀園

4-2 發展好品格～尊重、誠實、禮貌、關懷

一、進行語詞教學

★課程簡報檔請見光碟:\高年級-紅樓夢\5042.pps

㈠將學生提問單上的語詞問題製作成撲克牌字卡。（語詞及解釋都做成撲克牌，如光碟:\高年級-紅樓夢\5043.doc）

㈡展示所有的字卡，請學生根據原文句子，猜測應當配對的語詞解釋。

㈢進行字卡記憶遊戲。

二、進行品格價值澄清記者會

㈠分配飾演角色。

㈡依據提問單問題，請學生重現問題情境。（演出問題的橋段）

㈢請當事者回答相關問題，而記者和觀眾可針對當事者的回答隨時提問。

㈣請提問者評判對於當事者的回答滿意與否，決定是否結束話題。

📖 進行品格價值澄清實例

㈠教師挑出紅樓夢中的人物三十二位，每人分配一個角色。

㈡小璇在提問單上問到：鳳姐兒為什麼在大家吃飯時，要派鴛鴦拿象牙又鑲金的筷子給劉姥姥，讓大家嘲笑，這樣不是很不尊重嗎？請鳳姐兒（小文飾）、鴛鴦（小婷飾）、劉姥姥（小容飾）、賈老太太（小華飾）、寶玉（小暐飾）、黛玉（小于飾）、湘雲（小婷飾）還原現場情境。

㈢請當事者——鳳姐兒（小文飾）回答提問單上的問題，解釋為何在大家吃飯時，要派鴛鴦拿象牙又鑲金的筷子給劉姥姥，讓大家嘲笑，這樣不是很不尊重嗎？

鳳姐兒（小文飾）：我拿這個貴重的筷子給劉姥姥是表示尊重她這個貴
客，所以怎麼會不尊重。

記者（老師飾）：嗯！可是為什麼其他人都沒有拿到這麼貴重的筷子吃
飯呀！

鳳姐兒（小文飾）：因為他們都是一家人，不是貴客呀！

觀眾群（學生們飾）：可是你知道菜單裡面有鵪鶉蛋，還刻意拿容易夾
滑掉的筷子，不就是為了讓大家看到劉姥姥的糗樣。

鳳姐兒（小文飾）：我是為了讓大家開心一下。

觀眾群（學生們飾）：那這不就是不尊重劉姥姥嗎？

鳳姐兒（小文飾）：嗯！是有些不尊重劉姥姥。

㈣老師透過詢問引導學生提問下一題問題或做結論。

記者：請問小璇，對於鳳姐兒的回答，你是否滿意？還有疑問嗎？

小璇：可以，沒有疑問。

接著進行下一個問題討論……

三、進行「劉姥姥進大觀園」中所隱含的品格

㈠老師把故事中要強調的品格行為先提出，詢問學生符合何種品格。

（範例）

老師：這篇故事中，可以看到鳳姐兒故意插得劉姥姥滿頭花；吃飯時又
刻意拿難夾食物的筷子要劉姥姥夾蛋，這些舉動都為了讓劉姥姥出
糗而逗大家歡笑。請問這個行為跟什麼品格相關？

學生：尊重。因為她沒有考慮劉姥姥的感受，做這些會讓她出糗的事
情，是一種不尊重的行為。

學生：禮貌。這樣的行為也可以算是不禮貌，因為沒有經過她的同意就
亂插她滿頭花，是很不禮貌的。

㈡老師可針對相關品格進行定義、生活行為的探討。例如：

1. 尊重是同理心。

2. 尊重是包容別人的關懷。

3. 日常生活中，要如何做到「尊重」？

㈢老師詢問學生在這段故事中還有哪些相關的品格，並一一進行探討、澄清。

（故事中的相關品格）

（教師可參考下面敘述，轉化為適合班上教學的內容與程度）

1. 劉姥姥只顧和別人說話而摔了一跤，當所有人顧著笑的時候，賈老太太詢問她扭傷了沒。【**品格主題：關懷**】

2. 所有人前往飯廳吃飯時，賈老太太叫下人搬桌椅，請劉姥姥坐在她身旁。【**品格主題：禮貌、尊重**】

3. 當下人陸續拿鑲金、鑲銀的筷子給劉姥姥使用時，她直說這些沒有自家的普通筷子拿得順手。【**品格主題：誠實**】

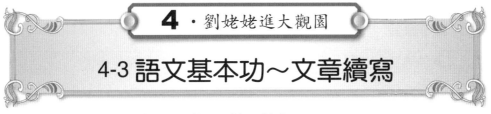

4-3 語文基本功～文章續寫

____年____班____號　姓名：_____

　　小朋友，「劉姥姥進大觀園」在《紅樓夢》一書裡可說是故事情節中，最讓人感到俏皮、逗趣，讓賈府注入一股歡樂氣氛的章回。讀完後，想必你有不少的感覺和看法吧！接下來，老師要提供你一個寫作的練習──「文章續寫」，讓你也是一位具有這樣能力的小作家。

　　文章續寫，最主要在培養學生具備組織、銜接、創意和想像的語文能力，一般從簡單到進階，可分為佳句延伸、文章接龍和故事續寫等三種學習方式。在本書中，我們將以佳句延伸、文章接龍為主要的練習方式。

📖 語文基本功祕笈：如何完成「佳句延伸」？

　　就是根據題目所提供的佳句做有意義的延伸，更可發揮創意與想像，設計生動逼人、變化起伏的情節發展。文章不用長，只要通順、前後能銜接即可，Go，練習去──

　　例子：

【身體髮膚，受之父母，不敢毀傷，孝之始也】

> 　　俗話說：「身體髮膚，受之父母，不敢毀傷，孝之始也。」報答父母的恩情最好的方式就是好好照顧自己、珍惜自己的生命。千萬不要因為一時的挫折，對生命絕望而走向難以挽回的局面。這樣不僅沒有真正解決事情，更深深傷害父母的心。所以，珍惜生命才是負責任的行為，也是孝順父母的方式。

📖 寫作練習

「劉姥姥進大觀園」中的佳句	佳句延伸練習
池裡碧波清水，上有白石塊橫架。	
泥地上布滿青苔，只有中間一條石子鋪成的通道。	
正值風清氣爽之時，那樂聲穿林度水而來……	

★學生作品檔請見光碟:\高年級-紅樓夢\5044.jpeg

4·劉姥姥進大觀園

4-4 語文基本功～人物特寫：劉姥姥

　　紅樓夢裡最令人動容的即在裡面人物的描寫，也就是要寫出一篇好的文章，重點之一就在人物的描寫是否生動？因此，接下來老師就以本章回的主角「劉姥姥」為題，提供給你這樣的練習，讓你好好介紹一下「劉姥姥」。

語文基本功祕笈：**如何描寫人物？**		請配合本章回，找出：**劉姥姥是……**
一、寫人物的外貌	描寫人物外形各方面的特徵。像是人物的年齡、身材、容貌、衣著、姿態、神情等的描寫。	
二、寫人物的行為	加上他的表情、動作和所說的話，就能讓人物顯得更加生動。	
三、寫人物的個性	像是人的反應快慢、樂觀文靜、活潑、耐心……的形容，這樣所要描寫的人物將令人有更深的印象。	
四、寫人物之間的關係	可以寫出主角和其他人物之間的互動，像是彼此之間相互信賴、猜忌、鬥智……的情形。	

★學生作品檔請見光碟：\高年級-紅樓夢\5045.jpeg

 小朋友，經過上面的練習，請你嘗試為大家介紹你的好朋友吧！

語文基本功祕笈：**如何描寫人物？**		請以班上同學為例：_____是……
一、寫人物的外貌	就是描寫人物外形各方面的特徵。像是人物的年齡、身材、容貌、衣著、姿態、神情等的描寫。	
二、寫人物的行為	如果能再描寫出代表性的行為，就能讓人物顯得更加生動。例如加上他的表情、動作和所說的話。	
三、寫人物的個性	如果能用一件事蹟來形容，那所要描寫的人物的性格將有更深的形容。	
四、寫人物之間的關係	通常要讓人物顯得更加真實、更有感情，我們可以寫出自己對他的感覺、認識，或別人對他的看法。	

我是___年___班___號　姓名：_____

5・酸鳳姐借劍殺人

5-1 導入紅樓～說、學、逗、唱

一、播放「酸鳳姐借劍殺人」影集

（事先自行錄製或由學生課堂上直接表演）

〈酸鳳姐借劍殺人〉

【第一幕】

（賈璉貪腥，在外頭偷偷娶了尤二姐做偏房，但擔心家裡主事的醋缸鳳姐兒知道，要鬧個天翻地覆，而且賈璉素來就怕鳳姐兒，所以壓根兒不敢把尤二姐帶回家，只好在花枝巷裡買個房子，做「金屋藏嬌」的事。一天，兩個賈府的小廝偷偷的在花園裡談論賈璉和尤二姐的風流韻事，被一個丫頭聽到，趕緊報給鳳姐知道。）

鳳姐（咬牙恨道）：把興兒那個忘八崽子給我叫來，我倒要看看他怎麼跟我交代。

（丫頭立刻傳喚，興兒趕緊進來，一副畢恭畢敬、膽小謹慎的模樣。）

鳳姐（冷笑）：好小子，瞧瞧你和你爺瞞著我辦的好事！還真當我是瞎子、聾子，一個個都爬上我的頭上撒尿了。

興兒（嚇得兩腿發軟，撲通一聲跪了下去，頭直往地上磕個不停）：小的就算給天借膽，也不敢矇騙奶奶呀！就不知道奶奶問的什麼事兒，奴才給爺辦壞了，讓奶奶這樣生氣？

鳳姐（喝斥）：你二爺外頭娶新奶奶的事兒，你敢說你不知道？還在我的跟前打馬虎眼兒。

興兒（連忙把帽子抓下來，在磚地上直磕響頭）：奶奶饒命！奶奶饒

　　　命！……

鳳姐：還不給我一五一十說清楚，如果有半點虛假，小心你的皮。

（興兒不敢有半點隱瞞，把事情的經過詳細說出來。鳳姐聽完，交代

　興兒不准說出去後，才讓興兒退下。）

【第二幕】

（鳳姐趁賈璉外出辦事，大概要兩個月才回，帶了平兒幾個丫環，由

　興兒引路，到尤二姐門口。）

興兒（扯開喉嚨大喊）：快回二奶奶去，大奶奶來了！

尤二姐（慌忙整衣出來迎接）：不知道姐姐大駕光臨，不曾遠接，請

　　　姐姐大人大量，寬恕我的不周到。

鳳姐：哪兒的話，都怪我太年輕不懂事，只會勸二爺保重身體，甭在

　　　外頭拈花惹草，讓老爺、太太放心。哪知道二爺卻怪我不貼

　　　心，誤會了我的好意，連娶妹妹這樣的大事兒，都不肯跟我

　　　說。其實我也勸過二爺，早點再娶一房媳婦，生個一男半女，

　　　連我日後都有依靠。想不到二爺私下辦了，卻顯得我雞腸鳥

　　　肚，不容人似的，我真是有冤無處說。（拉著尤二姐的手）求

　　　妹妹體諒我的苦心，搬回家裡，免得叫外人知道了，對我們兩

　　　姐妹的名聲都不好，要是妹妹不肯搬，我也願意搬出來陪著，

　　　只巴望著妹妹得寵，能在二爺跟前替我說說好話，就算叫我服

　　　侍妹妹梳頭洗臉，我也心甘情願。（說完，嗚咽哭了起來，還

　　　用袖子抹淚。）

尤二姐：不敢姐姐服侍，不想姐姐如此寬宏大量，我再不同姐姐一起

　　　回去，倒顯得我不識大體了。

（兩人吩咐小廝收拾妥當，一同回榮國府。）

【第三幕】

（尤二姐隨同鳳姐搬進大觀園，鳳姐藉口賈璉於服喪期間娶妾，賈
　母、邢夫人不知，必須等明白以後，才能進屋，請求李紈收留。鳳
　姐並將自己的一個丫頭送給二姐使喚，吩咐下人，必須看緊二姐。
　丫頭狐假虎威，欺負尤二姐，二姐怕人笑她不安分，極力忍耐，鳳
　姐知道箇中緣由，卻故意裝聾作啞，不久，鳳姐終於把尤二姐接進
　府。賈璉回家後，知道事情曝光，只好稟明賈赦、邢夫人，賈赦竟
　又賞了秋桐給賈璉當小妾，真是一波未平、一波又起。）

（秋桐憑恃自己是賈赦所賜，趾高氣揚，連鳳姐、平兒都不怎麼放在
　眼裡，又哪裡能容尤二姐。鳳姐索性裝病，不和二姐同桌吃飯，只
　命下人端些剩菜、剩飯給二姐，平兒不忍心，只能暗中接濟。）

秋桐（冷笑）：奶奶的名聲白白讓平兒給攪了，放著家裡的好菜好飯
　　　　不吃，卻到園子裡去偷吃。

鳳姐（怒道）：人家養貓會拿耗子，我養的貓倒咬起雞了，還真白養
　　　　了。

平兒：我知道錯了，奶奶別生氣，礙了身子不好。

鳳姐（假惺惺）：秋桐呀！你年輕不懂事，二姐是二奶奶，是二爺心
　　　　尖兒上的寶貝兒，我還得讓她三分，你去招惹她，恐怕是自尋
　　　　死路，我勸你多忍忍，別太計較了。

秋桐（怒罵）：大奶奶平日的威風到哪兒去了？要我忍耐那個狐狸
　　　　精，門兒都沒有。奶奶寬宏大量，我卻眼裡揉不下一粒沙子，
　　　　誰厲害還不知道呢！

（尤二姐知道了，氣得在房裡哭，連飯也吃不下，卻不敢告訴賈璉，
　一個多月後，病得奄奄一息。）

尤二姐（哭）：我的病恐怕不能好了，眼下我有了身孕，但不知是男

是女？希望老天可憐我，讓我平安生下他。

賈璉：你放心，我找大夫來醫治你的病，包準你藥到病除，你只要安心養病，為我生個白胖娃娃要緊。

（賈璉請太醫診治，尤二姐服下藥，想不到，半夜腹疼不止，肚子裡已成形的男胎竟然流掉了，賈璉急找太醫，但闖禍的太醫卻先一步逃走。）

鳳姐（著急）：咱們命中無子，好不容易有了一個，卻倒楣碰上一個沒本事的大夫，好好兒的把孩子給弄沒了。（一邊燒香禱告）請老天爺幫忙，我願意用自己的身子代尤氏妹子的病痛，讓她早日康復，再懷個孩子，給咱家添香火，就算是要我長年吃齋唸佛都願意。

（秋桐見賈璉、鳳姐的模樣，心裡像翻倒了一缸醋，又聽算命的說自己屬兔，和孕婦犯沖，更是火冒三丈。）

秋桐（大罵）：我和她井水不犯河水，怎麼就沖了她？她在外頭什麼人不見，偏到了咱們府上就嬌弱起來？我倒要問問她，到底是哪裡懷上的孩子？也不知是姓王姓張？奶奶稀罕，我瞧著還礙眼呢！生孩子嘛！哪個女人不會，一年半載生養一個，還一點兒雜質都沒有呢！

尤二姐：我的病恐怕好不了，更何況孩子沒了，我以後的日子只怕更難過了，白待在這兒受氣，不如一死，倒還乾淨。

（二姐一氣之下，吞金自殺，鳳姐就此除了心頭大患，賈璉無力護妻，也只能草草辦理後事了。）

二、閱讀「酸鳳姐借劍殺人」章回

三、教師介紹「酸鳳姐借劍殺人」在本書之閱讀重要性與詞意

㈠關於「酸鳳姐借劍殺人」（教師可參考下面敘述，轉化為適合班上教學的內容與程度）

　　在紅樓夢的故事中，大概可以看到兩條主線並進，一條是以寶、釵、黛三人間情感的糾葛為主，重點當然放在寶、黛追求愛情自主不成的悲劇上；另一條則是描寫賈府由興盛而衰敗落破的過程。事實上，賈府的破敗，固然和家中男丁不成材有關，但其中與鳳姐貪贓枉法、公款放被曝光，亦脫離不了關係，所以，在整部紅樓夢中，鳳姐成了釵、黛之外非常出色的女性，作者也用了許多篇幅介紹鳳姐的為人和精明的手段。例如到寧國府協理秦可卿喪事，顯露了鳳姐處處精細俐落的風采；例如懲治賈瑞，心狠手辣毫不留情，雖然錯在賈瑞貪色，但鳳姐得理不饒人，玩弄賈瑞於股掌間的能耐，也真叫人甘拜下風；除了手段毒辣之外，鳳姐還深受賈母寵信，一手打理榮國府裡裡外外，靠的是靈活的手腕、察言觀色的本事，不但能哄得賈母開心，還能庇護公子哥兒寶玉、一班天仙似的姐妹安心悠閒的在大觀園中自在生活，也讓王夫人養尊處優，可見鳳姐在賈府中扮演的角色，不單只是耍威風、出風頭而已。

　　另外，鳳姐也是出了名的大潑婦，紅樓夢中兩回撒潑都和賈璉出軌有關，一次是賈璉和鮑二家的偷情被鳳姐撞見，鳳姐使出了一哭二鬧的本事，卻擺弄得賈璉灰頭土臉；另一次就是賈璉偷娶尤二姐，讓鳳姐顏面無光，但鳳姐卻能不著聲色的把劣勢轉為優勢，不但狠狠報復了尤二姐，還博得對二姐「仁至義盡」的美名，鳳姐的手段和演技在這一回中，更是展露無遺了。

㈡「酸鳳姐借劍殺人」之問題與討論

　　由以上敘述，教師可歸納出幾個重點，與學生進行問題與討論。

◎賈璉在外頭金屋藏嬌，鳳姐知道後非常生氣，卻還是帶著平兒把尤二姐帶回賈府，後來賈赦又賞了賈璉一個小妾——秋桐，鳳姐的個性剛烈，為什麼會忍氣吞聲？

（參考答案：古時候的中國男人可以三妻四妾，鳳姐雖然是女強人，但無力改變這種陋習，所以雖然生氣，也只好忍耐。）

（這裡可簡略帶過，不必探究，詳細品格討論可留在後頭。）

◎尤二姐受不住閒氣，最後吞金自殺，你認為害死二姐的人是誰？

（參考答案：賈璉無能，見一個愛一個，不但無法保護尤二姐，還放任鳳姐、秋桐與下人對尤二姐不禮貌，最後才會逼死尤二姐；鳳姐笑裡藏刀，背地裡唆使下人不服從二姐，表面上卻裝模作樣，讓尤二姐誤信鳳姐是好人，等秋桐入門，又使計挑撥秋桐，百般凌辱二姐，才使二姐在失去孩子後萬念俱灰，選擇自我了結；秋桐潑辣，自以為是賈赦所賜，爭風吃醋，無所不為，而且言語苛刻，讓善良的尤二姐無力承受，才會吞金自殺。）

◎尤二姐吞金自殺，你認為這樣的行為好嗎？為什麼？

（參考答案：不好，遇到困難挫折時，應該要想法子解決。尤二姐選擇自殺，實在太不尊重生命了！）

（這裡可簡略帶過，不必探究，詳細品格討論可留在後頭。）

四、學生進行「紅樓夢提問單」活動

❧❧ 酸鳳姐借劍殺人提問單 ❧❧

　　當記者在進行採訪前，事先都會擬定好很多道題目。聰明的小朋友，在讀完紅樓夢後，假想你是一位小記者，找出書中你有疑問之處，並請進行小組討論，把它擬成問題。加油！看是哪個組別能擬出最多道題目。

與情節發展或劇情安排有關的問題

　　如：鳳姐「借劍殺人」，指的是什麼？

與角色有關的問題（如：個性、態度、行為、人際關係……等）

　　如：尤二姐為什麼要忍氣吞聲？

有關語詞的問題

　　如：「折簪爛花」指的是什麼？

5·酸鳳姐借劍殺人

5-2 發展好品格～尊重、禮貌

一、進行語詞教學

★課程簡報檔請見光碟:\高年級-紅樓夢\5051.pps

㈠將學生提問單上的語詞製作成詞卡，如：

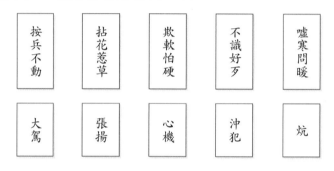

| 按兵不動 | 拈花惹草 | 欺軟怕硬 | 不識好歹 | 噓寒問暖 |
| 大駕 | 張揚 | 心機 | 沖犯 | 炕 |

㈡展示所有的詞卡，請學生分組根據原文句子，翻閱字典或上網查詢，找出適當的語詞解釋。如：

1. 按兵不動：想好了計謀，卻不採取行動。

2. 拈花惹草：比喻挑逗、勾引異性，到處留情。

3. 欺軟怕硬：侵凌軟弱的，害怕強橫的。

4. 不識好歹：不能辨別好壞。指人糊塗，不知事情的是非或輕重。

5. 噓寒問暖：形容對人關懷愛護十分周到。

6. 大駕：對人的敬稱。

7. 張揚：宣揚、擴張。

8. 心機：心思、計謀。

9. 沖犯：衝撞冒犯。也指術數用語。指五行、生肖不合而致凶災。

10. 炕：北方各地用磚或泥坯在屋裡砌成的臥榻。下有孔道，與煙囪相通，可生火取暖。

㈢進行詞卡造句：抽籤請學生上台抽詞卡，並利用抽到的詞卡造一個完整的句子。

二、進行品格價值澄清記者會

㈠分配飾演角色。

㈡依據提問單問題，請學生重現問題情境。（演出問題的橋段）

㈢請當事者回答相關問題，而記者和觀眾可針對當事者的回答隨時提問。

㈣請提問者評判對於當事者的回答滿意與否，決定是否結束話題。

進行品格價值澄清實例

㈠教師挑出紅樓中的人物（王熙鳳、賈璉、平兒、尤二姐、秋桐、家丁丫頭若干名），每人分配一個角色。

㈡小燕在提問單上問到：王熙鳳知道賈璉在外面偷娶了尤二姐，十分生氣，為什麼還要把尤二姐接回來？別人卻還誇她賢良呢？請王熙鳳（榕榕飾）、賈璉（阿凱飾）、尤二姐（小美飾）、秋桐（庭庭飾）……等人演出此片段，還原現場情境。

㈢請王熙鳳（榕榕飾）回答提問單上的問題：為什麼知道賈璉金屋藏嬌，卻要忍氣吞聲？還把尤二姐接回賈府？

王熙鳳（榕榕飾）：我當然氣炸了，哪個女人能容忍丈夫在外面有女人，可是我那個年代，男人三妻四妾是很平常的，所以不管怎麼心不甘情不願，也只好接受。（嗚咽）

記者（老師飾）：所以你們認為賈璉的行為可以被原諒？王熙鳳接受了尤二姐就是賢良？

觀眾群（學生們飾）：不對！雖然那個時代裡男人可以娶很多個老婆，但賈璉應該事先告知鳳姐，而不是用欺瞞的方式。

記者（老師飾）：所以從這裡看來，小朋友們覺得夫妻相處，應該要具有怎樣的品格？

觀眾群（學生們飾）：尊重！

觀眾群（學生們飾）：事先告知，取得對方的諒解，也符合禮貌的要求
　　嘛！

記者（老師飾）：什麼是尊重？什麼是禮貌？

（請學生說明尊重和禮貌的定義）

記者（老師飾）：做到哪些行為才可以說是尊重？做到哪些行為才可以
　　說是有禮貌？

（請學生說明）

㈣宣宣提問：尤二姐為什麼最後要選擇自殺，結束自己的生命呢？

尤二姐（小美飾）：孩子流掉了，丈夫又三妻四妾，對我的關心、疼愛
　　都不夠，大老婆、小老婆也見不得我好，如果繼續活著，不但沒有
　　指望，還不知道要受多少罪，不如死了好。（嚎啕大哭）

記者（老師飾）：尤二姐除了自殺一條路之外，可以有別的選擇嗎？

小怡：有啊！可以等養好身體，再懷一個孩子，氣死鳳姐，也可以乾脆
　　休夫，再找一個好男人嫁呀！

記者（老師飾）：所以尤二姐這樣的行為不符合哪種好品格？

觀眾群（學生們飾）：尊重生命。

記者（老師飾）：哪些行為是尊重生命呢？

（請學生說明）

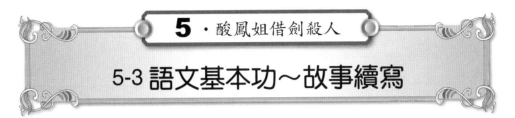

5‧酸鳳姐借劍殺人

5-3 語文基本功～故事續寫

　　賈璉背著王熙鳳，在外頭金屋藏嬌，偷娶了尤二姐為妾，原以為可以大享齊人之福，想不到，竟然被鳳姐知道了，鳳姐大為光火，但一時拿不定主意，就先不動聲色把尤二姐接回家，等日後再做打算，但唆使丫頭對尤二姐不敬，尤二姐初來乍到，只能忍氣吞聲。

　　後來賈赦又賞了秋桐給賈璉當侍妾，這秋桐自以為是老爺所賜，所以趾高氣昂，鳳姐索性將計就計，陰使借刀殺人的計謀，明裡對尤二姐客客氣氣，背地裡卻放縱秋桐興風作浪，對二姐百般欺凌，也拖垮了二姐的身子，最後竟連腹中的胎兒也不明不白的流掉了，二姐在心灰意冷之下，吞金自殺，結束了短暫的一生。

【說明】

　　以上是〈酸鳳姐借劍殺人〉的故事梗概，請運用故事擴寫的方式，讓故事內容更豐富。字數在二百字左右。

【靈感補給站】

　　以上已經提供了整個故事的脈絡，小朋友可以根據人物性格安排一些對話或衝突情境，讓故事的發展更為緊湊、吸引人。

_____

_____

_____

_____

_____

我是＿＿＿年＿＿＿班＿＿＿號　姓名：＿＿＿＿＿＿＿

5·酸鳳姐借劍殺人

5-4 語文基本功～人物特寫：王熙鳳

連連看

王熙鳳，別稱「鳳辣子」。閱讀完《紅樓夢》後，把適合形容王熙鳳個性的語詞連起來。

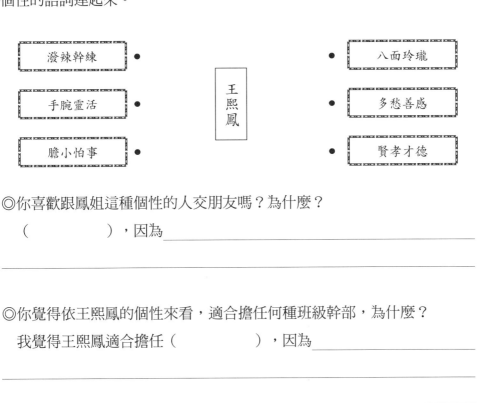

◎你喜歡跟鳳姐這種個性的人交朋友嗎？為什麼？

（　　　　　　），因為 _____

_____

◎你覺得依王熙鳳的個性來看，適合擔任何種班級幹部，為什麼？

我覺得王熙鳳適合擔任（　　　　　　），因為 _____

_____

_____

◎如果鳳姐生活在現代，你認為她適合從事什麼樣的工作？為什麼？

我認為鳳姐適合當（　　　　　　　　），因為

_____

◎你覺得鳳姐的個性上有哪些地方是需要改進的？

_____

_____

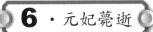

6 · 元妃薨逝

6-1 導入紅樓～說、學、逗、唱

一、播放「元妃薨逝」數來寶影集
（事先自行錄製或由學生課堂上直接表演）

★學生示範檔請見光碟:\高年級-紅樓夢\5061.mpeg、5062.mpeg

元妃薨逝　數來寶

元妃薨逝

說紅樓，道紅樓，

紅樓夢裡人物多，

各位看官請入座，

且聽在下講透透。

元妃突然生大病，

賈母膽顫又心驚，

痰塞滿口無法醫，

紅顏薄命入仙境。

賈家上下一片忙，

慘事一樁接一樁，

寶玉丟玉心慌張，

失魂落魄難隱藏。

懸賞銀子數千兩，

引來一堆騙錢郎，

自從元妃過世後，

賈家運勢往下滑呀往下滑。

二、閱讀「元妃薨逝」章回

三、教師介紹「元妃薨逝」在本書之閱讀重要性與詞意

★課程簡報檔請見光碟:\高年級-紅樓夢\5063.pps

㈠關於「元妃薨逝」（教師可參考下面敘述，轉化為適合班上教學的內容
與程度）

　　　元妃薨逝可作為賈府由盛轉衰的一個分水嶺。元妃不喜歡爭權鬥爭
的宮廷生活，長期的抑鬱下，導致紅顏早逝；或許從另一個角度來看，
死亡是她可以脫離黃金牢籠的唯一方法；在作者曹雪芹的筆下，元妃是
一個悲劇角色，雖有萬人稱羨的頭銜，卻沒有得到真正內心的喜樂。

㈡「元妃薨逝」之問題與討論

　　由以上敘述，教師可歸納出幾個重點，與學生進行問題與討論。

◎什麼是「薨逝」？

　（參考答案：皇上過世叫「駕崩」，古時諸侯或公卿貴族過世叫「薨
逝」，貴妃也是貴族，所以元妃過世又稱為「薨逝」。）

◎寶玉不小心把玉弄丟了，大家想了一個法子，用重金懸賞的方式來找玉，
結果上門的是個騙子，想用假玉魚目混珠來欺騙。小朋友，你們覺得這
不符合哪一項品格？

　（參考答案：誠實。明明就沒找到玉，還設法用假的玉來欺騙眾人，這
是不誠實的行為。）

◎你曾經接過詐騙集團的電話嗎？他們為什麼要欺騙別人？

　（參考答案：有。我覺得他們是因為太聰明了，想不勞而獲，或是想短
期間快速致富，所以才會用詐欺的方式來騙錢。）

◎因為賈家財大勢大，所以東西不見可以用錢來解決問題，但如果今天東
西不見的只是一般普通的小老百姓，你覺得他們會用什麼樣的方式來解
決？

（參考答案：報官處理、找親戚朋友幫忙……等。）

◎你覺得如果一個窮人家庭與賈府同時報案，官府會先處理哪一件？

（參考答案：1.我覺得官府會秉公處理，看誰先報案，就先處理誰的。

2.我覺得官府會先處理賈家，因為他們的勢力很大，可能連官府都怕他們。）

◎如果官府因為害怕賈家的權勢而優先處理賈家的問題，你覺得這不符合哪一項品格。

（參考答案：公平正義。因為人生來是平等的，為什麼可以因為後天條件的不同而有差別待遇。）

四、學生進行「紅樓夢提問單」活動

∽ 元妃薨逝提問單 ∽

　　當記者在進行採訪前，事先都會擬定好很多道題目。聰明的小朋友，在讀完紅樓夢後，假想你是一位小記者，找出書中你有疑問之處，並請進行小組討論，把它擬成問題。加油！看是哪個組別能擬出最多道題目。

與情節發展或劇情安排有關的問題

如：為什麼玉不見，寶玉人也會跟著失魂落魄呢？

與角色有關的問題（與品格有關）

如：親人過世是很難過的事，寶玉為何還有心情玩樂？

有關語詞的問題

如：什麼是「薨逝」？

一、進行語詞教學

(一)將學生提問單上的語詞問題製作成撲克牌字卡。（語詞及解釋都做成撲
克牌，如光碟\高年級-紅樓夢\5064.doc）

(二)展示所有的字卡，請學生根據原文句子，猜測應當配對的語詞解釋。

(三)進行字卡記憶遊戲。

二、進行品格價值澄清記者會

(一)分配飾演角色。

(二)依據提問單問題，請學生重現問題情境。（演出問題的橋段）

(三)請當事者回答相關問題，而記者和觀眾可針對當事者的回答隨時提問。

(四)請提問者評判對於當事者的回答滿意與否，決定是否結束話題。

進行品格價值澄清實例

(一)教師挑出紅樓夢中的人物三十位，每人分配一個角色。

(二)小偉在提問單上問到：為何會痰塞滿口無法醫？請元妃（阿良男扮女裝
飾）、寶玉（柔柔女伴男裝飾）、公公（小皓飾）、賈政（小維飾）、
襲人（小萱飾）……等人演出此片段，還原現場情境。

(三)請當事者──元妃（阿良飾）回答提問單上的問題，解釋為何會痰塞滿
口無法醫？

元妃（阿良飾）：唉～不瞞你們說，我這個是心病呀！積壓太久的悶
氣，才會導致小病無法醫呀！

記者（老師飾）：心病？元妃您在宮裡應該是衣食無缺，怎麼會有心病
呢？

元妃（阿良飾）：宮中生活不適合我，我不喜歡爭權奪利的生活。

記者（老師飾）：如果可以自由選擇的話，下輩子您還會想再入宮嗎？

元妃（阿良飾）：如果可以的話，我寧願選擇出生在平凡的家庭，當個普通人就好了。

記者（老師飾）：有時候我們常常會羨慕別人，有新衣服、新玩具，可是其實我們自己擁有的已經很多了，幸福其實就在我們身邊，要當個惜福的人。

㈣小烜提問，在元妃喪禮期間，為什麼寶玉還要趁機玩耍，不去幫忙？

公公（小皓飾）：這就要靠我這個宮裡的管家來解答啦！因為寶玉是無職外男，也就是他沒有考取功名，沒有當官，所以他不能來幫忙。

賈政（小維飾）：可是，不幫忙就算了，還整天心神不寧、嘻笑玩樂，讓人看了就生氣。

襲人（小萱飾）：哎喲！因為寶玉少爺把玉弄丟了，才會心神不寧，他也不是故意的。

記者（老師飾）：小朋友們，你們認同寶玉的行為嗎？為什麼？

公公（小皓飾）：這我不認同，在什麼樣的場合，就應該做什麼事，家裡在辦喪事，應該是會籠罩著很難過的氣氛，怎麼還可以自己貪玩享樂呢？

記者（老師飾）：所以即使父母親因為忙碌，而無法檢查你們的功課，或是常忙到很晚才回家，你們是不是更應該在家裡做好你該做的事情，不讓父母操心呢？

接著再進行下一個問題討論……

6・元妃薨逝

6-3 語文基本功～故事接龍

____年____班____號 姓名：_____

牛刀小試～詞的聯想接力

　　看到框框內的詞語你會聯想到什麼？由前一個語詞聯想出下一個，寫出五個相關語詞。

　　如：小偷－【警察】－【槍】－【子彈】－【醫院】－【醫生】

　　再由上面的語詞組合出一段短文，可不必照先後順序。

警察拔出了槍往小偷射去，沒想到射中了小偷的大腿，小偷痛倒在地上爬不起來，被送到醫院後，醫生立刻取出大腿上的子彈，同時，小偷也痛到暈了過去。

換你試試看

　　口水 －【　　　】－【　　　】－【　　　】－【　　　】－【　　　】

_____

_____

_____

★學生作品檔請見光碟:高年級-紅樓夢\5065.jpeg

📖 摩拳擦掌～故事接龍

請發揮你的想像力，接寫下面的故事。

　　寶玉的玉弄丟了，賈家重金懸賞能找到玉的人，過了幾天，果然有人到榮府來送玉，這人長得……

_____

_____

_____

沒想到這塊玉竟然是_____（填寫真玉或假玉，依故事情節決定），

_____

_____

_____

_____

_____

最後，_____

_____

_____

_____

_____

_____

_____

_____

一、播放「寶玉娶親」相聲影集
（事先自行錄製或由學生課堂上直接表演）

★學生示範檔請見光碟\高年級-紅樓夢\5071.mpeg

⋯⋯相聲稿～這個「寶玉娶親」誤會大了⋯⋯

甲：林帶玉。

乙：我背槍。

甲乙：上台一鞠躬。

甲：（連打幾次打哈欠、伸懶腰）好想睡覺ㄛ！

乙：我說呀！林帶玉，你怎麼？沒睡⋯⋯飽？

甲：何止沒睡飽，心（拉長音、重音）情還很不好呀！

乙：是呀！最近景氣不太好，薪水的行情確實不好，這也沒辦法呀！
忍忍吧！

甲：什麼跟什麼啊！是心（雙手比心狀，放在胸口）情⋯⋯不好（拉
長音，加強句）！

乙：喔！好像很嚴重，要不要說來聽聽，讓我幫你解解悶⋯⋯

甲：昨晚，我睡到一半，起來上廁所，經過我爸媽的房間，聽到他們
正為著⋯⋯什麼真的寶玉、還是假的寶玉，好像正在祕密的計畫
著一件不可告人的事⋯⋯

乙：真寶玉、假寶玉！難不成你爸媽是詐騙集團？準備犯案⋯⋯

甲：別血口噴人了，我爸說：「我的林帶玉愛的是假寶玉，父母親怎
麼可以為了辦喜事，就隨便把假寶玉給飽猜呢？」

乙：哎喲！只不過是一塊假的寶玉，何必這麼認真，給誰都沒關係的啦！不過，這位飽猜又是誰呢？

甲：是我媽媽的妹妹的先生的姐姐的小孩，很喜歡我身上這塊玉（指著自己身上的玉），聽說這件喜事就是為了要沖喜的。

乙：這把我搞糊塗了。不過，就是你爸媽想把你的寶玉送給飽猜嘛！

甲：我媽竟然說：「反正帶玉身體也不好，假寶玉跟著她更是不好！」

乙：（看看甲）有道理，難怪你每次體育課跑步都掉隊，搞不好和這塊假寶玉有關？

甲：（斜眼瞪一下乙）我爸又說：「可是，帶玉非常喜歡假寶玉呀！」

乙：想必，這塊假寶玉對你具有不凡的意義。（點頭稱是）

甲：這塊寶玉雖然不是真的，卻是我和最疼我的阿公去美國玩的時候，阿公送給我的。

乙：接下來接下來，你父母親又怎麼說呢？

甲：我媽又說了：「那就來個偷天換日、偷樑換柱，展現一手遮天、狸貓換太子的功夫，偷偷的讓假寶玉和飽猜在一起！」（語氣堅定）

乙：ㄟ——你媽的——國語文程度還不錯嘛！

甲：別罵人！

乙：喔！我沒這個意思，失禮！失禮！

甲：我爸又附和著：「要怎麼做？」

乙：看來，你的假寶玉不保了喔！

甲：就在我聚精會神想要聽的時候，我那討厭的弟弟也跑出來，大聲叫我的名字說：「哥哥你幹嘛不睡覺，還貼著爸媽房間的門做什

麼？」

乙：那不就驚動了你爸媽了！

甲：對啊！我媽馬上衝出來，大聲的訓斥我趕快回房睡覺去！

乙：這下子，不就無法知道你爸媽怎麼一個偷天換日、偷樑換柱，展現一手遮天、狸貓換太子了！

甲：對呀！讓我整晚擔心不已，煎了整晚的魚。

乙：煎魚！怎麼說？

甲：睡不著，翻來覆去，不就像是煎魚嘛！

乙：等等——等等，你說的怎麼跟我昨天在社區裡聽的，紅樓夢裡「寶玉娶親」的故事好像呢？

甲：寶玉也能娶親？那鑽石、黃金不就也能嫁人啦！別亂說了！

乙：不不不！我聽說，這個禮拜我們社區將有個戲劇公演，節目就叫做「紅樓夢裡頭的寶玉娶親」，主角還是你爸媽呢！

甲：真的？

乙：如假包換！不信去看看《紅樓夢》這本書。

甲：怎麼不早講，害我窮緊張的。

乙：要怪也怪你平常不多多閱讀課外的書籍。

甲：好好～～，我現在就去圖書館借來看。

甲乙：林帶玉、我背槍，下台一鞠躬。

二、閱讀「寶玉娶親」章回

三、教師介紹可以從怎麼樣的角度去閱讀與欣賞〈寶玉娶親〉此篇內容

★課程簡報檔請見光碟:\高年級-紅樓夢\5072.pps

（此處呈現的是教學者的觀點，教師可參考下面敘述或參考其他文獻，轉化為適合班上教學的內容與程度）

　　「寶玉娶親」可說是有關林黛玉這個角色在《紅樓夢》一書中故事情節達到最高潮的地方，多閱讀幾次，愈能感受曹雪芹筆下描述的黛玉，教師可以從下面幾個角度，請學生分享自己對林黛玉的看法，讓學生能體會閱讀就是一場身歷其境的過程：

㈠喜不喜歡她的才情？

㈡喜不喜愛她的孤傲？她獨特嗎？你喜愛她的獨特嗎？

㈢你心疼她的寄人籬下嗎？

㈣現實生活中的「我」，有幾分她（林黛玉）的影子嗎？

　　此外，教師更可以配合「偷天換日、偷樑換柱、一手遮天、貍貓換太子」等成語，與本篇故事高潮起伏的情節做一連結，進一步培養學生運用成語的能力。

四、學生進行「紅樓夢提問單」活動

∽∽∽ 寶玉娶親提問單 ∽∽∽

　　當記者在進行採訪前，事先都會擬定好很多道題目。聰明的小朋友，在讀完紅樓夢後，假想你是一位小記者，找出書中你有疑問之處，並請把它擬成問題。

與情節發展或劇情安排有關的問題

如：為什麼要安排沖喜？沒有其他辦法嗎？

與角色有關的問題（如：個性、態度、行為、人際關係……等）

如：寶玉想娶的是黛玉，但是鳳姐等人卻使出偷樑換柱的計謀，使寶
　　玉在不知情的情況下娶了寶釵，這樣鳳姐是不是太不尊重寶玉？

有關語詞的問題

如：什麼是「勞什子」？

7．寶玉娶親

7-2 發展好品格～尊重、孝順、信任

一、進行語詞教學

㈠將學生提問單上的語詞問題製作成撲克牌字卡。（語詞及解釋都做成撲克牌，如光碟\高年級-紅樓夢\5073.doc）

㈡展示所有的字卡，請學生根據原文句子，猜測應當配對的語詞解釋。

㈢進行字卡記憶遊戲。

二、進行品格價值澄清記者會

　　由於教學細節與黛玉葬花雷同，故不在此贅述，僅舉出學生所討論的問題以供參考：

㈠賈寶玉想娶的是林黛玉，但是鳳姐等人卻使出偷樑換柱的計謀，使寶玉在不知情的情況下娶了寶釵，這樣鳳姐是不是太不尊重寶玉？

　　【品格主題：尊重】

㈡王夫人為什麼不讓賈母到園裡哭林黛玉？【品格主題：孝順】

㈢寶玉看見雪雁扶著新人，一開始心想應該是紫鵑才對，但為什麼馬上又自圓其說，娶了這位新人？難道寶玉一點都不懷疑這位新人不是黛玉嗎？【品格主題：信任】

7．寶玉娶親

7-3 語文基本功～文章續寫

___年___班___號　姓名：_____

　　小朋友，本章回寶玉娶親在《紅樓夢》一書裡可說是故事情節中最高潮，也最令人動容的地方之一，讀完後想必你有不少的感覺和看法吧！現在，老師要提供你一個寫作的練習──「文章續寫」，讓你也成為一位具有這樣能力的小作家。

　　文章續寫，最主要在培養學生具備組織、銜接、創意和想像的語文能力，一般從簡單到進階，可分為佳句延伸、文章接龍和故事續寫等三種學習方式。在這裡，我們將以佳句延伸、文章接龍為主要的練習方式。

📑 語文基本功祕笈：如何完成「佳句延伸」？

　　就是根據題目所提供的佳句或自行尋找的佳句做有意義的延伸，更可發揮創意與想像，設計生動逼人、變化起伏的情節發展。文章不用長，只要通順、前後能銜接即可。Go，練習去──

　　例子：

　　【留得青山在，不怕沒材燒】

▶▶▶
> 　　現代人工作壓力大，往往為了拚事業，疏忽了自己的健康。等到事業有成，卻也身體狀況百出，難有享受人生的機會。俗話說得好：「留得青山在，不怕沒材燒。」只要我們平時能多留意自己的身體、多運動，對事業金錢不要看得太重，人生才能過得有意義，真正享受人生。

練習：

鳳姐等人「一手遮天」，讓寶玉漸漸……

⬇

★學生作品檔請見光碟:\高年級-紅樓夢\5074.jpeg

連連看

薛寶釵，自稱「蘅蕪君」。閱讀完紅樓夢後，把適合形容薛寶釵個性的詞語連起來。

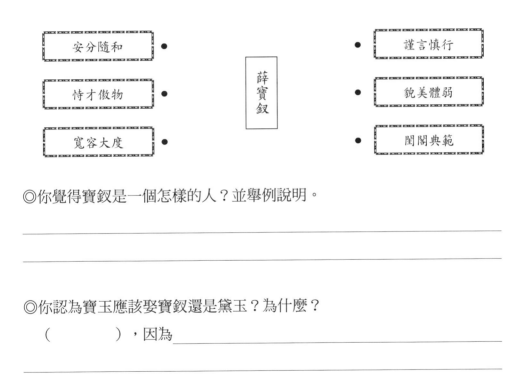

◎你覺得寶釵是一個怎樣的人？並舉例說明。

_____

_____

◎你認為寶玉應該娶寶釵還是黛玉？為什麼？

（　　　　　），因為_____

_____

◎從寶釵的性格來看，你認為寶釵為什麼明知寶玉心中愛慕的對象，卻還是應允賈母、熙鳳「偷樑換柱」的計謀，嫁給寶玉？

_____

_____

◎你會選薛寶釵當自己的好朋友嗎？為什麼？

（　　　　），因為_____

_____

8・錦衣軍查抄寧榮府
8-1 導入紅樓～說、學、逗、唱

一、播放「錦衣軍查抄寧榮府」廣播劇

★學生示範檔請見光碟\高年級-紅樓夢\5081.mp3

（事先自行錄製或由學生課堂上直接表演）

─────錦衣軍查抄寧榮府　廣播劇─────

旁白：前鎮子被降官位的賈政今天正在家中設宴，此時僕人告知錦衣
　　　府的趙堂官帶人來查，隨後西平王爺也來了。

西平王：我奉上頭指示，帶領錦衣衛來查封賈赦的家產。（旁邊發出
　　　「ㄏㄜ～～」的驚訝聲）官府那邊說──賈赦私通官員，欺壓
　　　弱小，所以要卸下他的世職。

趙堂官：來人呀！搜～～～

旁白：此時官兵正大搜賈府的任何東西，結果搜出不少皇宮用品，並
　　　從賈璉那邊抄出兩箱地契和一箱借據。女人家也嚇得魂飛了一
　　　半，鳳姐兒更聽得倒頭暈了。一下子整屋子鬧得天翻地覆，沒
　　　人能解救這個難題。終於，有個北靜王爺帶來的好消息……

北靜王：錦衣衛趙堂官聽旨令，你只要查辦假設的部分，其餘的交給
　　　西平王處置。

旁白：西平王領了旨後，趙堂官那群錦衣衛也查完了先行離開。北靜
　　　王趕緊叫大夥停止查抄……

北靜王：政老弟呀！剛才老趙手下抄出的借票是對別人重利息剝削，
　　　究竟是誰做的？政老弟你可要實話實說呀！

賈政：（驚恐狀）小的沒在打理家務事，這些事全不知情，要問我姪

兒才知道。

賈璉：（驚恐狀）這些東西既然在奴才我屋裡抄出，我敢說不知道嗎？只是求王爺開恩，奴才的叔叔確實不知情。

北靜王：你父親已經獲罪了，如今你也認了，正好一併辦案處理。如此，叫人將賈璉看守。政老弟，你自己這陣子也要小心呀！

旁白：賈政震驚地連心頭都還沒定下來，沒想到一波未平一波又起，薛蝌跑來說東府的賈珍也查抄了。他們世襲的職位也被革職了，這頭的原因是賈珍誤導他人賭博，並且強娶良民的老婆為妻。

賈政：（說慢一點，帶沮喪的聲音）完了！完了！唉～～～我們賈府就這樣毀了！都是大哥太糊塗，心術不正了！東府那邊的賈珍也太不懂事了！敗了～～敗了～～～唉～～～你再去打聽看看，我到老太太那邊瞧瞧。

僕人：（大聲著急的聲音）老太太不好了！

賈政：娘～～～您沒事吧？

賈老太太：我的兒呀！我還以為見不到你了！嗚～～～～～（賈政跟著哭）

賈政：（先發出擤鼻涕聲）娘，兒子們不孝，才會招來禍害，連累娘您受驚嚇了。娘您放心，好在皇上跟兩個王爺體恤我們，大哥雖然暫時被拘提，等問個明白就清楚了。

旁白：賈老太太見到賈赦不在這，又傷心起來。過一段時間後，所有事情終於有個結果，搜查出來賈赦的家產以及重利借票要充公，賈璉被革去職務，免罪釋放。賈璉雖然被釋放，但想到自己的父親被關在錦衣府，鳳姐兒病情垂危，屋內的東西又被查抄的人全帶走，正感到心中苦悶時，賈政卻含淚問他……

賈政：我因為有官務在身，不大打理家裡，所以叫你們夫婦倆幫忙處理家事，但那些重利借票，究竟是誰幹的？這名聲傳出去，我們賈府的臉不都丟盡了？

賈璉：姪兒辦家，不敢存有私心，所有出入的帳目都有登記，現在這幾年，其實家中銀子花的多賺的少，已經入不敷出了。這些放出去的帳，就連我也不清楚，要問管帳的才知道。

賈政：照你這樣說，連你自己屋裡的事情都不清楚了，更別說府裡上下所有的事情囉！我這會兒沒空審問你，你去打聽你父親和你珍大哥的事罷了！

賈政：唉～～唉～～～造孽呀！糊塗呀！我祖父當初立下功勞，才得到這兩個世襲的職位，如今我們兩家都因為觸犯事情，被革去了。我看這些後輩真沒一個長進的！老天爺呀！（邊發出哭泣聲）我賈家怎麼會就這樣一敗塗地！更讓我驚訝的是，現在家裡的財產居然是虧空的！我這幾年竟然是虛名在外，只恨我自己居然這麼糊塗呀！嗚～～～～

二、閱讀「錦衣軍查抄寧榮府」章回

三、教師介紹「錦衣軍查抄寧榮府」在本書之閱讀重要性與詞意

㈠關於「錦衣軍查抄寧榮府」（教師可參考下面敘述，轉化為適合班上教學的內容與程度）

◎為什麼要選「錦衣軍查抄寧榮府」作為主要教學內容？

這一篇在紅樓夢中算是故事後半段的轉折，因為大兒子賈赦的野心，讓賈府面臨到前所未有的風暴。不僅家中的一切要被查抄，家中的勢力也快速衰敗，所以，透過此回，帶領學生一同感受賈府所有人心境上的轉折。

四、學生進行「紅樓夢提問單」活動

◦◦◦ 錦衣軍查抄寧榮府　提問單 ◦◦◦

當記者在進行採訪前，事先都會擬定好很多道題目。聰明的小朋友，在讀完紅樓夢後，假想你是一位小記者，找出書中你有疑問之處，並請把它擬成問題。

與情節發展或劇情安排有關的問題
如：賈璉負責管理賈家上下的事務，為什麼卻不知道家中財物的情況？

與角色有關的問題（如：個性、態度、行為、人際關係……等）
如：西平王、北靜王和賈政是什麼關係？為什麼會在查抄時幫助賈府？

有關語詞的問題
如：「詫異」是什麼意思？

★學生作品檔請見光碟:\高年級-紅樓夢\5082.jpeg

8・錦衣軍查抄寧榮府

8-2 發展好品格～孝順、責任、公平正義

一、進行語詞教學

★課程簡報檔請見光碟:\高年級-紅樓夢\5083.pps

㈠將學生提問單上的語詞問題製作成撲克牌字卡。（語詞及解釋都做成撲克牌，如光碟:\高年級-紅樓夢\5084.doc）

㈡展示所有的字卡，請學生根據原文句子，猜測應當配對的語詞解釋。

㈢進行字卡記憶遊戲。

二、進行品格價值澄清記者會

㈠分配飾演角色。

㈡依據提問單問題，請學生重現問題情境。（演出問題的橋段）

㈢請當事者回答相關問題，而記者和觀眾可針對當事者的回答隨時提問。

㈣請提問者評判對於當事者的回答滿意與否，決定是否結束話題。

 進行品格價值澄清實例

㈠教師挑出紅樓夢中的人物若干位，每人分配一個角色。

㈡旭旭在提問單上問到：大兒子賈赦因為私通官員、欺凌弱小遭到革職、關監，賈府也因為此事被查封。這件事大大打擊賈老太太，也讓她傷心難過。所以他很不孝順嚕？

㈢請當事者──賈赦（小宏飾）回答提問單上的問題。

記者（老師飾）：請問你為什麼要私通官員、欺凌弱小呢？

賈赦（小宏飾）：我會這樣做都是為了賈府好呀！我若不私通官員，我要如何讓賈府吃好的、穿好的，走到外面讓人看得起我們賈府。至

於欺凌弱小方面，只是賈府名聲大，被人亂造謠是非罷了。

記者（老師飾）：但這種「賄賂」的行為更讓賈府的名聲蒙上很大的汙辱，這是不孝順的行為。不是嗎？

賈赦（小宏飾）：我沒想到我居然會讓賈府一敗塗地，這是我沒料想到的。我以為我可以隱藏的很好，不被發現。

觀眾群（學生們飾）：如果你這樣想的話，那不就是欺騙，是一種不誠實的行為。

賈赦（小宏飾）：嗯！我確實錯了。請媽媽要原諒我，二弟要原諒我，兒子也要原諒我，我會努力改過。

賈老太太（小秉飾）、賈政（阿翔飾）、賈璉（小其飾）、王熙鳳（阿文飾）：我們原諒你，也會趕緊想辦法保釋你出來。你要好好照顧你自己！

㈣老師透過詢問引導學生提問下一題問題或做結論。

記者：請問旭旭，對於賈赦的回答，你是否滿意？還有疑問嗎？

旭旭：可以，沒有疑問。

接著進行下一個問題討論……

三、進行「錦衣軍查抄寧榮府」中所隱含的品格

㈠老師把故事中要強調的品格行為先提出，詢問學生符合何種品格。

（範例）

老師：這篇故事中，大兒子賈赦因為私通官員、欺凌弱小遭到革職、關監，賈府也因為此事被查封。這件事大大打擊賈老太太，也讓她傷心難過。請問這個行為跟什麼品格相關？

學生：孝順。因為他沒有盡到應盡的孝道，反而做這麼多壞事讓媽媽傷心難過。

㈡老師可針對相關品格進行定義、生活行為的探討。例如：

1. 孝順是侍奉父母，盡到孝道。

2. 孝順是傾聽父母之言。

3. 對於父母，我們要如何做到「孝順」？

4. 對於師長，我們要如何做到「孝順」？

㈢老師詢問學生在這個故事中還有哪些相關的品格，並一一進行探討、澄清。

（故事中的相關品格）

（教師可參考下面敘述，轉化為適合班上教學的內容與程度）

1. 錦衣軍因為賈赦私通官員、欺凌弱小，辜負皇上、祖上恩德，所以革去他的職位。**【品格主題：公平正義、孝順】**

2. 賈政因為官事在身，不大打理家中事務，所以都叫賈璉夫婦管理家事，但賈璉卻聲稱不了解重利剝削是誰做的。**【品格主題：責任】**

3. 賈政傷心難過想著家中的世職都被去除掉，家中又遇到錢財虧空的窘境，想到賈府會變得一敗塗地，就感到難過。**【品格主題：孝順】**

8 ・錦衣軍查抄寧榮府

8-3 語文基本功～文章接龍

＿＿年＿＿班＿＿號 姓名：＿＿＿＿＿＿

　　大兒子賈赦因為私通官員、欺凌弱小遭到革職、關監，賈府也因為此事被查封。這件事大大打擊賈老太太，也讓她傷心難過。你曾做過什麼事情讓家人傷心難過嗎？當時你的心情如何？這件事情最後是如何解決的？請以「令家人傷心過的回憶」為題，和大家分享你的心得。字數在一百五十字到二百字。

【靈感補給站】

　　你做過什麼事情讓家人感到傷心難過呢？先把事情的原因寫出來，再把事情發生當時，你的心情起伏描寫下來，最重要的是你如何改掉這個過錯，不再讓家人傷心難過，轉而讓家人安慰你的懂事、成長。

_____

_____

_____

_____

_____

_____

_____

_____

_____

教師一

　　在閱讀完《紅樓夢》之後，我們做了簡單的口頭調查，發現有五分之一的孩子期待六年級時繼續專書閱讀，另外有五分之一的孩子希望改以閱讀短篇故事，類似閱讀測驗那般，短時間即可讀完，但有人隨即大喊：「不要！這樣就不能演戲，而且一下子就看完了，一點也不好玩！」這樣的訊息反映出有孩子已經愛上目前班上的閱讀模式。雖然只有五分之一的孩子支持，但若沒進行這一系列的閱讀活動，或許這五分之一的孩子熱愛閱讀的心將無法挑起。

　　其實要在一學期內讀完《紅樓夢》上下冊真的有點倉促，班上之所以能讀完，是因為我們利用期末考後那段時間，每日抽出二到三節課閱讀與討論。課堂上，我們沒有每一回都做深入討論，有時只是蜻蜓點水般稍做大意敘述，幫助孩子了解故事內容，或是抽問孩子關於劇情的發展問題，以便了解孩子閱讀理解的情形。記得上學期閱讀《水滸傳》時，因為人物眾多，孩子容易產生混淆，也因為每週只討論一次，將近一學期的時間才讀完整本，所以孩子容易忘記故事內容，搞不清楚前因後果，討論時較為辛苦。而這學期閱讀《紅樓夢》時，事先挑出三十六位角色，讓孩子一人認領一位，孩子會特別留心於該角色的相關情節，討論時便較以往專注與熱烈，甚至在下課時間還會聽到孩子以劇中角色之名稱呼，班上的感情也似乎更加融洽，彼此的關係也更為緊密。

　　至於品格方面的表現，雖然沒有明確的行為改變，但是在上國語課

時，孩子會注意到課文中的品格行為表現，「老師！這兩位小孩很孝順耶！還會帶爺爺去參觀糖業博覽會。」這是討論「小火車的歲月」課文時孩子注意到的事情，這簡單的一句話，或許代表著孩子已把專書閱讀時討論的品格話題放入記憶中，不用老師的引導也能留心於品格項目，這小小的改變，已讓我感動萬分。只要持續引導孩子討論品格行為，相信在不久的將來，孩子必能展現出良善的品格行為，因為我們已為孩子埋下自省的種子。

教師二

◎適當的影音媒體立大功

這次高年級小組成員找到明日工作室出版的紅樓夢 3D 動畫片，成功的吸引小朋友的注意。鑑於水滸傳的大陸版 DVD 讓學童覺得索然無味，這次的《紅樓夢》改用卡通動畫版本，除了主要的角色外，該片還在每個人物旁加了守護神，創意改編的部分成功的吸引學童的興趣，也讓《紅樓夢》變得更生動有趣。

◎紅樓夢人物太多，且角色關係複雜

紅樓夢裡的人物太多，雖然已有人物關係圖來解釋，但小朋友仍搞不清楚書中人物的關係。主要角色的關係還易明瞭，但加上丫環，還有一些旁支親戚，就連教師本身閱讀起來都覺得有些困難。

◎書中艱深語詞太多

雖然我們選用的已是白話簡易版本，但書中出現的許多語詞還是讓學童在閱讀時出現困難，如：鑾輿、漱盂、圓寂……等語詞，或是一些詩句、對聯，如「根並荷花一莖香，平生遭遇實堪傷，自從兩地生枯木，致使香魂返故鄉。」（出自警幻仙子演紅樓夢），此時教師若全部皆解釋，

又會花上許多時間。

◎品格由學生找

在設計《水滸傳》教案時，我們把每個章節分配好適合的品格，每位教師再依照個人所分配到的章回進行教學（畢竟時間有限，不可能每章回都進行完整教學，所以未分配到的章回就請學童自行閱讀）；在《紅樓夢》部分，我們做了一些小修正，品格部分不由教師事先設定，而是由學生寫出來的提問單中找出品格，教師再依照學生找出的品格進行教學，但如果學生閱讀完後仍找不出品格，還是得由教師引導。

◎感想與分享

由於教學媒體在選用上的成功，學生一開始就很喜歡《紅樓夢》。在下課時，班上出現了一個有趣的現象，當一個男生跟一群女生玩時，班上同學都會戲稱那位男同學為「賈寶玉」；只要有女生多愁善感，看電影感動的哭了時，就會有人開玩笑說她像「林黛玉」，《紅樓夢》書裡人物個性刻劃鮮明，讓學童讀了也能將角色生活化。找出書中不懂的語詞，也讓學生受益匪淺，自己動手求學問，能更加深學問的印象。這次我還結合了電腦課，讓學生製作《紅樓夢》ppt，一頁封面，其他三頁介紹兩位主角與作者，加上動畫與音效，與網路上蒐集到的精美圖片，讓學童自己在網路上探索《紅樓夢》的文學世界。整體來說，學童對於《紅樓夢》的接受度似乎比《水滸傳》高，但這有可能只是本班的狀況；在上完兩本古典文學後，我覺得教師在教學中要隨時進行修正，每班的學習狀況不同，不能依樣畫葫蘆，單純運用現有的教材施教。當然，行動研究就是不斷的在過程中進行修正，我想除了學童獲得很多，身為教師的我也學習到不少，教學相長莫過於此吧！

教師三

◎內容的構思

　　《品格怎麼教 3？》以古典四大文學做題材去探討品格，這是一個極度挑戰性的任務。因為坊間已有太多跟四大名著相關的書籍，要如何跟他們做區隔，十分困難。此外，對於現在的學生而言，《水滸傳》、《紅樓夢》兩本古典文學他們著實沒聽過，如何讓他們做初步認識，再進而從中做創意的品格教學，是一種挑戰。

　　經過幾次的討論，我們激盪出一些火花。《水滸傳》、《紅樓夢》最為人津津樂道的，就在於他們的人物性格描寫以及令人記憶深刻的經典故事橋段。我們便決議以這個構思去延伸到品格。

◎初步的行動

　　因為學生未接觸過，剛開始使用 DVD 影片做導讀工作，學生覺得既新鮮又有趣，馬上就吸引他們目光。接下來，我帶領著全班做導讀的活動，但是僅從故事中挑選出經典章節去導讀、探討。一來，克服時間上的不足；二來，學生讀出興趣時，便會自發性的閱讀下去。有趣的是，說到他們看過的影片橋段，討論的過程最為熱絡。

　　我們在選取部分情節作為品格探討時，學生天馬行空的想法也能激盪出不同的看法。例如針對賈赦私通官員、欺凌弱小，因此被關，也讓母親傷心難過，我起先想到的是「孝順」的議題。但學生認為這個行為也包含「責任」，因為他沒盡到自己該盡的義務——「孝道」。另外，在進行《水滸傳》的「引導式擴寫」活動時，我先概略的做先前的教學指導，即使起頭他們腸枯思竭，但組員們努力的討論、構思，也創造出不同的故事情節。

　　所以，透過師生探討品格，我們感受到一個事情會產生不同角度的看法，更看到學生們無限的創意發想。

◎新的挑戰

　　學生們能有創新的點子，老師們也要精益求精。為了讓《紅樓夢》與《水滸傳》的教學內容上有區別，我們決定打破之前的架構，透過相聲、廣播劇、數來寶的演出方式，帶領學生去認識《紅樓夢》。有別於共讀的方式，不同的語文學習讓學生學習的興趣更高。之後，更改變師生探討品格觀念的模式，轉變為「小記者發表會」的活動，讓活動的主導者轉換為學生。

　　事前，他們要學習自己尋找探討的題目。記者會的過程，他們要擔任小記者的角色去詢問故事中主角相關的問題。這個活動既滿足他們對角色扮演的好奇心，也接近生活中新聞節目的呈現手法，所以學生們會覺得很新鮮也樂於參與。

　　當然，老師需要事前先篩選好學生們所討論出的題目，留下適當的問題。記者會的過程，老師仍然要做好引導的角色，才能讓討論的氣氛更熱絡。無形之中，也引導學生討論出故事中的品格行為。

筆記欄

筆記欄

國家圖書館出版品預行編目資料

品格怎麼教？.3：古典文學與創意寫作 / 萬榮輝等著；
吳淑玲策畫主編. -- 初版. -- 臺北市：心理, 2010.01
　　面；　公分. --（教育現場系列；41134）

ISBN 978-986-191-329-2（平裝）

1. 德育 2. 寫作法 3. 語文教學 4. 小學教學

523.35　　　　　　　　　　　　　　　　98023469

教育現場系列 41134

品格怎麼教 3？——古典文學與創意寫作

策畫主編：吳淑玲
作　　者：萬榮輝、魏慶雲、林金慧、李燕梅、江秋坪、陳淑霞、葉美城、
　　　　　李明娟、王勇欽、楊欣怡、陳鈺蘊、吳曉蓉、陳杍鈴、鄭伊妏
執行編輯：陳文玲
總 編 輯：林敬堯
發 行 人：洪有義
出 版 者：心理出版社股份有限公司
地　　址：台北市大安區和平東路一段 180 號 7 樓
電　　話：(02) 23671490
傳　　真：(02) 23671457
郵撥帳號：19293172　心理出版社股份有限公司
網　　址：http://www.psy.com.tw
電子信箱：psychoco@ms15.hinet.net
駐美代表：Lisa Wu（Tel: 973 546-5845）
排 版 者：辰皓國際出版製作有限公司
印 刷 者：辰皓國際出版製作有限公司
初版一刷：2010 年 1 月
Ｉ Ｓ Ｂ Ｎ：978-986-191-329-2
定　　價：新台幣 500 元（含光碟）